KB160561

Service Design Thinking

for
Digital Transformation

Yong Se Kim

디지털 트랜스포메이션 시대의

고객경험
서비스 디자인 씽킹

김용세 지음

생능출판

디지털 트랜스포메이션 시대의 고객경험 서비스 디자인 씽킹

초판인쇄 2020년 10월 27일
초판발행 2020년 11월 3일

지은이 김용세
펴낸이 김승기
펴낸곳 (주)생능출판사 / **주소** 경기도 파주시 광인사길 143
출판사 등록일 2005년 1월 21일 / **신고번호** 제406-2005-000002호
대표전화 (031)955-0761 / **팩스** (031)955-0768
홈페이지 www.booksr.co.kr

ISBN 978-89-7050-467-4 93000
정가 21,000원

머리말

본 저서는 서비스 디자인 씽킹을 통해 디지털 트랜스포메이션 시대의 고객 경험을 설계하고, 평가하고, 관리하는 가이드를 제시한다. 서비스 디자인 씽킹이란 디자인 씽킹 철학과 방법론을 서비스 지배 논리와 경험경제 시각을 바탕으로 하여 새로운 서비스와 고객 경험을 창출하는 전략으로 구체화한 것이다. 특히 디지털화에 기반한 고객경험 가치창출을 절실하게 필요로 하는 디지털 트랜스포메이션 시대의 메가 트렌드를 반영하여, 구체적이고 체계적인 고객경험 서비스 디자인 전략과 방법을 소개한다.

제조기업, 서비스기업 및 스타트업 기업의 CEO 및 경영전략 담당자에게 고객 경험과 서비스 본질에 대한 이해를 돈독하게 하고, 고객경험 서비스를 만들어 디지털 트랜스포이션 시대의 비즈니스 이노베이션 전략을 수립하는 가이드를 제시한다. 고객경험과 서비스 디자인에 대한 지식을 심화하고자 하는 전문가들에게는 구체적인 고객경험 서비스 디자인 방법과 체계적인 프레임워크를 제시하여, 관련 전문성을 증진시키고 지속적으로 발전시킬 기틀을 제공한다.

서비스 디자인 씽킹을 통해 공감하기와 상상하기로 서비스화 가능 범위를 넓히는 발산적 방법과 문제정립하기와 프로토타이핑을 통해 실현가능한 서비스로 수렴하는 방법으로, 고객의 요구와 니즈를 찍어내어 발전적 제품-서비스 융합 가치를 제공하는 구체 방안의 확립과 실행이 필요한 것이다. 비즈니스 이노베이션을 위해, 새로운 영역의 창출과 기존 경계를 넓히는 것이 필요하다. 그러나 과연 얼마만큼 새롭고, 광범위하게 확장 할 것인가를 결정하는 것이 핵심이다. 이를 위해, 사용자, 소비자, 고객의 적극적 참여를 제품-서비스의 사용 전, 사용 중 및 사용 후 각 단계에서 확장시키는 전략이 필요하다. 결국 고객경험에 대한 지속적 평가와 관리가 그만큼 중요한 것이다.

1984년부터 1990년까지 Stanford University의 Design Division에서 교육받고, 연구하며 정립한 기반에 지난 30년간 Design Cognition and Informatics 연구 분야 국제무대의 리더로서 구축하여 온 경험과 통찰력으로 최근 수행한 제품-서비스 시스템과 고객 경험 디자인의 결과물을 본 저서에서 소개한다. 나의 Design 관련 Education, Research, Practice 경력은 처음에는 물리적인 제품 관점에서 시작했다. 설계와 생산 관점의 역할과 의도가 집합된 특징형상에 대한 연구에서 시작되었다. Stanford 기계공학 박사, 전산학 박사 부전공 등 전문성을 반영하여, 미국 기계공학회의 Computers and Information in Engineering 부문장 역할을 하는 등 리더십을 쌓기 시작했다. 이어 Design Creativity 등 설계기본소양 증진 및 Design Learning에 대한 창의적 연구로 AI, 인지심리학, 교육심리학 등 다분야의 융합을 통한 디자인 교육과 연구를 활발히 진행하면서 세계 최고의 디자인분야 연구 교육 커뮤니티인 Design Society의 리더로 부각되기 시작했다. 2009년에 첫 저서로 '창의적 설계 입문'을 출간했다. 그리고 지난 10여년은 디자인의 대상이 제품뿐 아니라 인간의 행위가 핵심인 서비스와 경험으로 확장되면서 국제적인 선도적 연구를 지속해왔다. 특히 지식경제부와 산업통상자원부의 지원을 받으며 산업계에 밀착된 과제들을 수행하며 다양한 기업들과 협력하였다. 2018년에 출간한 '비즈니스 이노베이션 서비스 디자인' 저서는 제품-서비스 시스템 디자인 방법론을 설명한 책이다. 사실 2018년 집필 때부터, 이번 출간하는 '디지털 트랜스포메이션 시대의 고객경험 서비스 디자인 씽킹' 책이 함께 기획되었다. 이번 책은 좀더 산업계에 밀접히 연계되도록 내가 수행한 기업 사례들 위주로 준비되었다. 그러면서 이번 책은 Design Thinking 시각으로 연계되며 10여년 전에 활발히 진행하던 Visual Thinking 연구내용을 소환하여 이를 프레임워크로 새로운 Experience Thinking으로 출발시키는 계기가 되었다.

비즈니스계의 이노베이션과 사회 각 영역에서 새로운 문제해결 방법론으로 많은 관심을 받고있는 디자인 씽킹은 디자인 과정에 기반한 문제해결 철학이라 할 수 있다. 본 저서에서 Stanford Design Division 교육 철학과 나의 구체적 연구와 디자인 경험에 기반하여 디자인 씽킹에 대한 김용세 고유의 설명을 제시한다. Seeing–Imagining–Drawing의 유기적 연계 순환과정으로 설명한 비쥬얼 씽킹 기본 틀에서 체계적 고객경험 서비스 상상하기 등 내가 만든 고객경험 서비스 디자인 방법론을 연계한 서비스 디자인 씽킹 프로세스를 기업 사례와 함께 상세히 설명한다. 또한 디지털 트랜스포메이션이 견인하는 고객경험이 비즈니스 경쟁력의 핵심이 되는 현시점에 맞게, 디자인 씽킹의 기반이 된 Seeing–Imagining–Drawing 의 순환으로 진행되는 Co-Design 과정과 고객의 Experience–Evaluate–Engage 로 지속적으로 발전하는 고객경험 진화 Co-Creation 과정을 연계하여 만들어내는 Experience Thinking의 새로운 기여를 제시한다.

디자인 마인드셋과 프로세스를 친근하며 함축적인 표현인 Seeing–Imagining–Drawing으로 구성된 Visual Thinking으로 설명한 Stanford의 McKim교수님에게 깊이 감사한다. 본 저서에서 소개된 방법론 및 사례 등은 산업통상자원부의 제조업 서비스화 지원 프레임워크 개발 과제에 연계하여 개발 된 내용을 포함한다. 본 저서의 제품-서비스 시스템 디자인을 통한 서비스화 사례 프로젝트 수행에 대한민국 석사 교육의 새로운 선도 사례로 저자가 설립한 서비스 융합 디자인 대학원 교육과정인 Service Design Institute의 이희주, 스즈키 쿠미코, 윤순천, 김소희, 노은래, 최유진, 문주시, 김수겸, 조승미, 오희라, 정수연, 김성은, 안은경, 김세은, 임세연, 김지희, 김영균, 임명준, 김규식, 최정은, 이진원, 원창선, 김진희 등 석사과정 및 박사과정 대학원생 등이 참여하여 구체적 도움을 주었다. 또한 Creative Design Institute 의 연구원으로 박정애, 조숙현, 이지원, 박근완, 최은미, 박신혜, 이주혜 연구원 등도 관련 연구와 사례 프로젝트에 많은 기여를 했다. 특히 홍연구 박사는 상황반영 경험 평가 방법을 함께 개발하는 등 큰 도움을 주었다. 산업통상자원부의 제조업 서비스화 지원 프레임워크 개발 과제 컨소시엄에 참여한 서울대학교 홍유석 교수, KAIST 이지현 교수, 컨설팅서비스협회 임광우 본부장, 팀인터페이스 이성혜 대표, 알마덴디자인리서치 조창규 대표 등의 협력에도 감사한 마음을 전한다. 홍유석 교수 지도학생인 서울대학교의 오상현 박사과정도 많은 도움을 주었다. 제품-서비스 시스템 프레임워크 시스템과 경험평가 시스템 등 소프트웨어 개발을 담당한 스마트워크스의 정윤식 대표와 조재일 연구원의 도움도 큰 기여를 했다. 앞서 언급한 제조업 서비스화 지원 프레임워크 개발 과제뿐 아니라, 밑바탕이 되는 제품-서비스 시스템 디자인 기술 개발 과제도 지원한 지식경제부, 산업통상자원부 등 2대에 걸쳐 추진한 지식서비스 연구개발 사업이 본 저서 내용, 그리고 2018년에 발간된 비즈니스 이노베이션 서비스 디자인 저서의 내용 등을 만들어 내는 여러 측면의 선도적 지원을 제공하였음을 밝힌다.

이런저런 화나는 일들이 일어나는 상황에서 이 책을 집필했다. 이 책은 이런 어려운 상황에 나를 달래주는 역할을 한 고마운 책이다. 선도적인 시각으로 새로운 방법과 체계를 만들어서 교육한다는 것이 이런 새로움에 익숙하지 않은 일부 현실과 환경에 의해 어려운 상황을 만들기도 한다는 것을 경험하는 과정에서, 내 마음을 보듬어주는 역할을 해 준 책이다. 아빠가 잘 챙겨주지 못하는데도 건강하고 예쁘게 자라주는 지아, 수아 두 딸과 아내에게 무한히 미안하고, 고맙다.

목차

01 디지털 트랜스포메이션 시대의 비즈니스 이노베이션

02   서비스디자인씽킹

그림 목차

03 제조업의 서비스화 추진 전략

04 제품-서비스 시스템 프레임워크

05 경험평가기반 고객경험 맞춤화 서비스 디자인

06 고객경험기반 서비스화 전략 가이드

표 목차

01

Business Innovation for Digital Transformation

디지털 트랜스포메이션 시대의 비즈니스 이노베이션

1. 제조업의 서비스화

제조업 환경의 급속한 변화

제조기업간의 기술격차가 감소하고 산업간 경계를 넘어 경쟁이 가속화되고 있고 제품의 수명주기가 점점 짧아지고 있다. 성장의 한계를 보이고 있는 제조기업들은 서비스 융합에 기반한 비즈니스 이노베이션을 통해 새로운 수익 창출의 기회를 마련하고, 경쟁사와의 차별화를 이룰 수 있다. 제조기업의 서비스화는 해당 제조기업의 제품 특성, 고객 특성, 비즈니스 상황 특성을 분석하여 비즈니스 이노베이션을 견인할 수 있는 서비스 요소를 새로이 부가하는 것이다. 서비스는 제품의 유통, 유지보수 등 제품지원 서비스에서부터, 해당제품 고객의 경험가치와 역량을 증진시키는 고객지원 서비스 등 다양한 컨셉으로 설계될 수 있다.

제조기업들은 기술중심에서 인간중심으로 변화하는 메가트랜드와 산업간 융합의 흐름, 그리고 이에 의한 비즈니스 에코시스템의 변화에 주목하여 서비스화를 통한 비즈니스 이노베이션을 추진하는 전략을 세워야 한다. 시장의 주인으로서의 역할을 수행하게 된 소비자의 요구와 니즈는 점점 다양화되고, 개인화되고 있다. 이러한 소비자의 요구를 적극적으로 맞추어주는 것이 서비스의 핵심이다.

이제는 제품-서비스 융합시대이다. 인간의 삶을 풍요롭고 의미있게 하기 위해서는 제품, 서비스, 커뮤니케이션, 인프라 등이 융합되어야 하는 것이다. 그것이 고객의 요구이며, 시장을 지배하는 논리이다. 디지털화는 서비스화를 더욱 가속시키고 심화시키고 있다. 제품중심 가치를 디지털서비스를 통해 경험가치로 전환시키는 고객경험을 새롭게 제공하는 서비스화 전략이 디지털 트랜스포메이션 시대의 핵심 비즈니스 이노베이션 전략이 되는 것이다.

제조업 서비스화의 필요성

소비자 역할 패러다임 변화

과거와는 달리 소비자들의 역할 패러다임이 바뀌고 있다. 과거 소비자들은 기업이 제공하는 제품들을 선택하는 수동적인 역할을 해왔다면, 오늘날의 소비자는 제품 개발에 직접 참여하기도하고 새로운 소비문화를 스스로 생성하기도 한다. 소비자는 기업이 제공하는 제품이나 서비스를 선택하는 수동적 위치에서 기업에 영향력을 행사하는 시장의 주인으로서의 역할을 수행하게 된 것이다. 즉, 과거에는 기업의 경쟁이 기술을 선도하는가의 여부를 중심으로 하고 있었던 반면에 이제는 소비자의 경험의 영역에서 기업의 경쟁이 일어나는 형태로 변화하였다. 이에 따라 최고의 고객경험을 제공하는 제품을 개발하는 것이 기업에게 점점 더 중요한 이슈가 되고 있다(김용세 외, 2014).

산업간 융합

소비자는 근본적으로 요구와 니즈 중심의 관점으로 통합된 솔루션을 요구하고 있는데 이것은 기업들에게 기술적 체계와 산업구조적 제약보다도 중요하게 다가오고 있다. 바로 이 점이 산업간의 융합을 불러왔다. 융합 제품에 대한 소비자 요구가 증대함에 따라 제조업은 생존 및 성장과 고부가가치화를 위한 산업 간 융합이 필수적으로 되어버린 것이다(김용세 외, 2014).

비즈니스 에코시스템의 변화

산업간 융합과 융합 제품에 대한 요구로 인해 공급가치사슬의 구조 변화에 대한 관심도 커지고 있다. 제조업체는 제조 생산 및 공급 중심의 가치사슬 형태를 가진 단순한 구조인 수직적 가치사슬 구조가 대부분이다. 하지만 융합화현상이 가속화되면서 기업의 역량과 이해관계에 따라 유연한 가치네트워크를 구성하게 되었다. 제조기업은 융합제품을 원하는 소비자의 요구에 따라 제조기업, 서비스기업, ICT기업의 협력으로 진화하게 된 것이다. 이러한 산업간의 융합 에코시스템이 소비자에게 새로운 경험과 가치를 제공한다.

다양한 산업간의 융합으로 인해 산업 간 경계가 무너져 서로 다른 기업들 간에 협업을 통한 가치 네트워크가 창조되고 새로운 융합환경에 진입한 기업들은 다양한 관계를 형성하게 된다. 가치네트워크에 참여하고 있는 주체들은 자신의 핵심역량을 바탕으로 전략을 수립하고 상생적 에코시스템을 구축하여 차별적 경쟁력을 확보해야 할 것이다. 또한 지역사회, 시민단체, 정책기관 등 다양한 이해관계자들과의 상생을 도모하여 기업성장에 영향을 미치고 가치를 지속적으로 창출하는 서비스 융합 에코시스템을 구축해야 한다(김용세 외, 2014).

서비스 중심 관점의 중요성

제조업 혁신의 필요성에 대한 해답을 찾기 위해서, 왜 IBM이 세계 최고의 컴퓨터 제조회사에서 IT 서비스 컨설팅 회사로 변모하였는지, 세계적인 자동차 및 항공기 엔진 제조업체 롤스로이스가 왜 엔진 토탈 관리 서비스를 제공하게 되었는지를 먼저 살펴보자.

위에서 언급한 제조기업들은 제품을 제공한다기보다 고객이 요구하는 서비스나 고객의 불편함을 줄여주는 서비스를 제공하는 방향으로의 패러다임 전환을 시도하고 있다. 이러한 전환의 가장 핵심적인 이유는 시장이 원해서이다. 예컨대 롤스로이스는 더 이상 엔진만을 판매하는 것이 아니라 항공사와 장기 서비스 계약을 체결하여 비행기 엔진 관리에 수반되는 모든 사항을 관리하는 토탈케어 서비스를 제공하고 있다. IBM의 경우에는 하드웨어 생산업체에서 비즈니스 솔루션을 제공하는 서비스 기업으로 재탄생되었다. 기업들이 단순한 하드웨어 제품 구매에서 IT서비스의 수요가 증가하는 추세에서 자신들의 노하우를 활용하여 컨설팅 회사로 변신하였다.

제조기업들은 이노베이션을 통해 새로운 수익 창출의 기회를 마련하고, 고객과 지속적인 관계를 유지하면서 경쟁사와의 차별화를 꾀하고 있다. 영국 캠브리지 비즈니스 스쿨의 Cambridge Service Alliance는 서비스로의 변화에 대한 이해 능력이 기업의 성공과 시장에서의 장기적인 유지에 중요한 요소라고 제시하였다. 제조업의 서비스화로의 변화를 설명하는 (그림 1-1)에서 보듯, 제품뿐 아니라 토탈 솔루션까지 원하는 고객 요구의 변화, 고객과 단순 거래기반이 아닌 고객과의 지속적인 관계 구축으로의 변화, 개별 기업이 아닌 상생 에코시스템으로의 변화 등을 이해해야 한다.

결국 제조업의 서비스화는 어떤 비즈니스 모델이 기업에게 서비스를 통한 가치 창출을 가능하게 할 것인가? 이러한 비즈니스 모델을 가능하게 하는 제품-서비스 시스템을 어떻게 만들 것인가? 라는 전략적 문제를 해결하고 구체 솔루션을 개발하는 것이다. 제품-서비스 시스템(Product-Service System, PSS)은 20여년 전 유럽에서 주로 경제적 가치뿐 아니라 환경적 가치를 제공하기 위해 출현한 제품과 서비스를 융합한 시스템의 개념이다(Goedkoop *et al.*, 1999).

이제는 제품-서비스 융합시대이다. 인간의 삶을 풍요롭고 의미 있게 하기 위해서는 제품, 서비스, 인프라, 관련자 관계 등이 융합되어야 할 것이다. 그것이 고객의 요구이며, 시장을 지배하는 논리이다(김용세 외, 2014).

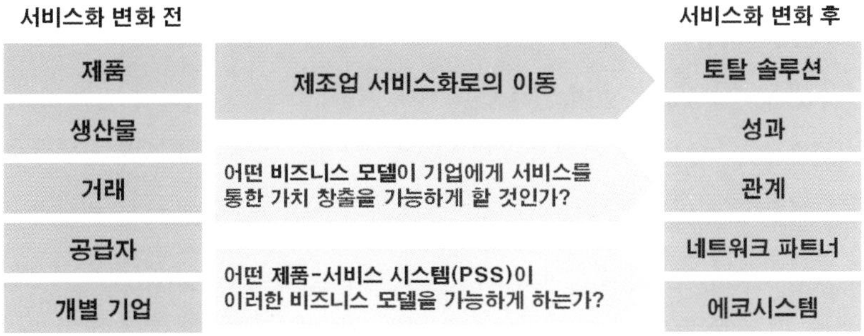

서비스화 변화 전	제조업 서비스화로의 이동	서비스화 변화 후
제품		토탈 솔루션
생산물		성과
거래	어떤 비즈니스 모델이 기업에게 서비스를 통한 가치 창출을 가능하게 할 것인가?	관계
공급자		네트워크 파트너
개별 기업	어떤 제품-서비스 시스템(PSS)이 이러한 비즈니스 모델을 가능하게 하는가?	에코시스템

그림 1-1 제조업 서비스화로의 전환(Visnjic & Neely, 2011, 수정됨)

2. 제조업 서비스화 방법

제조기업의 서비스화는 제품에 서비스를 추가하거나 제품을 서비스 형태로 제공하는 패러다임의 전환이다. 서비스화는 해당 제조기업의 제품 특성, 고객 특성, 비즈니스 상황 특성을 분석하여 비즈니스 혁신을 견인할 수 있는 서비스 요소를 새로이 부가하는 것이다. 서비스화(Vandermerwe & Rada, 1988; Baines & Lightfoot, 2013; Fischer *et al.*, 2012)는 고객 경험 서비스, 운영 서비스, 재활용 및 폐기 서비스 등 제품 생애 주기 상의 다양한 서비스(Rabetino *et al.*, 2015) 등으로 다양한 가치를 제공한다. 점점 다양한 서비스가 새롭게 창출되고, 서비스의 중요성이 확장되고 있다.

제품-서비스 시스템

제품-서비스 시스템(Product-Service System)은 제품 요소, 서비스 요소, 관련자들의 관계, 데이터 및 인프라 등이 융합되어, 고객과 제품/서비스 제공자들이 함께 가치를 Co-Create하는 시스템이다. 제품-서비스 시스템은 제품에 새로운 서비스를 부가하여 만들 수도 있고, 서비스 제공을 위해 제품 요소를 추가하여 만들 수도 있다. 제품-서비스 시스템은 물리적인 제품의 설계, 생산, 판매의 전통적 전략에서 벗어나 고객의 요구 및 선호도를 만족시킨다는 것을 기본관점으로 하는 제품과 서비스를 통합한 혁신전략의 결과물을 의미한다. 제품-서비스 시스템은 제조 기업들에게 제품 판매 이외에 경험가치에 기반한 사용 서비스 등 매출을 창출하는 창구를 다변화하여 비즈니스 이노베이션을 도모하는 기회를 제시한다.

제조업 서비스화 수행 전략

제조 기업이 제품 중심에서 고객 중심으로의 변화를 통해 성공적인 서비스화를 이루기 위해서는 새로운 제품-서비스 시스템과 비즈니스 모델을 개발하는 과정이 필요하다. 이 과정에서 컨설팅 기업 및 연구기관 등 서비스화 전문가와 서비스 기업 또는 서비스 부서의 전문가 등이 참여하는 융합개발팀과 고객참여 역할이 중요하다.

제조업의 서비스화는 해당기업의 현재 상황을 분석하고, 비즈니스 이노베이션을 견인할 새로운 서비스 요소를 융합하여 만들어내는 전략의 수립이 중요하다. 이때 해당 제조기업의 고객지원, 핵심 고객가치 특성 등을 세밀히 분석하여 다양한 관점에서의 서비스요소가 고려되어야 한다. 중요한 것은 제조기업, 서비스기업, 컨설팅 업체 등 전문가들로 이루어진 융합개발팀을 구성하여 서비스화 프로젝트를 추진해야 한다는 것이다. 전략수립과 제품-서비스 시스템 개발과정이 구체적 방법론에 의거한 서비스화 프로세스 과정으로 진행되기 때문이다. 그리고 서비스화 프로세스 과정은 기획단계, 개발단계, 운영단계 등을 각각 고려하여 진행되며, 많은 반복과정을 거치게 된다.

제조업의 서비스화 프로세스는 기업간의 협력가치사슬에 많은 변화를 수반하게 된다. 때문에 제품-서비스 시스템의 라이프사이클 단계별로 이에 적합한 융합개발팀의 다양한 협력 유형이 필요하다. 예를 들어 기획 및 개발단계에서의 전문기관 및 컨설팅 기업과의 협력, 운영 단계에서의 서비스 담당 부서 또는 서비스 제공 기업과의 협력 등이 필요하다. 그리고 외부 전문 업체에 맡기는 아웃소싱 전략을 추구할 것인지 전략적 제휴, 협력 등을 맺어 서비스를 제공할 것인지를 고려해야 한다.

고객참여 이노베이션

고객이 참여하는 Co-Creation은 제품-서비스 융합 개발 과정에서 다양한 수준의 고객-기업 상호작용으로, 고객과 기업의 관여수준에 따라 다양한 형태가 나타날 수 있다. 고객참여 이노베이션은 개개인의 취향과 선호도를 반영하는 개인화 및 맞춤화된 제품-서비스 시스템을 개발하여 개별 고객의 니즈를 충족시켜 만족도를 극

대화하는데 핵심적인 역할을 한다. 고객과 기업의 협력뿐 아니라, 고객과 고객의 상호작용 서비스를 개발하여 제공함으로써 더욱 활성화된 고객참여를 도모하고, 지속적인 고객 협력 관계를 제조업 서비스화 에코시스템의 구심점으로 발전시킬 수 있다.

서비스화를 통한 비즈니스 이노베이션

제조업체는 제품 개발 및 생산성 중심의 경쟁 마인드셋에서 벗어나 서비스를 경쟁우위 요소로 활용하려는 발상의 전환이 필요하다. 특히 기술혁신 역량이 대기업보다 부족한 중소기업은 제품 서비스화가 경쟁 우위 전략의 좋은 옵션인 것이다. 중소기업 CEO들은 서비스를 단순히 고객에게 친절한 것이라는 과거의 개념에 머물러 있어서는 안되고 비즈니스 이노베이션의 도구로서 인식해야한다. 서비스의 개념이 고객의 불편과 번거로움을 해결하는 것이라는 생각을 넘어, 서비스 경험 디자인을 통해 고객이 인지하지 못하는 새로운 수요와 가치를 창출하는 토탈 솔루션 제공으로 창의적인 비즈니스 이노베이션을 견인하는 전략으로 인식되어야 할 것이다. 서비스화는 전략적 미션과 기업 전반의 사업 전략의 핵심이 되어야한다. 서비스화를 통해 고객을 발굴하고 확장하며 지속적인 경쟁력 개발의 구심점으로 삼을 서비스화 전략을 세우는 기업들이 미래의 최고 기업이 될 것이다.

전략적 트랜스포메이션의 수단

서비스화는 자사의 강점을 기반으로 한 지속적 서비스 영역의 확대를 통해 차별화된 경쟁력을 확보해야 한다. 점진적이고 장기적인 관점으로 서비스 비중을 증대시키거나 혁신적인 전략을 수립해야 한다. 전반적인 디지털 트랜스포메이션으로의 전환에 앞서, 고객의 물리적 제품 경험을 적절한 디지털 서비스 경험으로 융합 발전시키는 방법으로, 서비스화가 디지털화를 이끄는 창의적 전략으로, 고객에게 보다 차별화된 서비스를 제공할 수 있을 것이다.

기업 조직의 트랜스포메이션

제조업이 서비스화로 가는 데 있어서의 변화는 시간과 프로세스가 필요하다. 성공적인 서비스화 추진을 위해서 조직의 구조, CEO역할, 각 부서간의 원활한 커뮤니케이션, 서비스 사업 전략 수립이 중요하다. 무엇보다 기업이 서비스화로 변화하기 위해서는 최고경영자의 의지와 역할이 중요하다. 이러한 과정에서 발생하는 구성원들의 저항을 줄이기 위해서는 원활한 커뮤니케이션으로 서비스화로의 목표를 공유하여야 한다. 또한 부서 전체의 수평적 통합이 필요하다. CEO는 이러한 프로세스를 통해 조직 전체의 변화와 혁신의 분위기를 조성해야 한다.

그리고 제품기능 향상과 기술혁신을 중시하는 조직문화를 사람이 중심이 되는 서비스기업형의 조직문화로 변화시켜야 한다. 특히 사용자와 고객을 위해 가치를 창출하고 그들과 새로운 관계를 구축하는 사용자 중심의 조직 구조로 변해야 한다는 것이다. 추가된 서비스가 고객에게 어떤 새로운 가치를 제공할지 명확히 다져보고, 전사적 자원의 재배치를 통해 경쟁력 있는 서비스를 창출할 때 서비스화를 통한 수익 증대를 기대해 볼 수 있을 것이다.

콜라보 추진 전략

국내의 경우 중소 중견 제조기업들 뿐아니라 대기업들도 혁신 및 도약의 필요성은 느끼고 있으나 서비스와 융합을 통한 도약이라는 전략적 인식이 부족한 편이다. 이는 도약을 하기 위한 체계적 방법론을 체득하고 있지 못해서이다. 본 저서는 해당 기업의 상황과 제품 경쟁력에 적절한 제품-서비스 융합 추진 방법론을 제공하고 가이드 하기 위해 개발된 프레임워크를 소개한다. 해당 기업, 최종 소비자를 포함하는 고객, 서비스화 전문가 등이 콜라보하는 서비스디자인씽킹에 기반한 서비스화를 통해 수익을 창출하는 가이드를 제시한다.

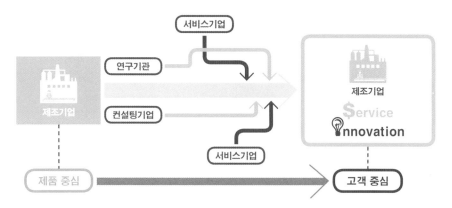

그림 1-2 고객 중심으로의 변화에 기반한 서비스 이노베이션

3. 디지털 트랜스포메이션과 비즈니스 이노베이션

4차 산업혁명

글로벌 컨설팅 기업 Capgemini는 Industry4.0의 기업성장의 핵심요소로, 스마트 제품과 스마트 서비스로 구성되는 스마트 솔루션, 고객과의 협력에 의한 이노베이션, 그리고 After-Sales In-Use 서비스에 기반한 수익창출 등을 꼽았다(Capgemini, 2014). 국내에서 강조하는 스마트 팩토리 등은 효율 증진 요소인 것이다. 디지털 트랜스포메이션 전략에는 서비스에 기반한 매출 창출이 중요한 자리를 차지한다. 제품-서비스 시스템을 통한 서비스화가 디지털 트랜스포메이션 시대의 비즈니스 이노베이션 전략으로 많은 주목을 받고 있는 이유이다.

새로운 디지털 기술의 개발로, 4차 산업혁명이란 표현과 더불어 찾아온 디지털 트랜스포메이션이 세계의 수많은 기업들의 메가 트렌드 이슈가 되었다(Schwab, 2016). 4차 산업혁명의 혁명적인 측면은 바로 고객의 참여가 쉬워지고 급속히 늘어난다는 점이다. 4차 산업혁명의 저자 Schwab(2016)에 따르면 기업에 대한 고객들의 기대는 이제 고객 경험으로 재정의되고 있으며, 고객 세그먼트의 기준도 고객 참여 의지에 기반하게 바뀌고 있다.

디지털화

디지털 혁명으로 인해 소비자의 행태가 바뀌어 가고 있다(Verhoef *et al.*, 2019). 소비자들 간의 또 소비자와 제품 서비스 제공자들간에 소통이 쉬워지고 계속 늘어나고 있다. 디지털 트랜스포메이션 시대의 프리미엄 고객이란 프리미엄 가격을 기꺼이 지불할 의지가 있는 고객에서 더 많은 혜택을 위해 기꺼이 참여하고 관여하는 고객들로 전환되고 있는 것이다. 디지털 트랜스포메이션 시대에서의 고객의 여정은 터치포인트들이 점점 더 늘어나고 있고, 기업은 비즈니스 모델 이노베이션을 위한 여러 가지 전략을 추구하고 있다. 디지털 트랜스포메이션의 핵심으로 고객 경험 관리와 서비스 기반 매출 전략을 꼽게 되는 것이다.

디지털 서비스화

디지털화로 인해 서비스화가 더욱 촉진되고 있다. 사용자와 제품에 대한 인식, 위치 정보, 타임 스탬핑, 사용시간 등 집중도 기록, 온도, 속도 등 작업 운영 조건의 모니터링 등의 디지털 기술들이 현재 디지털 능력(Digital Capability)으로 이용되고 있다. 디지털 기술에 기반하여, 제품 사용 모니터링 및 예측, 원격 컨트롤 등 보다 더 포괄적인 능력들이 개발되고 있으며, 최적화, 자율작동 등의 능력들도 계획되고 있다(Ardolino et al., 2018). 서비스화 수준과 디지털화 수준의 관점에서 제조기업의 비즈니스 컨텍스트에 맞게 적절한 전략이 수립되도록 지원하는 프레임워크를 개발하는 연구 등이 진행되고 있다. 디지털 서비스화를 위한 기업 조직 관점의 전환도 많은 연구의 주제가 되고 있다(Kohtamaki et al., 2019; Sklyar et al., 2019).

경험경제로의 전환

디지털 트랜스포메이션의 핵심 과제로 고객 경험 관리와 서비스 기반 매출 전략 수립 등을 들 수 있다. 일부 기업에서는 고객 상호작용이 디지털화되고 있지만, 대다수의 기업은 여전히 고객과 제품의 물리적 상호작용에 위한 핵심 가치 창출 과정에 의지해야 한다. 따라서 디지털 트랜스포메이션의 핵심 챌린지는 제품 중심의 가치 제공에 디지털 서비스를 연계하는 것이다. 다시 말해, 어떻게 제품 중심의 가치를 고객지원 서비스를 통해 Co-Create되는 경험가치로 전환시키느냐 하는 것이다. 이렇게 하여 20년전 부터 Pine과 Gilmore(1998)가 주창해온 경험경제(Experience Economy)가 구현되어 가고 있다.

Pine과 Gilmore는 경제 발전 단계를 소모(Commodities)경제, 제품(Goods)경제, 서비스(Services)경제, 경험경제의 4단계로 발전할 것이라고 주장했다. 기업 경쟁력관점의 차별화와 프리미엄 수익의 기회는 소모, 제품, 서비스, 경험으로 발전하면서 점점 강화된다는 것이다. 흔히 이를 설명하는 예로, 커피콩이라는 소모품의 초기 단계에서, 커피 제품으로 발전하고, 이어 커피를 내리는 서비스가 연계된 커피 제공으로 발전하여, 이제는 스타벅스 경험이라는 총체적 가치 제공으로 가치 제공이 발전된 사례를 든다. 스타벅스의 다음 단계는 디지털 고객 경험 관점을 어떻게 연계하는가가 될 것이다.

고객 경험

고객 경험이란 고객이 기업에 대해 갖는 모든 인상, 생각, 감정을 말한다. 고객은 경험을 통해 제품 및 서비스에 대해 개인적이고, 감정적인 연결고리를 갖게 된다. 고객경험이 생겨나는 순간은 고객이 제품과 서비스를 인식하고, 구매하여, 사용하고, 재구매하기에 이르기까지 기업과 직, 간접으로 만나는 모든 순간이다. 따라서 디지털 트랜스포메이션 시대의 기업은 기업과 고객의 모든 접점에서 기업이 고객경험을 설계하고, 추적하고, 평가하고, 관리하는 고객경험관리 전략을 기반으로 기업의 경쟁력을 확보해야 한다. 고객 경험의 중요한 본질적 특성은 고객 경험은 기업과 고객이 Co-Create하는 것이라는 점이다. 특히 고객 주도 경향은 점점 증대하고 있어, 이점을 반영하는 고객경험관리가 필요하다.

4. 비즈니스 이노베이션 디자인과 제품-서비스 시스템 디자인

빅디자인

우리의 삶과 비즈니스가 다양한 관점에서의 전환을 겪고 있는 지금 디자인의 역할과 기여는 '빅디자인'으로 확장되어 가고 있다(김영세, 2019). 더욱 세련된 삶의 질, 고도화된 비즈니스 이노베이션과 사회혁신을 요구하는 트랜스포메이션 세상은, 획기적으로 약진한 기술 요소들을 포용하며, 본질적이고 지속가능한 가치를 창출하는 인간의 행위와 경험을 만들어내는 디자인 솔루션들은 필요로 한다. 전환되고 있는 인프라와 관련자들의 관계와 함께, 제품 요소와 서비스요소가 융합된 시스템들이 디자인 되어야 하는 것이다.

복잡하게 전환하는 사회와 산업계는, 고기능 테크놀로지를 인간 행위 중심의 접근 방법으로 다루는 융합 디자인을 통해서 인간적, 사회적, 기업적, 환경적 가치를 창출하는 빅디자인이 이끄는 이노베이션을 절실히 필요로 하고 있다. 본질적인 인간 경험가치에 기반하여 기술적 요소와 인간의 행위를 융합하는 디자인 전략이 중요하다. 다시 말하면, 인문 사회과학적 시각과 깊이 연계하여 기술적, 비즈니스적 관점을 융합한 서비스디자인씽킹 방법론이 필요하다.

제품-서비스 시스템 디자인

제품-서비스 시스템(Product-Service System; PSS)은 비즈니스 이노베이션과 제조업의 서비스화를 추진하는 구체 전략으로 많은 관심을 받고 있다. 제품-서비스 시스템은 고객과 제품/서비스 제공자를 포함한 관련자들이 함께 가치를 Co-Create하는 제품과 서비스 융합시스템으로서, 인프라, 관련자들의 관계 및 데이터를 포함하는 총괄적인 시스템이다. 제품-서비스 시스템의 디자인은 사회-기술적 관점의 다양한 가치 관점에서, 제품의 기능 및 구조와 고객 및 제공자 등 인간의 행위와 경험을 연결하는 융합적 접근방법으로 진행되어야 한다. 여기서 모던 스마트 솔루션의 핵심이 되는 인텔리전트한 맞춤화 가치 제공을 서비스 관점이 드라이브한다.

제품-서비스 시스템 디자인은 인간관점, 비즈니스관점 및 에코시스템관점을 다 복합적으로 다루어야 한다. 제품-서비스 시스템 디자인이란 다양한 인간적, 사회적, 환경적 가치를 충족시키는 제품요소, 서비스요소, 유연한 생산 및 운영 프로세스 등을 총망라하여 융합한 스마트 솔루션으로 고기능 하이터치 가치를 창출하는 작업이다. 사용자 경험과 참여, 비즈니스 모델과 에코시스템 이슈 뿐 아니라 조직관리와 변화관리 등을 포함한 기업과 조직의 이노베이션 이슈도 고려해야 한다. 예를 들면, 환자의 경험, 케어기버의 서비스, 인프라와 시설, 관련자 관계와 데이터 이슈 등을 총정리하여 융합하는 헬쓰케어 디자인은 결국 복잡한 제품-서비스 시스템의 디자인으로 다루어져야 한다.

디지털 트랜스포메이션과 제품-서비스 시스템 디자인

4차산업혁명의 핵심은 다양한 형태의 In-Use 서비스를 통한 가치 Co-Creation에 있어서 고객의 참여가 혁명적으로 증진되는 것이다. B2C 및 B2B 제품-서비스 시스템 설계의 핵심에 고객경험 관점의 강조가 필요하다. 고객과 서비스 제공자를 포함한 다양한 관련자들의 경험을 디지털 형태로 평가하고, 관리하는 것이 사용 데이터와 함께 디지털 트랜스포메이션의 핵심이다.

이제는 스마트 홈, 스마트 카, 스마트 팩토리 등 복잡한 사회-기술적 시스템 뿐 아니라 소비재 제품 및 의료기기를 포함하는 많은 제품들이 스마트 제품-서비스 시스템이 되어가고 있다. 제품 경험을 디지털 형식의 서비스 경험으로 경험평가 데이터와 함께 전환함으로써, 제조기업의 디지털 트랜스포메이션이 성취되는 것이다. 인간의 주관적 경험평가가 IoT로부터 얻어지는 물리적 상황정보와 연계되어, 모듈화된 제품 요소와 사용자가 Co-Create하는 서비스 요소의 유연한 연계를 통해 제품-서비스 시스템의 맞춤화를 가능하게 한다. 고객경험 평가 정보와 사용 데이터 및 지식의 적극적 활용이 스마트 제품-서비스 시스템을 디자인하는 데에 중요한 역할을 한다. 물리적 제품 기능과 디지털 서비스-고객 상호작용을 융합하여 총체적으로 디자인하고 관리하는 고객경험 디지털 디자인이 개인 맞춤화된 스마트 솔루션을 기반으로 비즈니스 이노베이션을 창출한다.

확장하는 제품-서비스 시스템 역할

제조기업의 서비스화 전략에 기반한 비즈니스 이노베이션을 추구하는데 있어서, 해당 제조기업의 제품 경쟁력을 다양한 고객 가치관점으로 재조명하여, 이들 제품 경쟁력을 활용한 제품요소들과 고객이 직접참여하여 만드는 서비스 그리고 서비스 전문가가 제공하는 서비스를 시스템으로 묶어 제품-서비스 시스템을 개발하고, 이에 맞는 비즈니스 모델을 만드는 제품-서비스 시스템 역할을 대표적으로 삼을 수 있다. 본 저서에서 제품-서비스 시스템 디자인을 핵심 주제로 삼는 이유가 바로 이런 비즈니스 이노베이션 구체 전략으로서의 역할이다.

환경적 가치, 경제적 가치, 그리고 순환경제

제품-서비스 시스템이 처음 북유럽에서 출현하던 20년전의 핵심 기대는 환경적 가치를 증진시키는 전략으로서의 제품-서비스 시스템의 역할이었다. 그 이후 제조기업의 경제적 관점이 강화되는 산업형 제품-서비스 시스템의 개발이 독일 등의 기계산업 위주로 활발하게 진행되었고, 이제는 거의 모든 제조업에서 기업 경쟁력과 고객 경험 증진의 구체 전략을 하고 있다. 여기에 최근 순환경제 이슈가 다시금 강조되고 있다.

순환경제(Circular Economy)의 목적은 인간이 오랫동안 더 나은 생활을 누릴 수 있도록 환경에 미치는 영향을 줄이거나 자원의 소비를 늘리지 않으면서 경제성장을 가져오는 것인데. 제조 시스템은 물론 사람들의 소비습관까지 포함해 친환경적 사이클을 만들어내는 개념이기에 인간의 삶 작은 부분까지 밀접하게 연결되어 있다고 볼 수 있다. 제품-서비스 시스템은 처음 출현 때와 마찬가지로 순환 경제로의 지속적 발전의 핵심 전략이다. 이미 Sustainability는 자원의 절약과 재사용, 재활용 캠페인 만으로 성공할 수 없으며, 비즈니스 관점의 균형적 이노베이션이 함께해야 지속된다는 점은 강조되어 왔다. 여기에 추가적으로 강조되는 부분은 Co-Creation의 필요성이다. 모든 기술적, 사회적, 비즈니스적 관련자들이 함께 참여하여 디자인하고 이용하는 제품-서비스 시스템 개발 과정이 강조된다.

저자도 순환 경제를 위한 제품-서비스 시스템을 지속적으로 개발해오고 있다. 국내의 커피 소비가 엄청나게 증가하면서, 바쁜 소비자의 라이프 스타일 등의 영향으로 Take Out 커피를 즐기는 소비자가 엄청 많아졌다. 이러한 Take Out 커피 컵을 다시 수거(*Take back IN*)하여 재활용되게 하는 커피컵 TakeIN 제품-서비스 시스템이 저자의 연구소인 Creative Design Institute(CDI)에서 진행되었다(김용세, 2009).

이어 의류 수거함을 통해 진행되는 의류 재활용 시스템의 총체적인 혁신으로 의류 재활용 문화의 새로운 창출로 이어질 수 있는 의류 TakeIN 제품-서비스 시스템이 저자가 총괄책임자로 수행된 지식경제부의 제품-서비스 시스템 디자인 기술개발 과제에서 개발되었다. 의류 TakeIN 시스템 사례는 해당 과제가 개발한 제품-서비스 시스템 디자인 방법론을 설명하는 기반으로 이용되었다(김용세, 2018).

또한 제품 사용 단계에서의 수리 및 유지보수 서비스 등 다양한 서비스의 구체 행위모델링을 통해, 제품을 설계하고 수정하는 방법인 서비스 고려형 디자인 방법론을 개발하고, 이를 활용한 기립형 휠체어의 설계변경 사례를 소개하였다(Kim *et al.*, 2020).

글로벌 무역의 중심이 되는 제품-서비스 시스템

사회 경제적으로 제품-서비스 시스템의 중요성과 파급이 확장되는 트렌드에 따라, 글로벌 무역 관점에서 또한 제품-서비스 시스템이 많은 관심의 대상이 되고 있다. 최근 유럽 중심의 글로벌 서비스 무역 체계에서 변화 요구의 핵심은 제품-서비스 시스템의 무역이 점점 핵심이 되어가고 있다. 이를 반영하여 무역 관련 세제 등 전반적 기반 모드에 제품-서비스 시스템 부문을 특별히 다루는 작업이 필요하다는 변화 요구가 확산되고 있다.

디지털 트랜스포메이션 시대의 3대 융합 전략

본 저서에서는 디지털 트랜스포메이션 시대의 비즈니스 이노베이션을 창출하는 핵심 전략으로서의 제품-서비스 시스템 디자인 구체 방법론을 디자인씽킹과 고객 경험 설계 및 관리의 시각에서 저자가 직접 수행한 서비스화 사례를 활용하여 소개한다. 제품과 서비스의 융합과 더불어, Physical과 Digital의 융합, 기업과 고객의 Co-Creation 융합 등 3대 융합 기반 전략을 기저로 하여 구체 방법론의 소개와 사례 설명을 진행한다.

제품-서비스 시스템 디자인 과제

글로벌한 산업 경쟁력의 핵심 트렌드인 제조업 서비스화에 필요성에 대해, 국내에서는 정부의 인식이 선도적 역할을 하였다. 지식경제부는 지식서비스 연구 개발 사업의 핵심으로 제품-서비스 시스템 디자인(Product-Service Systems Design, PSSD) 과제를 수행하였다. 저자가 총괄책임자로 성균관대, 서울대, KAIST 등 대학과 경영컨설팅, 디자인컨설팅 및 소프트웨어 개발 기업 등으로 구성된 컨소시엄이 제품-서비스 시스템 개발 방법론과 소프트웨어 시스템을 개발하였다. PSSD과제는 제품-서비스 시스템 디자인 방법론 전반에 소프트웨어 기반의 지원 도구들이 내재되어 있는 디자인 프로세스의 디지털 트랜스포메이션을 선도하는 시각으로 개발되었다. PSSD 과제의 제품-서비스 시스템 디자인 방법론은 저자의 신간 저서인 비즈니스 이노베이션 서비스 디자인(김용세, 2018)에서 상세하게 설명되었다.

제조업의 서비스화 지원 프레임워크 개발 과제

PSSD 과제의 후속으로 산업통상자원부는 제조업의 서비스화 지원 프레임워크 (Manufacturing Servitization Support Framework; MSSF)과제를 수행하였다. 제조업의 서비스화를 지원하는 프레임워크를 개발하고, 이들을 기업 사례에 적용하여 서비스화 전략을 통한 제조업의 혁신을 도모하기 위해 수행되었다. MSSF 컨소시엄은 저자가 총괄책임자로서 성균관대, 서울대학교, KAIST, 컨설팅서비스협회, 서비스디자인협의회 등으로 구성되었다. MSSF 과제의 서비스화 지원 프레임워크 및 사례 내용 등은 본 저서에서 소개된다. 8년간 약 100 억원의 연구비 지원을 받으며 연계되어 수행된 PSSD과제 및 MSSF과제를 기반으로(그림 1-3 참조) 디지털 트랜스포메이션 시대의 핵심 챌린지인 고객 경험 서비스를 새롭게 개발하는 구체 전략, 방법론 및 사례가 디자인씽킹 마인드셋과 프로세스 관점으로 본 저서에서 소개된다.

Product-Service Systems Design　　　**Manufacturing Servitization Support** Framework

그림 1-3 제품-서비스 시스템 디자인 과제와 제조업 서비스화 지원 프레임워크 과제

Service Design Thinking

서비스디자인씽킹

1. 디자인씽킹이란?

디자인씽킹(Design Thinking)이란 Stanford 대학의 디자인 교육과정(Design Division)과 세계적인 디자인 컨설팅기업 IDEO가 전세계의 비즈니스계의 이노베이션과 사회 각 영역에서 새로운 문제해결 방법론으로 열광하게 만든 디자인 과정에 기반한 문제해결 철학이라 할 수 있다. 디자인씽킹 과정은, (그림 2-1)에서와 같이, Empathize, Define, Ideate, Prototype, Test 등 5단계로 되어있다고 일반적으로 설명한다(D School, 2018). 간단히 설명하자면, Empathize(공감하기)는 소비자, 사용자, 고객 등은 어떤 니즈가 있고, 무엇을 원하는 지를 이들과의 공감을 통해 이해하는 과정이고, Define(문제정의하기)는 공감각하기를 통한 소비자, 고객에 대한 이해를 바탕으로, 과연 이들에게 필요한 해결과제가 무엇인가를 찾아내는 과정이다. Ideate(아이디어 생성하기)는 정의된 문제의 해결책 아이디어를 만드는 과정이고, Prototype(시작품만들기)는 이 아이디어를 표현하고 구현하는 방안을 시험적으로 만드는 과정이고, Test(테스트)는 이 아이디어의 시험적용을 해보고 사용자의 피드백을 받는 과정이다. 문제해결과정은 쉽게 끝나지 않아, 테스트 이후, 사용자 피드백 등에 기반하여 사용자의 니즈와 요구사항을 보완하는 공감하기가 다시 진행되어 2차 디자인씽킹 과정이 진행되는 등 수차례의 순환단계를 진행하게 된다.

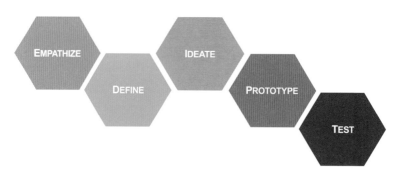

그림 2-1 디자인씽킹 과정(D School, 2018)

디자인씽킹의 역사: Stanford University Design Division

디자인 Stanford 대학의 Design Division은 저자가 1984년부터 1990년까지 석사과정과 박사과정을 진행한 곳이다. 아마 국내에서 Design Division에서 디자인을 전공 분야로 석사, 박사를 획득한 사람들 중 가장 시니어 격일 것이다. 나보다 먼저 박사과정을 마친 분들도 있지만 이분들은 조금 더 공학해석 및 컨트롤 관련 연구를 하신 분들이다. 물론 나 이후에도, 디자인을 전공으로 Design Division에서 석, 박사학위를 수여 받고 계속 디자인 분야의 연구와 교육을 지속적으로 수행하는 후배들이 별로 많지는 않다. 비교적 디자인씽킹의 역사(?)를 내부에서 접한 디자인 연구 및 교육자로서, Stanford Design Division 교육 철학과 나의 구체적 연구와 디자인 경험에 기반하여 내 나름대로의 디자인씽킹에 대한 설명을 제시해본다.

Design Division

Stanford 대학의 Design Division은 아주 독특한 성격과 역사를 갖고 있는 프로그램이다. 미국의 경우 대부분의 디자인관련 프로그램은 Art School에 속해 있었다. 미국의 영향을 많이 받은 우리나라의 대학의 경우도 그렇다. 그런데 Stanford 대학의 Design Division은 공과대학 기계공학과 속에 있다. 미국의 경우 이렇게 공과대학에 속한 디자인 프로그램은 최근까지 Stanford 대학이 유일한 경우이고, 디자인씽킹 등 Stanford 대학의 융합디자인 연구와 교육을 따라서 시작한 대학들이 아주 최근 생겨나기 시작했다. Stanford 대학, 공과대학의 기계공학과는 Design Division, Applied Mechanics Division, Thermo Science Division 등 3개의 디비전으로 구성되어있었다. 최근에는 Division에서 Group으로 표현 어휘를 바꾸고, 바이오 Group 등이 추가되어 5개 Group으로 되어있다.

디자인씽킹은 Design Division의 탄생에서부터 관련되어 있다. 1958년 John Arnolds교수가 동부에서 Stanford 대학의 기계공학과와 경영학과에 겸임으로 옮

겨오면서 Design Division이 만들어졌다. 창의성과 테크놀리지를 융합하여 인간 가치와 사회적 니즈를 고려하는 "Creative Engineering" 디자인 방법론(Arnolds, 1956)을 추구하는 Design Division의 Founding Chair로서 Arnolds교수의 기여는 엄청나게 크다 할 수 있다. 그러나 약 5년 후, Arnolds교수는 세상을 떠나고 말았다. 세상을 바꾸는 새로운 교육 프로그램의 창시자들의 기여는 아마 시간이 흐르면서 더욱 세상에 알려지게 되는 걸거다.

나는 Arnolds교수에게서 직접 교육을 받지는 못했다. 그를 이어 Design Division의 핵심 역할은 Robert McKim교수가 수행했다. Stanford 기계공학과 출신으로 Pratt Institute에서 산업디자인을 수학하고 다시 돌아온 McKim교수는 특히 Visual Thinking(McKim, 1972)으로 디자이너 측면을 강조하였다고 여겨진다. 다행히 저자는 1985년 McKim교수의 수업에 참여하는 기회를 가졌다. McKim교수는 Visual Thinking(비쥬얼씽킹) 과정을 Seeing–Imagining–Drawing 행위의 연속적인 순환과정으로 설명하였다(McKim, 1972; 김용세, 2009). 나는 이 비쥬얼씽킹 과정이 디자인씽킹 과정의 영혼적 기반이라 믿는다. 뒤에 이부분을 구체적으로 설명할 것이다.

Stanford 대학의 Design Division 프로그램은 이미 1970년대에도 최고의 디자인 교육 프로그램으로 유명해졌다. 저자는 서울대학교 기계공학과에서 학사를 받았다. 그 이유는 79학번인 나는 2학년에 진학하면서, 당시 미국에서 디자인 컨설팅을 하던 형인 김영세 현 이노디자인 대표에게 학과 선택에 관련하여 조언을 부탁했다. 돌아온 답장 편지의 내용은 "세계 최고의 디자인 교육 프로그램이 있는데 그게 기계공학과에 있어서 미대를 나온 나는 갈수가 없었다. 너무 약오르다. 너는 기계과 가서 거기 가라"이었다. 그래서 나는 기계공학 학사를 하고, Stanford 대학 Design Division에 가서 석사, 박사를 한 것이다. 그래서 McKim교수 등 디자인씽킹의 기반을 만든 Design Division 교수들에게 교육을 받았다.

McKim교수는 그런데 일찍 은퇴하여 1986년에는 공학과 건축디자인 전공의 Rolf

Faste교수가 부임하게 된다. 물론 그 이전부터 Design Division의 핵심 역할을 해온, Bernard Roth, Douglass J. Wilde, Larry Leifer 교수 등이 Design Division을 지키고 있지만, McKim 교수의 이른 은퇴는 나에게는 무척 아쉬웠다. 그런데 이 상황이 David Kelley를 Design Division에 깊게 연결시키는 계기가 되었을 수도 있다. 내가 Design Division에서 석, 박사 과정을 하는 동안 David Kelley는 디자인 컨설팅을 하면서, McKim교수 연구년 기간 교육을 하고, Faste교수 부임 이후 함께 교육하는 등 아주 밀접하게 강의에 참여하는 강사진이었지만 아직 교수는 아니었다.

1991년 David Kelley는 영국 산업디자이너인 Bill Moggridge와 IDEO라는 이름으로 디자인 컨설팅 회사를 차렸고, IDEO는 세계 최고의 디자인 컨설팅 회사로 부상하게 된다. 난 1990년 박사학위 후 바로, University of Illinois 조교수로 부임하며, Stanford를 떠나 구체 내용은 잘 모르지만, IDEO와 Design Division은 아주 밀접한 협력을 하면서, 바람직한 산학 협력 디자인 교육이 진행되었다. 그러면서, David Kelley가 Design Division 교수가 되었다. Kelley 교수는 글로벌 IT기업 SAP 창업자인 Hasso Plattner의 기부로 2005년 Hasso Plattner Institute of Design at Stanford(일명, D School)을 설립한다. D School은 학위 수여 프로그램이 아닌 교육 프로그램으로 모든 전공의 Stanford 학생들에게 디자인씽킹 교육을 제공하여 경영, 의료, 사회문제 해결 등 다양한 분야의 문제해결 및 이노베이션 방법으로의 디자인씽킹 전파를 적극적이고, 효과적으로 수행하여 지금의 디자인씽킹을 만들었다. 저자의 생각으로는 40년간 지속된 Arnolds교수가 시작한 Creative Design 방법론과 30년간 Design Division 교육의 기반이 되어온 McKim교수의 Visual Thinking을 복합하여 Design Thinking이란 표현이 만들어진 듯 하다.

자 이제는 Stanford 대학 Design Division에 의해 만들어져 세계적으로 각광 받는 디자인씽킹 방법론을 구체적으로 설명해보자.

디자인이란?

2009년 출간한 창의적 설계 입문(김용세, 2009) 책의 첫 번째 장의 제목이 바로 디자인이란? 이었다. "Design이란 무엇일까? 과연 어떤 내용과 절차로 진행되는 것일까? 또한 디자인이란 무엇인가? 설계란 무엇인가?"(김용세, 2009)라는 내용으로 책을 시작했다. 2018년에 출간한 비즈니스 이노베이션 서비스 디자인(김용세, 2018)의 제1장 제목은 "서비스 디자인이란"이었다. 이번 책은 제2장의 시작을 "디자인씽킹이란"으로 잡았다. 그래도 결국 다시 디자인이란?을 이야기한다. 디자인과 디자인씽킹은 사실 다르지 않다. 디자인을 얘기할 때의 디자인 대상보다 디자인씽킹을 얘기할 때의 디자인 대상이 훨씬 더 폭넓어지는 것이 핵심 차이이고, 디자인을 얘기할 때의 디자이너, 디자인 Actor들보다, 디자인씽킹을 얘기할 때의 디자인하는 사람들이 훨씬 더 폭 넓어지는 것 또한 핵심 차이이다.

체계적 디자인 과정

우선 역시 기계공학 전공자로서 영국 RCA의 Design Research과정을 창시한 Bruce Archer교수가 1960년대 초반에 얘기한 체계적 디자인 과정(Archer, 1984)을 얘기해 보자. (그림 2-2)를 보면서 얘기해 보자. 디자이너는 클라이언트의 의뢰(Brief)에서 시작하여 자신의 디자인 경험 등을 바탕으로 계획을 세운 후, 관련 자료를 수집하고, 해결할 문제를 분석한다. 이런 분석적(Analytical) 단계를 거쳐, 문제 해결 아이디어들을 생성해내고, 이들이 과연 문제 해결을 제대로 하는지를 평가하여, 필요하면 다시 정보 수집, 분석 등을 거쳐 아이디어를 더 만들게 된다. 이런 순환과정을 통해, 의미 있는 해결안 아이디어가 만들어지면, 이를 구체화하는 개발과정을 수행한다. 여기서도 다시 평가를 통한 순환과정을 거쳐 최종안을 해당 솔루션을 실행할 담당자, 예로 생산자에게 전달하는 과정으로 진행된다. 여기서 새로운 해결 아이디어를 창출하는 과정이 창의적인(Creative) 단계가 되고, 개발, 평가, 전달 등의 과정은 실행적(Executive) 단계로 간주한다. 앞서 간략하게나마 설명

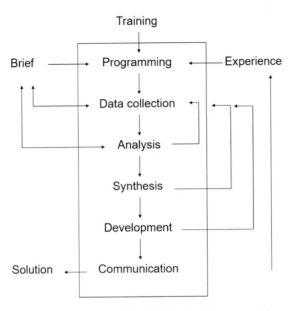

그림 2-2 Archer의 디자인 프로세스 모델(Cross, 2000)

한 디자인씽킹의 5단계 과정과 크게 다르지 않다.

또한 이 분석적, 창의적, 실행적 과정을 통틀어서 Creative Sandwich라고 말한다. 분석적인 시작단계, 실행적인 개발, 평가, 전달과정을 포함하여 총체적으로 창의적인 과정인 것이다. 이는 이노디자인의 김영세 대표가 "Design is emotional logic"이라며 정서적인 면과 논리적인 면이 함께 융합되어야 한다는 얘기(김영세, 2005)와 같은 맥락이다. Stanford Design Division의 Wilde교수님이 얘기하는 다양한 창의성 양상은 이와 같은 융합적 사고 관점을 Jung의 인지적 사고 과정에 기반하여 체계적으로 설명하여 디자인 팀의 총체적 창의성을 증진 시키는 구체 방법론과 철학으로 잘 설명된다(김용세, 2009).

디자인을 넘어선 디자인

앞서 Design이란, 디자인이란, 설계란 무엇이고 어떻게 다른가? 라는 화두를 제시했다. 디자인씽킹이 디자인과 과정으로 보면 크게 다른 것 같지 않은데 그러면 과연 왜 디자인씽킹에 열광하는가 라는 의문점이 생길 수 있다. 이 이슈는 우리나라의 지난 40년간의 디자인 및 설계 교육을 생각하면 조금 더 의문점이 커진다. 2008년 조선일보는 IDEO에 관한 특집 기사를 실었다(조선일보, 2008). 기자가 세계최고의 디자인 회사로 불리는 IDEO를 방문하고 쓴 기사인데, 헤드라인이 "디자인을 넘어선 디자인"이었다. 이 기사는 "세계 최고의 디자인회사라 여기 가면 디자이너를 많이 만나겠구나 했는데, 정작 디자이너를 못 만났다"라는 다소 충격적인 문구로 시작을 한다. 그러면서 "예쁘게만 보이는 디자인은 더 이상 디자인이 아니다", "머리와 가슴으로 만든 명품" 등의 표현으로 IDEO의 디자인은 기자가 국내의 기존 사고에 기반하여 생각하는 "디자인"을 넘어선 디자인이라고 한 것이다. 기자는 아마 디자인을 미대 출신의 디자이너들이 하는 Styling디자인으로만 생각한 것 같다. Stanford의 Design Division이 기계공학과에 있는 것을 알지 못한 기자일 것이고, Design Division과 IDEO가 주창하는 디자인씽킹을 알지 못한 기자일 것이다.

IDEO의 Co-Founder인 Bill Moggridge를 2013년 지식경제부가 한국에 초청했다. 디자인부서가 아니라 지식서비스과에서 지식서비스 국제 컨퍼런스를 개최하면서 저자 등 전문가 위원회에게 세계에서 "지식서비스"로 성공한 최고의 기업의 사장을 초청하고자 한다고 하여, IDEO를 최고의 지식서비스 기업으로 선정하고, Co-Founder인 Bill Moggridge를 초청한 것이다. 이 초청강연에서 그는 디자인 수준을 단계적으로 설명하였다. 1단계는 일반 소비자들의 디자인에 대한 인식 수준이다. 그에 따르면 한국이 이부분 아주 수준이 높다고 했다. 이미 IDEO는 삼성, SKT 등 대기업뿐 아니라 일부 선진 중견기업들의 디자인 의뢰를 받아, Moggridge는 한국의 상황을 잘 알고 있었다. 2단계 수준은 디자인 스킬 수준을 얘기했다. 한국에도 잘 알려진 필립 스타크 같은 크리에이티브한 스타일 기반의 디자인, 세련된 미니멀 디자인 등을 2단계 수준으로 얘기했다. 이어 3단계 수준이 IDEO가 하는 융합에 기반한 디자인씽킹 수준이라고 설명한다. 디자인씽킹의 대상은 제품과 서비스가 융합되고 디자인팀원의 구성도 Design Division 같은 융합디자인 및 공학 전공자 뿐아니라, 심리학, 인류학, 경영 등 사회과학 전공자 등을 포함하여 폭 넓은 디자인 Actor들로 구성되며, 소비자, 사용자 등의 입장을 밀접히 반영하는 등 디자인씽킹으로 이뤄낸 이노베이션 사례들을 설명하였다.

D School이 모든 분야의 전공자에게 디자인씽킹 교육을 제공하는 혁신을 시작하였고, 다양한 종류의 폭 넓은 비즈니스 분야의 디자인씽킹의 역할 등이 다수의 Business School 등을 통해서 확산되었다(Liedtka & Ogilvie, 2011; Martin, 2009).

디자인씽킹과 더블다이아몬드

영국 Design Council은 아래 (그림 2-3)에 보이는 더블다이아몬드(Double-Diamond) 디자인 프로세스를 제시했다(Design Council, 2005). 디자인 과정을 크게 문제를 찾는 과정과 해결책을 찾는 과정으로 보고, 그 각각의 과정을 여러 가능성을 열고 다양한 방안을 찾는 발산과정(Divergence)과 여러 가능성에서 의미있는 방향으로 집중하는 수렴과정(Convergence)으로 각각 나눈 것이 바로 더블다이아몬드 프로세스이다. 이들 과정은 Discover–Define–Develop–Deliver 과정으로 설명된다. Develop과정 자체에는 수렴과정이 포함되어 있고, Deliver에 이르기 이전에 Design과정이 마무리되고, 그 이후 사용과정에서 가치가 Delivery과정은 Design 이후의 과정으로 봐야 하는 약간의 이슈는 있으나, 유연하게 보면 문제해결책 찾기를 Develop, Deliver로 표현하는 것으로 받아들이고 설명해보자. 국내에서 마치 더블다이아몬드 과정이 서비스디자인 과정인 것으로 착각하는 경우가 있는데, 이 프로세스는 여러 종류의 디자인작업에 쓰이는 아주 일반적인 과정을 얘기한다. 물론 이 경우에도 문제 찾기와 해결책 찾기는 순환하게 된다. 이러한 순환과정은 디자인의 대표적인 특성으로 Problem-Solution의 Co-Evolution이라 말한다(Dorst & Cross, 2001).

더블다이아몬드 과정과 디자인씽킹 과정을 비교하면, (그림 2-3)에서 보듯 공감하기 과정은 문제 찾기의 발산과정인 Discover에 해당하고, 문제정의하기 과정은 문

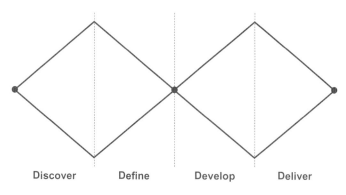

Discover   Define   Develop   Deliver

그림 2-3 더블다이어몬드 과정과 디자인씽킹 과정

제찾기의 수렴과정(Define)에 해당한다. 아이디어생성하기 과정은 발산적으로 가능한 많은 아이디어를 다양하게 생성하게 되고, 이어서, 그 중 의미 있는 것으로 수렴하게 되는데, 프로토타입 과정은 다양한 아이디어 중 우선 무언가 표현하고, 구현할 수 있는 임시적 형태를 만들어서 그것을 테스트 과정으로 평가하는 과정으로 진행되므로, 시작품만들기와 테스트 과정이 더블다이아몬드의 해결책 수렴과정에 해당한다. 특히, 발산적 과정을 통해 생성된 여러아이디어들을 시작품만들기와 테스트를 통해 비교 평가하여 의미 있는 아이디어들을 다음단계로 추려내는 수렴과정이 진행되는 것이다. 결국 이리 보면, 크게 보면, 디자인씽킹과 더블다이아몬드는 일맥상통하는 것이고, 아주 일반적인 디자인 과정을 말한다고 할 수 있다.

여기서 Stanford의 디자인씽킹의 강조점은 문제발견의 발산과정을 Empathize(공감)하기로 표현하는 철학과 해결책 수렴과정을 무언가 손에 잡힐 것, Tangible한 "Quick and Dirty" 프로토타입을 엉성하더라도, 빨리 만들어서, Ideate-Prototype-Test 순환을 빨리, 여러 차례 돌리면서 해결책을 찾는다는 실행 전략에 있다. 물론 해결책찾기-문제보완하기-해결책찾기-문제보완하기…의 순환을 빨리 여러 차례 진행하는 부분도 핵심적이다. 결국 어차피, 이런 순환이 불가피하니, "Fail Fast"라는 전략이 중요하다는 점이 디자인씽킹의 핵심 철학이다. 디자인씽킹 방법이 서비스 디자인에 적용되는 서비스디자인씽킹의 구체 방법론 설명에서 이 전략과 구체 수행 방범을 상세히 설명할 것이다.

경영 관점의 디자인씽킹

디자인씽킹에 대한 비즈니스계에서의 폭발적 관심은 Stanford Design 프로그램과 IDEO의 글로벌한 명성과 산업 현장에서의 성공 사례뿐 아니라, 세계적으로 유명한 경영대학원들에서의 디자인씽킹 교육으로 더욱 확산되었다. 대표적인 사례가 캐나다 토론토 대학의 경영대학원(Martin, 2009)과 미국 버지니아 대학 경영대학원(Liedtka & Ogilvie, 2011) 등이다. 최근 McKinsey, Accenture 등 대형 글로벌 이노베이션 컨설팅 회사들의 디자인 회사들을 인수하는 경향이 비즈니스 현업에서의 디자인씽킹에 대한 관심을 보여준다. 디자인씽킹의 특징으로 인간 중심 시각, 이노베이션을 드라이브하는 창의성 증진, 그리고 프로토타이핑을 통한 빠르고 효과적인 관련자둘간의 커뮤니케이션 등을 들 수 있다(Verganti *et al*., 2019).

버지니아 대학의 Liedtka교수는 경영대 교수답게, 디자인씽킹 과정을 기업이 이노베이션과 성장을 성취하고 결국 수익의 증대를 이끄는 지의 관점으로 다루었다. (그림 2-4)에서 보듯이 수익을 이끌어내는 과정은 실타레가 얽혀있는 것처럼 아주 복잡한 과정이고 이를 체계적으로 진행하는 전략적 방법으로 디자인씽킹을 제시하였다.

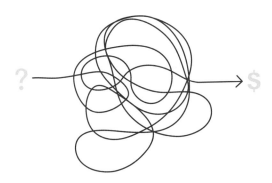

그림 2-4 디자인에 대한 하나의 시각(Liedtka & Ogilvie, 2011)

그리고 디자인씽킹 과정을 (그림 2-5)에서 보듯 기업의 이 챌린지를 해결하는 다음의 4과정으로 설명하였다. 공감하기와 문제정의 과정을 What is? 아이디어 생성하기 과정을 What if? 프로토타입 과정을 What wows? 그리고 테스트 과정을 What works? 등으로 설명하였다. 결국 최종 결과물을 기업의 수익으로 본 것이고, 가장 강조된 과정이 아이디어 생성하기이다. 네 개의 다이몬드로 보일 수 있기도 하다. What is?를 하나의 다이아몬드로, What if?, What wows?, What works?를 묶어서 또 하나의 다이아몬드로 볼 수도 있다. 디자인씽킹, 더블다이어몬드 및 Liedtka의 디자인씽킹 과정들을 연계하면 (그림 2-6)과 같이 비교할 수 있다.

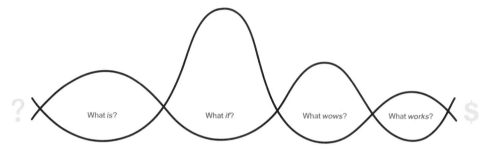

그림 2-5 Liedka 디자인씽킹 과정(Liedtka & Ogilvie, 2011)

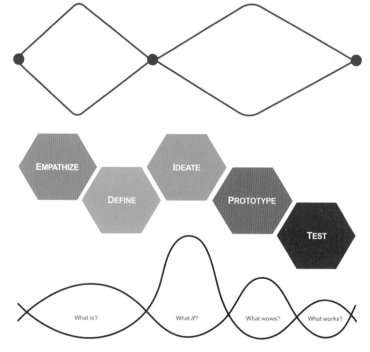

그림 2-6 디자인씽킹의 다양한 설명 비교

Stanford 비쥬얼씽킹 과정

McKim교수는 그의 Experiences in Visual Thinking 저서에서 비쥬얼씽킹 과정을 (그림 2-7)에서 보듯 Seeing-Imagining-Drawing의 연속적 순환과정으로 설명하였다(McKim, 1972). 클라이언트의 의뢰에서 시작한 디자인 과제이건, 아니면 기업의 내부에서의 문제인식에서 시작한 디자인 과제이건, 주어진 디자인 과제에 대한 기본적 이해 과정인 Seeing에서 시작한다. 이어, 이 과제의 해결책을 새롭게 상상해보는 Imagining과정으로 연계된다. 아마 엄청나게 많은 부분이 모호하지만 (ambiguous) 머리 속에서 디자이너는 해결책을, 아니 해결책으로 연결될 수 있을 창의적인 상상을 하는 것이다. 이 Imagining 내용을 스케치로 표현하는 Drawing으로 연결된다. 디자이너는 이 스케치를 보면서, 상상한 내용이, 스케치로 표현된 상상한 내용이 앞선 Seeing과정에서 이해한 문제의 해결책이 될 수 있을지를 확인하는 Seeing을 한다. 이 부분은 그럴 듯 한데, 저 부분은 아닌데 등 보완이 필요한 부분을 찾아내는 Seeing을 한다. 이어서 이 보완 방안을 Imagining하고, Drawing을 한다. 이를 다시 Seeing하면서 보완이 제대로 되었는지를 점검을 하고, 필요하면 문제에 대한 이해를 더 다듬는다. 그리고는 개선된 해결책을 또 상상한다.

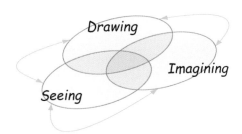

그림 2-7 비쥬얼씽킹 과정: Seeing-Imagining-Drawing(McKim, 1972)

이번에는 이 상상한 내용을 포함하여 간단한 프로토타입을 만들어 보는 다른 형태의 Drawing과정을 진행한다. 이 간단한 프로토타입을 디자이너 자신이 들여다 보는 Seeing을 진행한다. 몇 차례에 걸친 앞선 Seeing과정에서 알게 된 이런 저런 니즈와 요구사항 들을 얼마나 제대로 만족시키는 지 등을 평가하는 Seeing 과정을 거쳐, 이 부분은 이렇게 변형을 해야지, 저 부분은 이런 새로운 방안을 만들어 볼까 등 또다시 보완할 해결책을 Imagining한다. 이번에는 일부 기능을 수행할 수 있거나, 좀 더 구체적인 형상을 갖춘 개선된 프로토타입을 만드는 Drawing을 수행한다. 이 시작품을 잠재적인 사용자에게 주어 사용해 보게 하는 Seeing과정을 진행한다. 사용자의 피드백을 포함한 개선된 Seeing을 통해 더 발전된 해결책을 고안하는 Imagining을 한다. 그리고는 더욱 발전된 시작품을 만드는 Drawing을 한다. 이제 되었나 Seeing을 한다. 이런 식으로 디자인과정이 진행되는 것이다.

비쥬얼씽킹과 디자인씽킹

이러한 Seeing-Imagining-Drawing 과정은 계속 순환하며 진행된다. 어떤 경우 이 순환은 순식간에 일어나기도 하고, 어떤 경우에는 한번 순환하는데 몇 일씩 걸릴 수도 있다. 여러 개의 작은 Seeing-Imagining-Drawing 과정들이 큰 Seeing-Imagining-Design 과정에 일어나는 것이다. 이런 비쥬얼씽킹 과정이 McKim교수의 Experiences in Visual Thinking 책에서는 비교적 간단히 설명되지만(McKim, 1972) 비쥬얼씽킹이 Stanford Design Division의 교육에서 수십 년 동안 강조해 온 기본 철학인 것이다. 디자인 능력을 기르는 핵심이 이러한 비쥬얼씽킹 과정을 자연스럽고, 익숙하게 하는 것이어서, Stanford대학의 디자인 입문 교육은 Visual Thinking 교과목으로 시작한다. 바로 이 디자인 과정의 핵심을 Seeing-Moving-Seeing이라는 표현으로 설명하기도 한다(Schon & Wiggins, 1992). 숙련된 디자이너들은 Seeing-Imagining-Drawing의 순환과정을 자연스럽게 연계하여 진행한다. 스케치와 연계하여 마치 Imagining과 Drawing이 거의 동시에 일어나는 것처럼 보이기도 한다. Imagining과 Drawing의 연계된 창의적인 Imagining과정과 Seeing으로 진행되는 Reflection(되돌아보기)과정이 연속적으로 자연스럽게 진행하는 디자인 기본 소양이 중요하다(Schon, 1983). David Kelley는 Design 과정과 Visual Thinking을 병합하여 Design Thinking이란 용어를 IDEO와 D School을 통해서 널리 알리는 기여를 한 셈이다.

시각적 추론과 디자인 추론

이런 Stanford Design의 기본 철학이 저자의 디자인 추론(Design Reasoning) 연구에 아주 직접적인 기반이 되었다. 비쥬얼씽킹 디자인 기본 소양을 길러주는 AI 기반의 맞춤화 교육 방법을 찾고자 진행된 저자의 창의적설계 지적교육시스템(Intelligent Tutoring Systems for Creative Design) 연구에서 Seeing-Imagining-Drawing 비쥬얼씽킹 과정을 시각적추론(Visual Reasoning)과정과 연계하여 보다 더 기본적인 인지적 과정으로 설명하였다. Seeing을 지각(perception), 분석(analysis), 해석(interpretation) 인지과정으로, Imagining을 생성(generation), 전환(transformation), 유지(maintenance) 인지과정으로, Drawing을 내적표상(internal representation)과 외적표상(external representation) 인지과정과 지식(Knowledge) 및 도식(Schema)에 기반한 이들 인지행위의 연속적 순환과정으로 설명하였다(그림 2-8 참조). 그리고 이들 인지과정의 체계적 훈련을 통한 디자인 기본 소양 증진 방법을

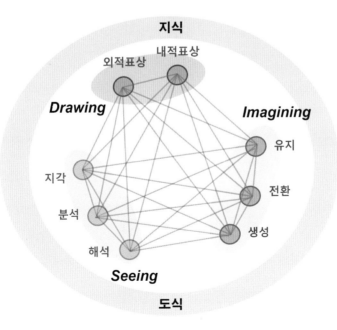

그림 2-8 시각적 추론 모델(Park & Kim, 2007; 김용세, 2009)

35

개발하였다. 이 디자인 추론 연구가 2007년 세계 최고의 디자인연구 학술 커뮤니티인 Design Society에 발표되면서 저자의 글로벌한 디자인 연구 리더십이 확고히 다져지는 획기적인 계기가 되었다(Park & Kim, 2007; 김용세, 2009).

서비스디자인씽킹

서비스디자인씽킹이란 결국 디자인씽킹 철학과 방법론을 서비스 지배 논리(Service-Dominant Logic)(Vargo & Lusch, 2004)와 경험 경제(Pine & Gilmore, 1998) 시각을 바탕으로 하여 새로운 서비스와 고객 경험을 창출하는 전략으로 구체화한 것이다. 특히 디지털 트랜스포메이션이 효과적인 고객 경험을 필요로 하는 산업계에서의 서비스디자인씽킹에 대한 붐이 조성되고 있다.

서비스디자인씽킹을 통해 공감하기와 상상하기를 통해 서비스화 가능 범위를 넓히는 발산적 전략과 문제발견하기와 프로토타이핑을 통해 실현 가능한 서비스 전략으로 수렴하는 방법으로 고객의 Wants와 Needs를 찝어 내어 적절한 제품-서비스 융합 가치를 제공하는 구체 방안의 확립과 실행이 필요한 것이다. 비즈니스 이노베이션을 위해, 새로운 영역의 창출과 기존 경계를 넓히는 것이 필요하다. 그러나 과연 얼마만큼 새롭고, 광범위하게 확장 할 것인가를 결정하는 것이 핵심이다. 이를 위해, 사용자, 소비자, 고객의 적극적 참여를 제품-서비스의 사용 전, 사용 및 사용 후 각 단계에서 확장시키는 전략이 필요하다. 결국 고객 경험에 대한 지속적 평가와 관리가 그만큼 중요한 것이다.

제2장의 2절인 서비스디자인씽킹 과정에서는 McKim교수의 Seeing–Imagining–Drawing의 계속되는 순환과정으로 설명한 비쥬얼씽킹의 기본 틀에서 본 저자가 만든 서비스 디자인 방법론을 연계한 서비스디자인씽킹 프로세스를 사례와 함께 상세히 설명할 것이다.

서비스 디자인

서비스란 무엇인가? 서비스란 제공자가 수혜자에게 제공하는 행위(activity) 또는 혜택(benefit)으로 일반적으로 소유형식 및 물리적인 형태를 갖지 않는다(Kotler & Armstrong, 1999). 서비스의 제공은 물리적인 제품과 연계될 수도 있고, 그렇지 않을 수도 있다. 서비스디자인이란 행위디자인이다(김용세, 2018). 서비스 디자인이란 관련자의 가치를 제공하기 위하여 새로운 행위를 창출하거나, 기존의 행위를 변경시키는 것이다. 즉, 서비스디자인은 바로 행위(activity)디자인이다.

종래에는 제품 등 물질적 사물의 교환이 가치 창출의 핵심이 된다는 Goods-Dominant Logic이 산업 경쟁력의 핵심이었으나, 이제는 각 제품들의 경쟁력 및 이들의 기술력 등이 점점 평준화되어 감으로, 고객 지향의 서비스가 경쟁력을 지배해야 한다는 서비스 지배 논리(Service-Dominant Logic)가 기업의 전략으로 부상하고 있다.

과연 제품과 차별되는 서비스의 본질적 장점이 무엇이기에 서비스 지배 논리가 각광을 받고 있는 것인가에 대한 심각한 사고가 필요하다. 저자는 서비스의 본질을 이해하기 위해, 오랫동안 지속해온 대표적 서비스들을 생각해보라고 요청한다. 최근 흔히 접하는 스마트폰 앱들은 서비스의 본질을 이해하는 데에는 오히려 방해가 될 수 있다. 가장 아날로그적인 서비스를 예로 잡아 이 서비스가 어떻게 수혜자에게 가치를 제공하는 지를 곰곰이 생각하는 것이 도움이 된다. 이에 관련된 보다 구체적인 설명은 저자의 비즈니스 이노베이션 서비스 디자인(김용세, 2018) 저서를 참조할 것을 조언한다.

서비스 디자인 과정은 (1) 해당 서비스 및 관련 제품의 소비자 등 연관된 여러 관련자들의 가치를 사회, 문화, 기술, 환경, 비즈니스 등 다양한 관점에서 규명하는 가치 모델링, (2) 이들 가치를 드라이브할 서비스 수혜자와 제공자 등 관련자의 행위를 디자인하는 서비스 행위 디자인, (3) 서비스 가치의 발현은 서비스 제공자와 수혜자의 서비스 상호작용을 통해서 이루어지므로 이들의 상호작용을 디자인하고, 경우에 따라 상호작용에 이용되는 수단인 터치포인트를 디자인하는 서비스 인터랙션 디자인, (4) 이에 의해 변해가는 관련자들의 경험을 평가하고 이 결과가 지속적으로 바람직한 가치로 선 순환하도록 관리하는 서비스경험관리 등의 과정이 순환적으로 진행된다(김용세, 2018). 이 서비스 디자인 프로세스는 (그림 2-9)에 보여진다.

그림 2-9 서비스 디자인 프로세스(김용세, 2018)

2. 서비스 디자인씽킹 과정

프로토타입과 테스트를 두 개의 별도 과정으로 다룬 점을 보면 디자인씽킹은 물리적인 제품 디자인의 관점이 강조된 점이 있다. 인간의 행위가 디자인의 대상인 서비스 디자인에 있어서는 인간 참여자의 행위가 포함되지 않는 프로토타입은 의미가 없으므로, 당연히 프로토타이핑은 테스트를 수반하게 된다. 이를 반영하여 서비스디자인씽킹 과정은 (1) 공감하기, (2) 문제정의하기, (3) 해결책생성하기, (4) 프로토타이핑하기 등 4과정의 융합 순환으로 정의한다.

이 절에서는 서비스디자인씽킹 과정의 방법론을 구체적으로 설명하고, 이를 MSSF 과제에서 저자가 수행한 서비스화 사례를 이용하여 구체적으로 보완 설명한다. 제4장과 제6장에서도 이 사례를 이용한 추가 설명을 할 것이다.

그리고 구체 방법론 설명을 종합하여 서비스디자인씽킹 과정을 McKim교수가 설명한 Seeing-Imagining-Drawing의 연속적 순환으로 진행되는 비쥬얼씽킹 과정의 틀에서 재조명하여 서비스디자인씽킹을 통한 고객 경험을 디자인하고, 지속적인 고객 경험 관리로 연결하는 비즈니스 이노베이션 전략 관점에서의 핵심 가이드를 제시한다.

공감하기(Empathize)

앞서 설명한 서비스 디자인 프로세스에서와 마찬가지로, 소비자와 고객에 대한 이해, 이들의 Needs와 Wants에 대한 이해가 시작점이며 가장 중요하다. 디자인씽킹에서의 Empathize이다. 사실 여지껏 수십 년 동안 계속되어온 수많은 제품 및 서비스 개발과제에서 이러한 소비자/고객 요구사항 조사는 늘 있어 왔다. 그런데 많은 경우 조사 결과가 잘못된 방향을 제시하거나, 심지어는 아예 선입관을 갖고 여기에 맞추는 소비자 조사를 하는 경우도 있다. 제대로된 시작을 하기 위해서는 공감(Empathy)이 핵심이라는 것이 디자인씽킹의 강조점이다.

물론 고객이 누구인가를 알아야, 그들과 공감할 수 있다. 새로운 스타트업인 경우, 고객을 누구로 잡을 것인가가 핵심 이슈가 된다. 과연 고객의 어떤 특성을 다룰 것인지도 중요하다. 여기서 어려운 점은 고객들이, 소비자들이, 사용자들이 즉 사람들이 다 다르다는 점이다. 과연 다른 점들을 어떻게 분리하여 디자인 과정을 진행해야 하는 지의 전략적 결정도 중요하다. 사람들이 다 다르다는 점은 본질적 특성인데 이는 문제해결을 어렵게 만드는 점인 동시에, 제5장과 제6장에서 다루듯이 적절한 대처 방법의 혁신적 창조를 통해 비즈니스 디자인의 차별화 전략의 기점이 되기도 한다.

사용자모델링

사용자의 여러 특성을 찾아 제품 및 서비스를 개발하고, 판매하고, 고객이 사용하고, 폐기하는 생애 주기 동안, 그리고 생애 주기가 반복적으로 순환하는 동안, 이러한 사용자에 대한 이해를 지속적으로 유지하는 것을 사용자모델링이라 한다. 사용자모델링은 크게 사용자의 정적특성, 동적특성, 평가정보 등으로 구성된다. 정적특성에는 성별, 나이, 직업, 인지적 특성, 물리적 특성 등이 포함되고, 동적특성에는 감정 상태와 같이 수시로 변하는 특성이 포함된다. 평가정보는 행위자의 지적 수준, 경험 평가 등을 포함한다. 저자가 얘기하는 생애 주기 동안의 사용자모델링의 개념은 일반적 디자인 과정에서의 시각보다 광범위하다. 사용자 모델링에 대한 자세한 설명은 비즈니스 이노베이션 서비스 디자인(김용세, 2018)에서 제공한다. 사용자를 몇가지 유형으로 나누어 이들의 대표적인 특징으로 가상적 대표인물(Persona)을 몇 명 정하여 이들에 따른 시나리오를 만들기도 한다.

기존의 소비자 조사 방법과 차별화되는 디자인씽킹에서 강조하는 고객 이해 방법의 핵심은 이들과의 직접적 접촉과 이들의 참여를 통한 숨겨진 Needs와 Wants를 알아내는 점이다. 소비자 조사팀의 조사 결과를 디자이너가 넘겨받아 이를 디자인 과정에 반영하는 것이 아닌 것이다. 디자인 팀이 소비자와의 직접적 접촉을 통해, 공감하라는 것이다.

제품 생애 주기

제품은 기획되어, 설계되고, 생산되어, 고객에게 판매되고 배송되는 과정 등으로 구성되는 사용이전 단계를 거쳐, 고객의 제품 사용 단계가 시작된다. 사용단계는 제품의 설치, 사용, 보완, 유지보수/수리, 개선 및 보관 등의 과정을 포함한다. 그리고 사용 이후의 단계로 재활용 및 폐기 과정을 거치게 된다. 이와 같은 대략적인 제품 생애 주기를 (그림 2-10)에 보여준다. 이 제품 생애 주기는 제조기업의 입장에서의 제품 생애 주기이다.

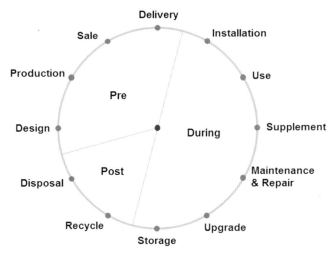

그림 2-10 제품 생애 주기

(그림 2-10)의 제품 생애 주기는 제조기업의 입장에서의 광범위한 제품 생애 주기이다. 여기서 제조업의 서비스화 관점에서 보면, 최종 고객이 제품을 사용하는 단계가 핵심이 된다. 재래적인 기업의 마케팅 관점에서는 판매/구매 과정을 핵심으로 보고, 구매 전, 구매 및 구매 후 등으로 생애주기를 구분하는 경향이 있어 왔다. 그런데 최근 기업 경쟁력의 핵심이 고객 경험으로 전환되는 시각에서의 핵심 생애 주기를 (그림 2-11)에서와 같이, 제품에 대한 발견(Discover), 관련 정보 수집(Explore), 구매(Buy), 사용(Use), 제품 사용에 대한 정보의 수집 등을 포함하는 광의의 문의(Ask), 그리고 고객의 경험을 다른 사용자들, 잠재 구매자들을 포함하는 다양한 관

려자들에게 공유하고 고객의 의견을 제시하는 참여(Engage) 등으로 보기도 한다. 이는 (그림 2-10)의 제품 생애 주기에서 고객이 핵심이 되는 구매와 사용 과정에서의 행위를 고객이 주어가 되도록 고객 중심으로 세분화한 것이다.

그림 2-11 고객 중심의 제품 생애 주기: 고객 경험 단계

관련자 네트워크

공감하기에서 물론 핵심 대상은 고객, 소비자, 사용자이다. 궁극적인 대상은 고객이지만, 고객의 가치를 창출하는 과정에, 즉 앞서 설명한 제품 및 서비스의 생애 주기의 각 단계에 연계된 모든 관련자들이 Stakeholder이다. 즉 가치 창출 에코 시스템의 모든 참여자들이 연관되어 이들의 Needs와 Wants가 상호작용을 하는 것이다. 따라서, 생애 주기 단계별로 핵심 관련자가 누구이며, 이들의 연관관계를 규명하는 것이 필요하다(김용세, 2018).

관련자 역할의 사례

관련자들을 규명하고, 이들의 관점을 반영하는 것이 구현 가능한 실질적 문제해결의 핵심이 된 사례를 간단히 소개한다. 20여년전 제품-서비스 시스템의 개념이 생기던 때부터, 유럽에서 환경적 가치에 대한 관점이 지속적으로 강조되어 왔고, 특히 최근에 점점 더 Circular Economy(순환경제)에 대한 관점이 부각되고 있다. 최근 진행되고 있는 덴마크에서의 Circular Economy 관점의 제품-서비스 시스템 디자인 사례는 도서 지역 정부를 포함해 활발히 진행되고 있다.

이 경우에 세탁업에서의 환경문제를 도서지역 거점병원 중심으로 진행된 사례가 있다. 이 프로젝트의 핵심 관련자로 세탁서비스 업자와 세탁기 제조업자 등 관련 사업자들이 프로젝트 팀의 파트너로 참여하게 된다. 세탁과정에서의 여러 자원의 절약이 주요 관점이다. 지역의 에너지 담당자, 수자원 담당자들도 관련자로 참여한다. 물론 대상이 되는 거점병원 관리자도 중요 관련자이다. 병원의 세탁 담당자가 참여하는데, 결국 대량 세탁물은 환자복, 병원 관련자 가운 등 의료복, 그리고 입원실 등의 침대 시트등이어서 이들 관리 담당자가 참여한다. 이 담당자는 이들 세탁 의료 자원들을 지속적으로 원활히 공급하는 관리를 담당한다. 물론 사용 후 이들을 세탁하도록 수거하는 청소 담당자도 참여한다. 결국 이들은 세탁의 대상이 되는 환자복 등의 사용 전, 후의 관련자들인데, 사용 단계의 관련자들인 환자 및 의료 담당자들이 최종 사용자로 참여한다. 환자의 사용에 관련되는 간호사, 간병인 등의 케어기버들도 중요하다. 공감하기 과정 중, 환자들의 Needs에 베개가 포함되는 점이 부가된다. 따라서, 환자복 및 가운 등 제조업자, 침대 시트 및 베개 제조업자 들이 참여한다. 그리고 물론 제품-서비스 시스템을 디자인하고, 각 관련자들의 참여에 기반한 Co-Creation과정을 조율하고 가이드하는 디자인팀도 관련자가 된다.

이 사례의 경우, 세탁기 제조업자는 적극적 참여를 하지 않고, 핵심 솔루션을 환자복 제조업자의 새로운 재질을 이용하는 제품의 개발로 세탁과정을 개선하는 솔루션이 제안된 경우이다. 어찌 보면, 공감하기 과정을 통해, 문제정의 방향이 영향을 받고, 최종 솔루션이 모든 관련자들의 Co-Creation을 통해 만들어진 사례라 할 수 있다.

관련자 맵 사례

MSSF과제에서 저자가 수행한 서비스화 사례로서 대형 안경 프렌차이즈의 안경매장 구매경험 서비스 디자인 프로젝트를 진행했다(김용세, 조우현, 이준서 외, 2016). 공감하기 과정에서 파악한 관련자들의 상호연관 관계를 보여주는 As-Is 관련자 맵을 (그림 2-12)에서 보여준다. 해당 안경프랜차이즈는 전국에 200여개의 안경원을 보유

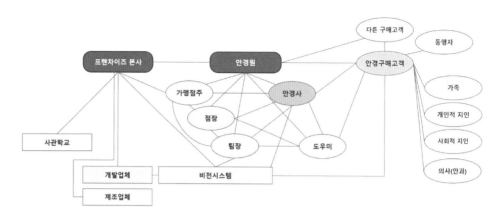

그림 2-12 안경 구매 서비스 사례의 As-Is 관련자 맵(김용세, 조우현, 이준서 외, 2016)

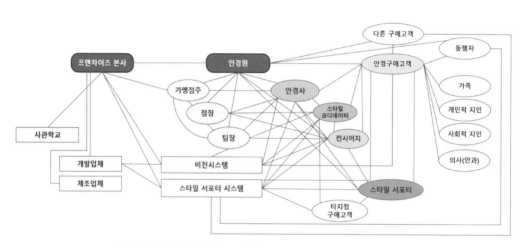

그림 2-13 안경 구매 서비스 사례의 To-Be 관련자 맵(김용세, 조우현, 이준서 외, 2016)

하고 있으며, 고객 정보를 구체적으로 관리하는 비전시스템, 안경사를 교육하여 지원하는 안경사 사관학교 등 체계적인 고객, 안경원, 안경사 관리체계를 보유하고 있다.

여러 가맹 안경원에 대한 미스터리 쇼퍼와 고객 인터뷰 등을 통해 구매경험에 대한 공감하기를 진행하여 핵심 Pain포인트를 파악하고 구매경험 지원 서비스 컨셉을 디자인하였다. (그림 2-12)에서 보듯 안경구매고객의 의사결정에 영향을 줄 수 있는 여러 관련자들이 있음을 파악하였다. 서비스디자인씽킹 과정을 통해 스타일 서포터, 스타일 코디네이터, 컨시어지 등의 서비스 컨셉과 프로토타입 시스템을 개발하였다. To-Be 관련자 맵에는 (그림 2-13)에 보이는 바와 같이 많은 관련자가 추가되었다. 서비스 디자인의 결과 새로운 관련자의 생성이 동반되며 협력관계가 강화된 서비스 에코시스템으로 발전되게 된다.

고객 가치 모델링

에코시스템의 각 관련자들의 관계는 상호작용을 통해 서로 가치를 교환하며 상생하며 시스템을 구성하는 것이다. 공감하기의 핵심은 결국 관련자들이 추구하는 가치가 무엇인지를 찾는 것이다. 물론 고객이 추구하는 고객가치가 핵심이다. 서베이, 인터뷰, Shadowing, Generative Tools 등 고객의 Needs와 Wants를 조사하여 수집한다. 이 과정에서 고객의 직접적인 표현인 Voice of Customer(VoC)를 사실적인 사례에 연계하여 명확하고 구체적으로 수집하게 된다. 이러한 구체 Needs들로부터 이들을 추상적 개념으로 설명하는 가치를 Bottom-up으로 찾아내게 된다.

E3 Values

저자는 경제적, 환경적, 경험적 가치 등 소위 E3 가치 개념을 제시하였다(Cho *et al*., 2010; Kim *et al*., 2011a). 제품-서비스 시스템이 출현하던 2000년대 초의 경제적(Economical) 가치와 환경적(Ecological) 가치로 구성된 E2 가치(Goedkoop *et al*., 1999) 개념에 더해, 이제는 인간 중심 관점과 개인화 경향 등에 의해 핵심이 된 경험 가치(Experience Value)를 추가하였다. 경험 가치는 기능적(functional), 사회적(social), 정서적(emotional), 학습적(epistemic) 가치 등으로 분류 정리된다. 경험 가치는 외재적가치와 내재적가치로 나누어진다. 외재적 가치는 보다 객관적이고 많은 사람들이 공통되는 의미를 공유하는 반면, 내재적 가치는 보다 주관적이고 그 가치를 경험하는 사람만이 진정한 의미를 알게 되는 가치이다. 기능적 가치는 객관적이고 외재적이다. 연결성 등 사회적 가치는 대부분 외재적인데, 존경, 자부심 같은 일부 사회적 가치는 내재적이다. 정서적 가치와 학습적 가치는 내재적이다.

정서적 가치 중 어떤 가치들은 외부세계가 주된 기여를 한다. 정서 심리학 전문가인 Scherer는 이들 반응적 정서가치들을 심미적(aesthetic) 가치라고 했다(Scherer,

2005). Touches good, Looks good, Smells good, Sounds good, Tastes good 등 이런 가치들은 다 반응적 가치들이다. Scherer의 정서 발현과정 이론에 의하면 이들 반응적 정서 가치들은 빨리 왔다 금방 사라지는 가치들이다. 더욱 의미 있는 정서적 가치들은 희-노-애-락 등 능동적 정서 가치들이다. 소비자가 사용하는 제품 또는 서비스에 대한 컨트롤을 갖고 있다, 없다 할 때의 컨트롤도 대표적인 능동적 정서 가치이다. 흔히들 감성 디자인이란 표현들을 쓰는데, 정확히 감성이 바로 반응적 정서에 해당하는 것이다. 가치 체계의 의미와 택소노미를 정리하여, (그림 2-14)에 보이는 가치 트리 형식으로 구체 가치들을 정리한다.

E3 Value Concept에 대한 구체 설명은 저자의 비즈니스 이노베이션 서비스 디자인(김용세, 2018)의 가치모델링에 대한 설명(김용세, 2018, 19-27쪽)과 본 저서의 제4장의 가치 공간 부분을 참조하기 바란다.

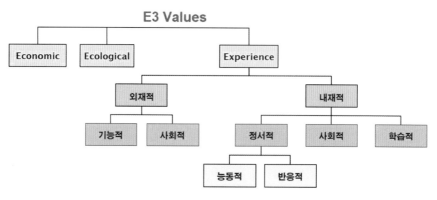

그림 2-14 E3 Value 체계(Cho *et al* ., 2010; 김용세, 2018)

E3 Value 모델링

관련자 요구조건 모델링을 통한 E3 Value 모델링 방법에 대한 구체 설명은 저자의 비즈니스 이노베이션 서비스 디자인(김용세, 2018)의 설명(김용세, 2018, 56-61쪽)과 비즈니스 이노베이션 디자인 사례의 구체설명(김용세, 2018, 209-229쪽) 부분을 참조하기 바란다. 고객 경험 평가 분석을 통한 E3 Value 모델링 방법의 구체 설명은 저자의 비즈니스 이노베이션 서비스 디자인(김용세, 2018)의 경험 평가 및 분석에 대한 설명(김용세, 2018, 171-180쪽)과 본 저서의 제5장의 경험 샘플링 부분을 참조하기 바란다.

고객 여정맵 작성

고객의 특성을 파악하고, 고객과 관련자들이 추구하는 가치를 찾은 후, 솔루션을 찾아내기 위한 문제를 이해하는 과정으로서, 고객이 제품 및 서비스를 이용하는 과정의 흐름을 Pre 단계, During 단계, Post단계를 포함하여 대략적으로 표현하는 고객 여정 맵을 작성한다. 고객 여정맵은 구체적인 행위 수준이라기 보다, 상위수준에서의 전체 흐름을 표현함이 목적이며, 일반적으로 해당 제품 및 서비스 그리고 이들의 제공자 등 핵심 관련자들과의 주요 접점인 터치포인트들의 흐름을 표현한다. (그림 2-15)는 이러한 고객 여정맵의 일반적인 모습을 보여준다.

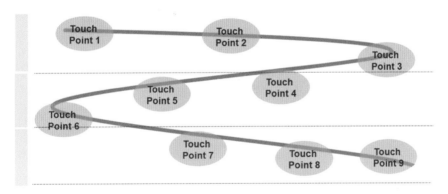

그림 2-15 일반적 고객 여정맵: Pre, During, Post 단계의 터치포인트로 구성

여성 슈즈 매장 서비스 디자인 사례의 공감하기

서비스디자인씽킹 과정의 이해를 돕기 위해 저자가 수행한 제품-서비스 시스템 디자인 사례를 이용하여 디자인씽킹의 단계별로 구체 설명을 보완한다. 이 사례는 여성 슈즈 제조기업과 진행한 서비스화 과제로서, 여성 슈즈 매장 서비스가 디자인 되었다(김용세, 조우현, 윤세환 외, 2016). 해당기업은 독특한 페미닌 캐릭터의 여성화를 디자인하여 판매하는 국내 기업이다. 주된 판매 채널이 오프라인 매장이다. 따라서 고객 구매 터치포인트에서 고객 경험을 보다 적극적으로 관리하는데 관심과

필요성을 인식하게 되었다. 여성 슈즈 매장 서비스 과제의 고객은 20대에서 60대까지 광범위한 연령의 국내 여성 소비자들이다.

As-Is 고객 여정맵

슈즈 구매의 여정 맵은 다음과 같이 구성된다. 백화점에 있는 슈즈 매장에 가서, 슈즈들을 둘러보며 마음에 드는 슈즈를 고른다. 이들 중 마음에 드는 것들은 신어보고, 거울에 비춰보며 어울리는지 등 평가하며 구매의사 결정과정을 진행한다. 때로는 다른 색깔을 요청하거나 다른 사이즈를 요청한다. 그리고 이를 또 신어보고 거울에 비춰보며 구매 결정을 한다. 그리고 결제하고 매장을 떠난다. 그리고 구매 슈즈를 신고 다닌다.

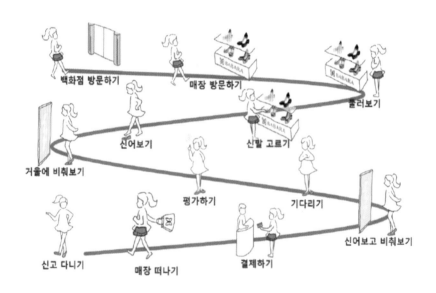

그림 2-16 여성 슈즈 매장 서비스 사례의 As-Is 고객 여정맵

여성 슈즈 구매 고객의 E3 가치

여성 슈즈 고객들의 공감하기 과정을 통해, 고객 가치를 찾아내었다. 패션의 완성은 슈즈에서 이루어진다고 할 만큼, 마음에 들고, 코디에 잘되는 신발을 신으면, 그날의 기가 살아나는 듯한 느낌을 갖게 되는 슈즈는 중요하다. 또한 나 자신에 대한

칭찬인 셈인 자부심을 갖게 해준다. 따라서 그날의 의상 및 여러 상황에 잘 맞는지 등 코디 정보는 신발을 신을 때에 중요하고, 당연히 구매 결정에 있어서도 중요하다. 해당 슈즈 브랜드 고객이 꼽은 대표적 가치는 과하지 않은 여성스러움이 대표하는 독특함이었다. 경우에 따라서는 반짝이는 재질 등의 처리가 과하지 않은 디자인을 보완하는 사랑스러움의 표현이 되기도 한다. 이렇듯 여성 고객에게 슈즈는 개성을 표현하는 가치와 이에 대한 인정받음이 중요하고, 결국 신고 다니며 주변에 자랑하는 외재적 사회적 가치를 제공한다.

구매 고객과 판매원 사이의 상호작용 이슈들이 반영되어, 고객들은 판매원들이 구매의사결정을 도와줄 수 있을 만큼 전문성을 갖고 있기를 기대한다. 판매원이 친절하고 의사소통이 잘 되기를 원하는 고객들도 있지만, 너무 부담스럽게 하지는 않기를 원한다. 특히 남성 판매원이 많은 국내 구두 업계의 특성은 간혹 모르는 남자 앞에서 맨발을 드러내고 신어보는 것을 창피스럽게 여기는 고객이 있듯 여성 고객에게 프라이버시 이슈를 제기한다.

또한 선택의 폭이 넓어 구매결정을 잘할 수 있기를 원한다. 새로운 신발을 구매하는 것이 설레기도 하지만, 잘 사야 할 텐데 하는 걱정이 되기도 하고, 구매결정에 주저하게 되는 이슈가 있다. 이런 가치 주제들을 E3 가치체계의 기능적·사회적, 정서적, 학습적 가치체계에 맞게 E3 가치 트리로 정리한다. 슈즈 구매 서비스 사례는 여성스러운, 사랑스러운, 스타일 등 감성가치(반응적 정서가치)도 중요하다. 고객이 감각하고, 느끼고, 생각하는 가치들의 구체 속성들로부터 뽑아낸 슈즈 구매 서비스 사례의 E3 가치는 (그림 2-17)에서 보는 바와 같다.

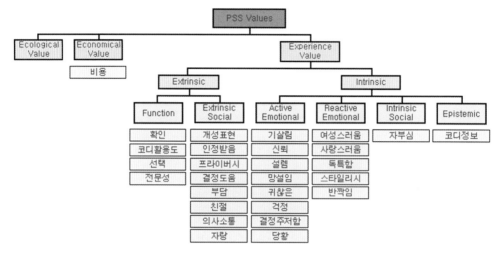

그림 2-17 여성 슈즈 매장 서비스 사례의 E3 가치

문제발견하기(Define)

고객 여정 맵의 각 터치포인트들은 고객 및 관련자들의 행위들로 구성된다. 이들 행위는 행위를 수행하는 행위자가 의도하는 목적이 있고, 이들 행위를 통해 행위자 및 관련자들에게 특정 가치가 발현된다. As-Is 고객 여정 맵 상의 각 터치포인트에서의 현재 가치 발현이 과연 얼마나 바람직한지를 고객 인터뷰, Shadowing, 경험평가 등의 방법으로 파악하여, 문제가 있는 터치포인트인 Pain 포인트 및 아주 바람직하게 긍정적인 가치 발현이 잘되는 터치포인트인 Delight 포인트를 찾는 과정이 진행된다.

Delight포인트는 과연 어떤 구체 행위가, 행위자와 관련자의 어떤 상호작용이, 어떤 상황에서, 구체적으로 어떤 가치 주제에 대하여 긍정적인 가치발현이 일어나게 했는지를 이해하는 데에 도움을 준다. Pain포인트들은 개선점을 지적해주는 것으로, 문제의 심각성, 핵심성 등 관점에서 이들을 해결해야할 솔루션을 찾아내야 하는 문제로 정의되는 것이다.

서비스 블루프린트

문제 발견과 솔루션 생성을 구체적으로 진행하기 위해 Pain 포인트와 Delight 포인트를 중심으로 하여 고객 및 관련자의 행위의 연계와 선후 관계들을 표현하는 서비스 블루프린트를 작성한다. 서비스 블루프린트는 각 관련자의 행위들을 해당 관련자의 Lane에 시계열적으로 표시하여 행위의 선후관계를 나타내고, 다른 관련자들의 행위에 상호 연관성이 있는 경우 구체적으로 화살표로 표시한다. 최근에 수행한 피부관리 의료기기 제품-서비스 시스템의 서비스블루프린트의 일부가 (그림 2-18)에 보여진다. 마치 11개의 Lane이 있는 아주 긴 수영장과 같은 모습이다. 의료기기 제조업체, 판매업체, 병원, 의사, 간호사, 시술관리사, 환자 등 여러 관련자의 Lane에 각 관련자의 행위 박스들을 볼 수 있다.

고객의 특정 행위가 수행되려면 어떤 관련자들의 어떤 행위가 어떤 순서로 수행되어 이 고객 특정 행위가 수행되고, 이 행위는 고객 또 관련자의 어떤 다른 행위들로 연결되는지를 나타낸다. 물리적인 제품의 경우, 해당 제품 설계의 결과를 블루프린트로 표현하여, 이 블루프린트를 통해 설계 프로젝트의 클라이언트 및 제품 제조 담당자에게 설계 결과를 전달하고, 제조 담당자는 이 블루프린트에 표현된 정보로 설계 제품을 제작할 수 있는 것이다. 서비스인 경우에도 서비스 블루프린트를 통해 해당 서비스를 실행하는 데 필요한 정보가 제공되는 것이다. 서비스 블루프린트에 대한 구체적인 설명은 저자의 비즈니스 이노베이션 서비스 디자인(김용세, 2018, 64-66쪽)을 참조하기 바란다.

상황기반 행위 모델링

서비스는 기본적으로 타인의 가치를 위해 수행하는 인간 행위이므로(Kotler & Armstrong, 1999), 서비스를 구체적이고 상세하게 디자인하기 위해 행위를 상세하고, 구체적으로 표현 방법이 필요한 것이다. 저자는 2011년에 상황기반 행위모델링(Context-based Activity Modeling; CBAM)이라는 사람의 행위를 구체적이고, 정형적으로 모델링하는 방법을 Activity Theory의 개념(Vigotsky, 1978)과 ISO 사용성 표준(ISO, 2006)의 구체실행관점을 실용적으로 융합하여 개발하였다(Kim &

Lee, 2011; 김용세, 2018). CBAM 방법에서는 행위를 행위동사, 행위자(Actor), 대상물(Object), 도구(Tool), 상황(Context) 등 행위요소(Activity Element)들로 표현하며, 상황은 다시, 목적상황(Goal Context), 관련구조물상황(Relevant Structure), 물리적상황(Physical Context), 심리적상황(Psychological Context) 등 상황요소(Context Element)들로 표현된다. 즉, 행위는 "행위자가 대상물에 대해, 도구를 이용하여, 행위동사의 행위를 목적상황을 위해, 대상과 관련된 구조물들과의 관련성을 고려하며, 물리적 상황에서 심리적 상황을 갖고, 수행한다"는 식으로 표현하는 언어(Modeling Language)인 것이다.

서비스 블루프린트는 여러 관련자의 행위들로 표현되므로, 바로 이 행위들 중 중요한 행위들이 CBAM방법으로 표현되는 것이다. (그림 2-18)의 서비스 블루프린트 중 의료기기 설명하기 행위의 CBAM 표현 예를 (그림 2-19)에서 볼 수 있다. Pain 포인트에 관련된 행위들은 현재의 이들 구체 행위에 문제가 있다는 것이다. 이들 행위의 능동행위자, 수동행위자 또는 관련자 등의 특정 가치에 문제가 있다는 것이다. 이런 가치 항목은 As-Is 서비스디자인 과정에서 CBAM의 심리적상황에 구체적으로 정의되었을 수도 있고, 이런 가치의 중요성을 몰랐을 수도 있다. 인터뷰, 경험평가 등을 통해, 이들 가치 발현의 문제를 파악하고, 이들 행위를 새롭게 디자인해야한다. 이들 행위를 디자인한다는 것은 이들 핵심 행위의 CBAM 표현을 수정하고, 보완하는 것이고, 때로는 새로운 행위를 CBAM 표현에 의해 생성해야 하는 것이다.

상황기반 행위 모델링 및 이를 기반으로 하는 서비스 행위 디자인 방법에 대한 구체적인 설명은 저자의 비즈니스 이노베이션 서비스 디자인(김용세, 2018, 67-91쪽)을 참조하기 바란다. 서비스디자인씽킹의 다음 단계인 아이디어 상상하기에서도 간단히 소개할 것이다. 본 저서의 제5장에서는 CBAM 방법으로 모델링된 행위의 상황 정보를 이용하는 개인 맞춤화 서비스 디자인 방법을 구체적으로 설명한다.

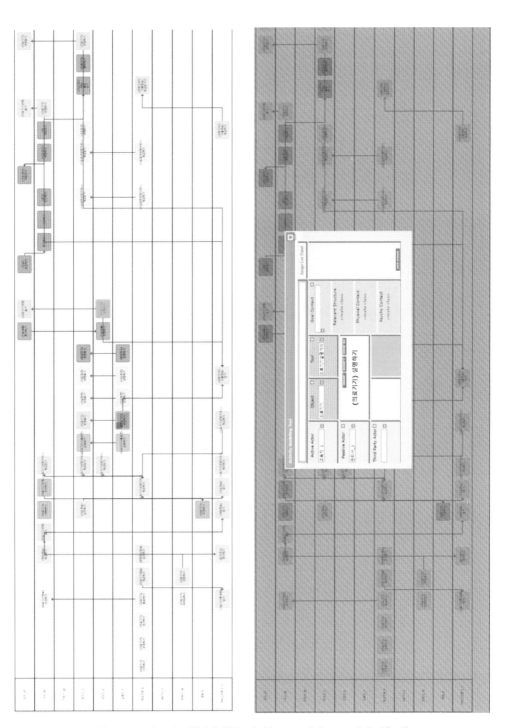

그림 2-18 서비스 블루프린트 및 상황기반 행위모델링(PSSD 과제 소프트웨어 이용 예)

그림 2-19 상황기반 행위모델링(PSSD 과제 소프트웨어 이용 예)

53

여성 슈즈 매장 서비스 디자인 사례의 문제발견하기

앞서 공감하기에서 설명한 경험가치 관점에서 문제가 발생하고 이를 극복해야 하는 핵심 터치포인트들은 (그림 2-20)에서 보는 바와 같이 거울에 비춰보기, 평가하기, 다른 신발을 신어보고 비춰보기 등 관심이 있는 신발들을 신어보면서 구매할지 안 할지를 결정하는 터치포인트들임을 파악하게 된다.

As-Is 고객 여정 맵은 (그림 2-21)에서 보듯이, 핵심터치포인트 위주로 서비스 블루프린트의 작성으로 이어진다. 슈즈 매장에서의 관련자로는 매장고객, 점원, 동반자가 있는 경우 일행, 다른 매장고객 등이다. 신발 신어보기, 어울릴지 생각하기, 신발 평가하기, 판매원 코멘트 듣기, 도움 받기 또는 거절하기 등의 구체 행위들이 포함된다. (그림 2-21)에서 일부 핵심 행위들에 연계된 경험가치를 구체적으로 표기한 부가기능이 포함된 서비스블루프린트를 볼 수 있다.

어울릴지 생각하기 행위의 경우 이용하는 도구는 거울이다. 거울에 비춰보면서 어떤 의상에 코디할 지 등 코디활용도 및 코디정보 경험가치를 중요하게 여기면서 어울릴지 생각하는 것이다. 물론 실제로 신어봤다는 것이 중요하다. 발이 편한지 등을 포함하여 이런저런 관점에서 신발을 살지 말지 의사결정을 위한 평가를 한다. 이 과정에서 매장 점원이 신발을 판매하려는 목적으로 코멘트를 하기도 한다. 고객에 따라서는 이러한 코멘트 듣는 것이 부담스러울 수도 있고, 점원이 전문성이 있는지를 의심하기도 한다. 구매 의사 결정에 도움이 있기를 기대할 수 있지만, 점원 도움은 원치 않을 수 있다. 결국 프로젝트의 해결해야 할 문제로 구매 의사 결정을 지원하는 서비스로 정의한다.

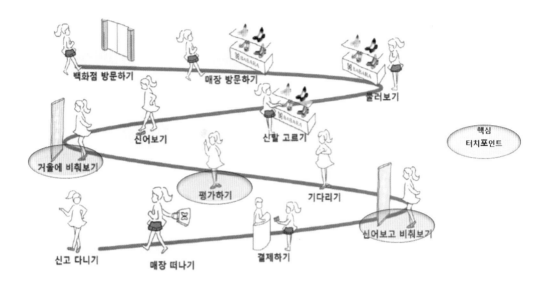

그림 2-20 여성 슈즈 구매 서비스의 핵심 터치포인트

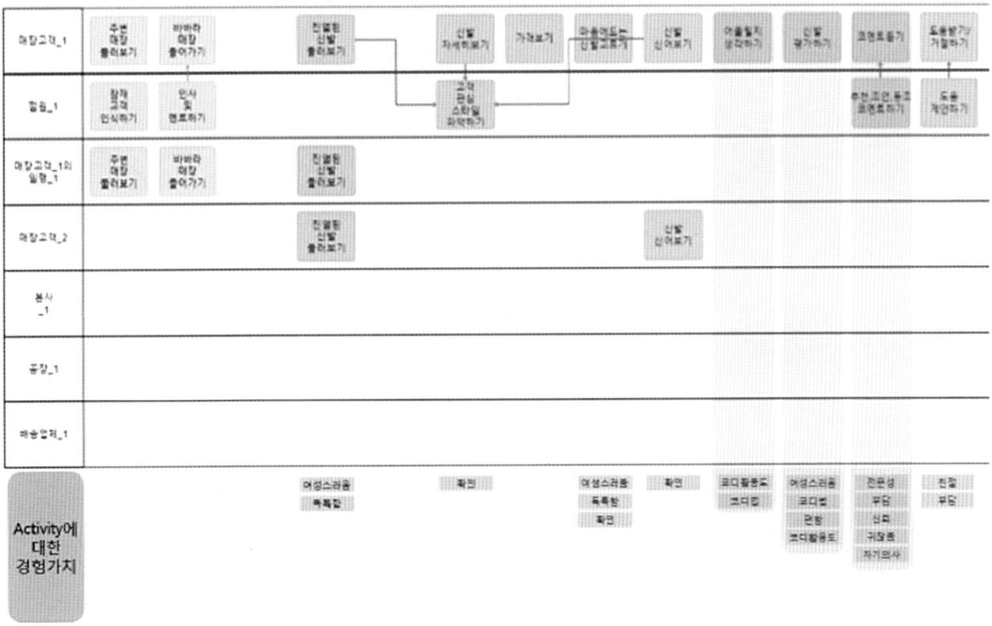

그림 2-21 여성 슈즈 구매 서비스 사례의 As-Is 서비스블루프린트 일부

해결책 상상하고 디자인하기(Imagining/Ideate)

서비스디자인씽킹의 Ideate과정은 Seeing–Imagining–Drawing 과정의 Imagining 에 해당한다. McKim교수의 Imagining이란 표현은 실현 가능성이 없다 해서 그 아이디어를 초기에 버리지 않고, 모든 것이 가능할 수 있다는 관점에서 Wild하고 Novel한 아이디어를 만들어내고, 이를 다음에 진행하는 Drawing과 Seeing 과정 에서 구체화하고, 평가하자는 의미인 것이다. 어찌 보면 브레인스토밍의 철학과 같다.

Imagining의 촉발은 Seeing과정의 결과에 기인한다. 또한 앞선 순환과정의 Imagining 한 내용도 기초가 된다. Liedtka의 디자인씽킹 과정에서 가장 발산적으로 표현하며 강조한 What if? 과정이 McKim의 Imagining에, 디자인씽킹의 Ideate과정에 해당 하는 것이다(그림 2-22).

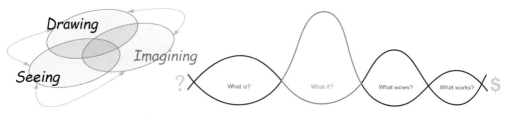

그림 2-22 Ideate = Imagining = What if?

체계적 상상하기 방법

브레인스토밍이 대표적인 Ideate 방법으로 소개되지만 상상하기 즉 Ideate과정의 구체 방법론은 일반적으로 미약하다. 디자인 방법론이란 디자인 발상을 구조화된 방법에 따라 체계적으로 진행하도록 가이드하는 방법론이다(Cross, 2000). 저자가 개발한 상상하기를 지원하는 체계적인 방법론을 소개한다.

상황기반 행위모델링 이용

구체적인 행위를 표현하는 상황기반 행위모델링(Context-Based Activity Modeling, CBAM) 방법이 바로 체계적인 What if?를 가능하게 하는 방법이다. As-Is 고객 여정 상의 Pain 포인트에 해당하는 행위들의 CBAM 모델링의 행위 요소 및 상황 요소들이 체계적인 What if?를 가능하게 한다. As-Is CBAM 모델링에 특정한 행위 요소, 예를 들어, 도구 행위 요소가 특정되어 있지 않다면, 도구를 추가하는 What if?를 생각할 수 있다. 행위요소 및 상황요소를 변경하는 What if?도 생각할 수 있다. 쉬운 예로, 별도의 서비스 제공자가 수행하는 서비스 행위의 행위자를 서비스 수혜자로 변경하여 셀프 서비스로 바꾸면 서비스 비용을 줄일 수 있는 경제적 가치를 개선할 수 있다는 경우가 바로 행위 요소인 행위자의 변경이다. CBAM을 이용하는 행위디자인 방법의 구체적인 설명과 사례들은 저자의 비즈니스 이노베이션 서비스 디자인 저서(김용세, 2018, 67-80쪽)에서 찾을 수 있다.

계층적 목표 가치 매핑체계

목표 가치를 드라이브하는 행위를 디자인하는 구조화된 방법의 하나는 계층적 가치-행위 매핑 체계(Hierarchical Value Map, HVM)를 이용하는 방법이다. 현재 수행하는 서비스 디자인 프로젝트에서 공감하기와 문제정의하기를 통해 파악된 목표 가치가 있으면, 이 목표가치를 지원했던 이전의 서비스 디자인 프로젝트에서 이용했던 행위를 찾아 이를 현재 프로젝트에서의 행위로 전환하여 이용하는 유사추론(Analogical Reasoning)의 한 방법이다. 경험가치주제와 행위 매핑은 중간단계로 긍정적 속성인 Pooling Attribute 및 부정적 속성인 Pushing Attribute로 연계하여 구체적 연관성을 갖는 다양한 행위를 찾는 방법을 이용한다. 구체적인 HVM방법의 설명 역시 비즈니스 이노베이션 서비스 디자인(김용세, 2018, 81-91쪽)에서 제공된다.

HVM 방법은 서비스 행위 디자인을 위해 구체적으로 개발된 Means-End Chain (Gutman, 1982)의 특정한 방법이라 할 수 있다. HVM 방법은 체계적인 What if?를 지원하는 것으로, Seeing의 해석을 통해 Imagining의 전환을 도출하는 접근법이다. 이는 숙련된 디자이너의 상상하기 전략의 하나인 Re-Framing을 체계적으로 지원하는 방법인 것이다. Dorst는 숙련된 디자이너의 상상하기 전략의 하나인 Re-Framing을 디자인씽킹의 핵심 능력이라고 설명하였다(Dorst, 2011; Dorst, 2018).

개인 맞춤화 서비스 디자인 방법

세 번째로 소개하는 체계적인 상상하기 방법은, 고객 경험 및 행위는 다양한 상황의 영향을 받는다는 고객 경험의 본질적 특성에 기반하여 CBAM 방법과 상황 반영 경험 평가 및 분석(Context-specific Experience Sampling and Analysis, CESA) 방법을 이용하여 개발한 개인 맞춤화 서비스 디자인 방법이다. 이 방법은 본 저서의 제5장에서 구체적으로 설명하는데, 축적된 고객경험평가 데이터를 이용한다. CBAM 모델링된 행위들의 각 상황요소들은 고객의 의도에 의한 설정에 따라 Controllable 상황요소와 Constraint 상황요소로 구분된다. 고객이 경험가치 주제에 대해 주관적으로 평가하여 축적한 경험평가 데이터로부터 좋은 평가를 받은 Controllable 상황 정보를 제공받아 고객의 선호도와 해당 제약 상황에 최적화된 서비스를 제공 받게 하는 방법이다. 디지털 트랜스포메이션 환경에서 고객이 직접 주도하는 지속적인 고객 경험 증진 방법이다. 이 방법은 Drawing과 Seeing과정을 통한 고객의 직접 경험 평가 데이터를 이용하는 서비스 상상하기라 할 수 있다. 제5장에서 사례와 함께 상세히 설명된다.

서비스공간 서비스컨셉 평가기반 상상하기

저자는 제품-서비스 시스템의 서비스 컨셉들을 고객 역량 증진 관점, 맞춤화 관점, 상호작용 관점 등에서 고도화 단계별로 평가하는 방법을 개발하였다. 이를 기반으로 하여 서비스 컨셉 디자인 전략 가이드를 제6장에서 소개한다. 이 서비스 컨셉 디자인 가이드가 구체적인 서비스 상상하기에 이용될 수 있다. As-Is 서비스 컨셉들의 수준을 평가하여, 가이드가 제시하는 발전된 단계의 서비스 고도화 수준의 특성을 갖춘 서비스 컨셉으로 발전시키는 방법이다. 서비스 공간의 서비스 컨셉 평가 체계는 상상하기를 지원하는 구체 Schema로써 기존 서비스컨셉들인 Knowledge를 체계적으로 지원하는 Schema이기도 하다. 제6장에서 상세히 설명할 것이다.

이와 같은 저자가 직접 만든 체계적인 경험 서비스 상상하기 방법들과 다양한 창의적 아이디어 발상방법 등을 이용해 상상하기 과정이 진행된다. McKim교수의 비쥬얼씽킹 프로세스에 구체적으로 설명하듯, 기본적인 디자인 프로세스의 특성은 상상하기를 포함한 서비스디자인씽킹 프로세스의 각 과정이 다른 과정들과 밀접히 융합연계되어 계속 순환하며 진행된다는 점이다.

여성 슈즈 매장 서비스 디자인 사례의 해결책 상상하고 디자인하기

Define과정에서 Pain 포인트로 파악된 슈즈 구매 의사 결정 터치포인트에서의 신어보며 어울리는 지를 확인하고, 다른 신발과 비교하는 등의 행위에서의 구체적으로 연계된 경험가치를 개선하고자 새로운 행위를 Imagine하게 된다. As-Is 고객 여정에서는 이들 행위를 CBAM 방법으로 모델링하면, 거울 이외에는 별다른 도구가 쓰이지 않는 행위들이다.

What if 이 행위들에 IT 기술에 기반한 도구를 이용한다면? 이렇게 새로운 행위를 CBAM 방법을 통해 상상해보게 된다. 신발 신은 뒷모습을 보려면, 고개와 허리를 돌리고 정상적이지 않은 자세에서나 가능하다. 잘 어울리는지 판단이 쉽지 않다. 신고서 거울을 보면서, 신발의 구체 디테일을 보려면, 상체를 숙이고서 봐야 한다. 주변 사람들이 있는데 발을 치켜들고 볼 수도 없다. 빨간색을 살까, 파란색을 살까 결정이 쉽지 않은데, 계속 빨간색 신어보고 있으면서 파란색 신어봤을 때 어떤 느낌이었는지 생각이 안 나면, 또 파란색을 신어 봐야한다. What if 빨간색 신은 모습과 파란색 신은 모습을 동시에 보며 고를 수 있다면? 이 신발 저 신발 신어봤을 때의 느낌 등을 간단히 메모해 놓을 수 있다면? 이런 What if? 상상하기가 슈즈 룩스 서비스를 이용하는 고객의 행위를 Imagine하게 한 것이다.

그리고, 판매원과의 상호작용이 이슈가 되며 프라이버시 관련 Pain 포인트가 된 신어보기 터치포인트의 경우, 프라이버시 가치를 증진시키기 위해, 현 슈즈 매장의 실질적 제약을 고려한 Imagining을 통해, 프라이빗 핏팅 존이라는 물리적 상황의 적극적 개선과 이에 기반한 심리적 상황의 개선을 상상하게 된다. 이렇게 Pain 포인트가 극복된 To-Be 고객 여정맵을 (그림 2-23)에서 볼 수 있다.

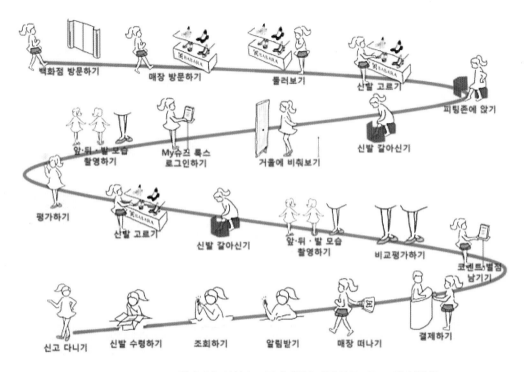

그림 2-23 여성 슈즈 구매 서비스 사례의 To-Be 고객 여정 맵

To-Be 고객 여정 맵에 해당하는 서비스 블루프린트는 (그림 2-24)에서 볼 수 있다. 서비스 시스템과 본사에 해당하는 Lane 등이 추가되었다. 고객은 슈즈를 신은 자신의 전신 모습을 앞에서, 뒤에서 보고자 하고, 그리고 클로즈업 된 슈즈를 자연스럽게 보고자 한다. 뒷모습을 보기 위해 고개를 돌린 자세에서가 아니라. 슈즈를 자세히 보기 위해 몸을 굽히거나 발을 들지 않고서. 앞, 뒤, 클로즈업 위치 등에 놓인 3개의 카메라로 사진을 찍어 이들을 거울 옆에 비치된 스크린을 통해 보여줌으로써 이 핵심 터치포인트에서의 고객 경험이 개선될 수 있다. 신어본 사진을 저장하여, 고객은 전에 신어본 모습을 가져와 여러 개 슈즈 착용을 비교할 수 있다. 지금 신고 있는 파란 슈즈 모습과 아까 신어본 빨간 슈즈 모습을 나란히 놓고 비교할 수 있고, 빨간 슈즈 신은 모습과 까만 슈즈 신은 모습을 나란히 비교하여 볼 수 있다. 여러 슈즈에 대한 고객의 평가를 기록해 놓을 수도 있다. 구매 의사 결정을 돕기 위해, 고객이 신어보고 있는 슈즈의 다양한 코디 정보를 이 IT 디바이스를 통해

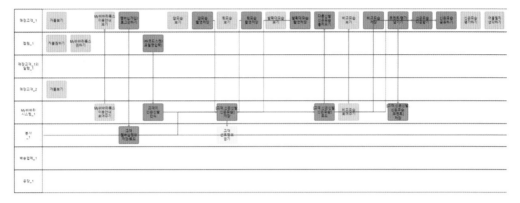

그림 2-24 여성 슈즈 구매 서비스 사례의 To-Be 서비스 블루프린트

제공할 수 있다. 이와 같은 서비스가 상상되어 만들어진 서비스 블루프린트에 관련 슈즈 룩스 서비스의 프로토타이핑에서의 사진을 연계하여 추가한 내용이 (그림 2-25)에 보여진다.

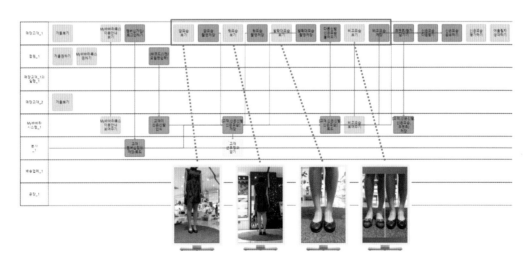

그림 2-25 여성 슈즈 구매 서비스 사례의 To-Be 서비스 블루프린트(관련 사진 추가)

슈즈 룩스 서비스에서 만들어진 사진 데이터를 통해, 다른 서비스 컨셉들도 가능해졌다. 슈즈 룩스 서비스는 구매 정보와 연계하여 고객이 특정한 슈즈를 구매하는 과정에서 구매하지는 않았지만 관심을 보인 슈즈들에 대한 정보도 포함한다. 이는 고객의 선호도를 이해하는 데에 중요한 정보로 이용될 수 있다. 슈즈 룩스 등

슈즈 구매 지원 서비스는 2018년 특허 등록되었다(김용세 외, 2018b). 나머지 서비스 컨셉들을 포함한 슈즈 구매 서비스는 제6장에서 다시 한번 소개된다.

프로토타이핑(Prototyping)

디자인씽킹 방법에서는 프로토타입 과정과 테스트 과정으로 나누어져 있지만, 프로토타이핑 과정은 프로토타입 제작과 이를 이용한 테스트가 포함된 과정으로 볼 수 있다. McKim교수의 Seeing-Imagining-Drawing 과정의 관점에서 보면, 프로토타입 제작과정이 Drawing에 해당하고, 테스트 과정은 Seeing과정에 포함되었다고 볼 수 있다. 이러한 시각은 이미 테스트 과정은 다음 번 진행되는 순환의 시작으로 연결되는 것이므로, 비쥬얼씽킹 과정의 반복적인 순환의 성격을 더 명백하게 보여준다고 할 수 있다. 앞서 Imagining에서도 설명했지만, Imagining의 결과를 Quick and Dirty 프로토타입으로 제작하고, 테스트하는 과정이 어떻게 보면 당연히 자연스럽게 흘러가는 디자인 과정의 본질적 성격을 Seeing-Imagining-Drawing 모델은 잘 표현하고 있다.

프로토타이핑에서 테스트는 아이디에이션 초기에는 디자이너가 수행하지만, 어느 정도 컨셉이 개발되어 가는 시점에서는 잠재 고객의 참여를 통해서 진행되는 점을 주목해야 한다. 서비스 시스템의 프로토타이핑을 통한 잠재고객의 경험에 바탕한 경험평가가 중요한 것이다. 경험 평가에 이용되는 평가 기준은 공감하기 과정에서 파악된 적절한 경험가치가 핵심 터치포인트에 이용되는 것이어서 테스트 과정이 Seeing과정에 포함된다는 시각을 더욱 확고히 해준다.

서비스 프로토타이핑 프로세스

프로토타이핑 프로세스는 첫 번째, 고객 역할을 수행한 참여자를 모집한다. 두번째, 고객 여정 맵 상 해결책 상상하기에서 디자인 된 Pain 포인트의 행위를 포함하여 핵심 터치포인트를 정한다. 세번째, 해당 서비스의 행위에 필요한 서비스 시스템과 제품 요소를 제품-서비스 시스템 개발 단계에 적절한 수준으로 구성한다. 이 과정에서 디자이너의 유연함과 창의성이 필요하기도 하다. 서비스디자인씽킹의 핵심 철학 중 하나인 Fast Fail을 고려하면, 검증의 핵심되는 행위에 집중하고, 기타 물리적 터치포인트 등의 지원 환경의 경우는 임기응변적 유연성의 발휘가 필요할 수 있다. 네번째, 서비스 수행과정에서의 고객의 경험을 경험가치에 대해 평가하고, 동영상 등 지원자료를 확보한다. 다섯번째 사후 인터뷰 등을 통해 고객 참여자의 정성적인 피드백을 수집한다. 여섯번째, Seeing과정의 분석적 시각으로 테스트 결과를 해석하고, 보완할 문제 정의 과정과 상상하기 과정을 준비한다. 서비스 프로토타이핑 과정 및 사례에 대한 추가 자료는 저자의 비즈니스 이노베이션 서비스 디자인 제5장(김용세, 2018, 181-193쪽)에 있으니 참조하기 바란다.

경험 평가

디지털트랜스포메이션 관점에서 Seeing–Imagining–Drawing 과정과 서비스디자인씽킹 과정을 보면, 경험 평가 과정이 제품-서비스 시스템의 Launching이후에도 지속되면서, 고객 경험이 관리되고, 이런 과정에서 얻어진 경험 평가 데이터가 계속해서 고객의 경험을 더욱 더 개선하는 과정으로 이어져, 살아서 지속적으로 진화하는 제품-서비스 시스템과 고객 경험으로 발전되는 것이다.

저자는 고객 경험 평가를 상황 정보와 밀접하게 연계하여 진행하는 상황기반 경험 샘플링 및 분석(Context-specific Experience Sampling and Analysis, CESA) 방법을 개발하였다(Kim et al., 2011b). 공감하기에서 파악된 경험가치를 이용하여, 프로토타이핑과정에서 고객의 경험을 자연스럽고, 생생하게 평가하여 상황 데이터와 함께 디지털 포맷으로 저장하는 방법이다. CESA관련 구체 설명은 저자의 비즈니스 이노베이션 서비스 디자인(김용세, 2018, 171-180쪽)을 참조하기 바란다. 본 저서의 제5장에서는 CESA를 이용하여 개인 맞춤화 서비스를 디자인하는 방법을 구체 설명한다.

여성 슈즈 매장 서비스 디자인 사례의 프로토타이핑하기

여성 슈즈 매장 서비스의 핵심 컨셉을 초기 단계의 Quick and Dirty 프로토타이핑에서 시작하여, 실제 슈즈 매장에서의 프로토타이핑을 거쳐, 보다 발전된 구체 작동하는 Working 프로토타입을 이용한 프로토타이핑이 불특정 다수의 잠재 고객이 참여하는 페스티벌 상황에서의 프로토타이핑과 실제 매장의 실제 고객이 CESA를 이용하여 경험을 평가하는 프로토타이핑까지 계속 제품-서비스 시스템 디자인이 refine되어가면서 진행되었다.

(그림 2-26)(a)는 CDI연구소 디자인 스튜디오의 휴게 공간에서 스튜디오에 기존해 있는 태블릿 등의 장비를 이용하여 아주 쾌속으로 진행된 프로토타이핑이다. 이어 서 (b)는 연구소 내의 회의실을 공간 배치 관점에서 슈즈 매장과 같이 간단히 구성 하여 프로토타이핑 목적으로 구매한 카메라 등을 이용하여 진행한 프로토타이핑 이다. (c)는 실제 슈즈 매장에 Working 프로토타입을 설치하고 진행한 내용이다. 그러나 실제로 슈즈를 구매하며 테스트를 진행했지만, 참여자는 연구소 인력들이 구매 고객으로 참여한 테스트였다. (d)는 CDI연구소가 대형 이벤트 공간인 서울 청담동 쿤스트할레에서 개최한 서비스 디자인 컨페스티벌 행사에서 불특정 다수 의 여성 참여자들이 참여한 프로토타이핑 모습이다. 실제 슈즈 구매 고객은 아니 었지만, 유사한 슈즈 구매 경험이 많은 일반인들이 이 서비스 컨셉이 제공하는 새 로운 경험을 어떻게 받아들이는지 등을 점검할 수 있는 테스트를 진행한 것이다. (e)는 실제 슈즈 매장에서 슈즈를 구매하는 실제 고객들을 대상으로 진행한 프로 토타이핑으로서, 스마트폰을 이용한 CESA 고객 경험 평가를 실시간으로 함께 진 행한 프로토타이핑이다. 다섯 차례 진행된 프로토타이핑에서, 사용한 프로토타입 장비 구성, 공간, 참여자 등이 어떻게 발전되어가며 프로토타이핑이 진행되었는지 를 잘 확인할 수 있다.

실제 슈즈 매장에서 실제 고객들을 대상으로 진행한 CESA 고객 경험 평가 결과 는 (그림 2-27)에 보여진다. 신발고르기, 전신거울보기, 앞모습화면보기, 뒷모습화면 보기, 발확대화면보기, 비교화면보기, 평가남기기, SNS공유 등 8개의 터치포인트에 서 결정도움되는, 확인하기좋은, 선택쉬운, 갈등되는 등의 경험가치에 대해 평가한 것으로, 비교화면보기 터치포인트에서 결정도움되는 경험가치의 평가가 매우 좋게 평가된 것을 알 수 있다.

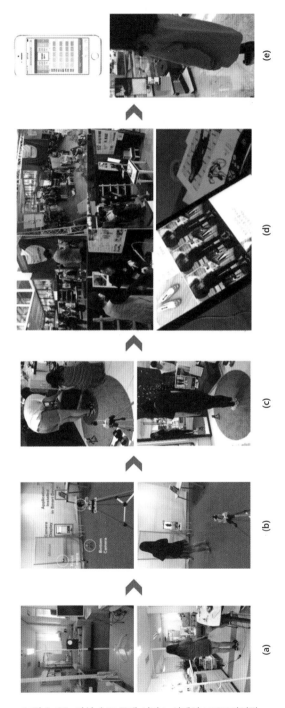

그림 2-26 여성 슈즈 구매 서비스 사례의 프로토타이핑

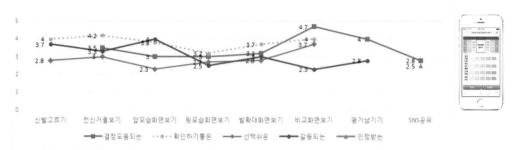

그림 2-27 여성 슈즈 구매 서비스 사례의 프로토타이핑 CESA 경험 평가 결과

3. 비쥬얼씽킹 기반 서비스디자인씽킹

제2절에서 공감하기, 문제정의하기, 해결책 상상하고 디자인하기, 프로토타이핑하기의 4과정의 융합 순환으로 정의한 서비스디자인씽킹 과정의 구체 방법론을 슈즈매장 서비스디자인 사례와 함께 소개했다. 제2장을 마무리하는 결론으로 McKim교수가 설명한 Seeing-Imagining-Drawing의 연속적 순환으로 진행되는 비쥬얼씽킹 과정과 이 비쥬얼씽킹 과정을 좀더 구체적 행위로 표현한 저자의 Design Reasoning 모델의 시각에서 서비스디자인씽킹 과정을 재조명하여 보자.

Seeing으로서의 공감하기

서비스디자인씽킹 프로세스를 시작하는 공감하기는 McKim교수의 Seeing의 일부이다. 과연 해결해야 하는 기업의 현황은 어떤가, 고객은 누구이고, 이들의 특성은 무엇인가. 그들이 추구하는 핵심가치는 무엇인가, 이들 가치를 추구하기 위해 어떤 관련자들이 연관되어 있나, 고객의 경험과정은 어떻게 이루어져 있나 등을 찾아내고, 분석하고, 이해하는 Perception, Analysis, Interpretation으로 구성되는 Seeing 과정이다.

Seeing으로서의 문제정의하기

공감하기를 바탕으로 과연 Pain포인트는 어디이고 어떤 구체 가치의 발현이 문제인지, Delight 포인트는 어떤 행위들로 만들어졌는지 등을 파악하여, 목표 가치를 정하고, 문제 해결의 범위를 정하는 문제정의하기 역시 Seeing 과정이다. 디자인 프로세스는 Problem-Solution의 Co-Evolution이라 하듯, 문제정의는 쉽게 이루어지 않는다. 이해한 수준의 문제에 대해, 부분적 해결책이라도 찾아보는 시도를 하고, 과연 문제정의가 제대로 되었는지를 재조명하는 순환 과정이 필요하다. 결국 문제정의와 해결책 생성하기는 Seeing과 Imagining이 겹쳐 일어나는 McKim교수의 비쥬얼씽킹 부분의 그림이 보여주듯 융합되어 있는 것이다.

Imagining으로서의 해결책 생성하기

서비스디자인씽킹의 그 다음 과정은 디자인씽킹에서는 Ideate라고 표현된 과정인데, McKim교수의 표현에서는 Imagining이다. Imagining은 새로움(Novelty)와 창의성이 보다 더 강조된 표현인 동시에, 솔루션 아이디어는 쉽사리 구현되지 않기 때문에 이어 진행되는 Drawing과 Seeing이 융합된 순환과정이 무척 많이 필요함을 함축한다. 물론 바람직한 디자이너의 자세 또는 이노베이션을 추구하는 기업의 전략적 입장은 새로운 솔루션을 만들어내기 위해 도전적 자세와 결국은 Seeing-Imagining-Drawing의 순환과정을 거듭하면 이런 솔루션을 찾아낼 수 있다는 Creativity Confidence를 갖아야 한다는 교훈을 주는 것이다.

저자의 Design Reasoning 모델은 Imagining을 Generation, Transformation, Maintenance로 구체화 했다. 완전히 새로운 고객 경험 행위를 생성(Generation)해내야 하기도 하지만, CBAM 방법을 이용하여 기존 행위의 행위요소와 상황요소들을 변화시키고, HVM방법을 이용하여 다른 프로젝트에서 사용한 행위를 전환하여 경험가치를 드라이브하는 등 체계적인 What if? 방법론을 통한 Transformation이 중요하다. 솔루션 아이디어의 상상하기는 때로는 어려워 아직까지의 행위들로 그 다음과정인 Drawing 또는 Seeing으로 연계하여 총괄적 Seeing-Imagining-Drawing 순환과정을 반복적으로 계속 진행시키는 Maintenance라는 인지적 행위가 필요하기도 한다.

Drawing으로서의 또 Seeing으로서의 프로토타이핑하기

디자이너의 핵심 능력의 하나로 스케치 능력을 흔히들 말해왔다. McKim교수는 어찌보면 이런 스케치 능력이라는 디자이너들에게는 Tangible하지만 너무 복합적이어서 아쉬운 면이 있는 스케치란 표현으로 이야기되어온 디자이너 및 디자인 특성을 스케치 과정에서 일어나는 행위인 Seeing-Imagining-Drawing으로 설명하여 함축된 의미를 추상적으로 표현한 것이다. 저자의 Drawing에 대한 내적 및 외적 표상(Internal and External Representation)이란 표현은 Drawing이 Imagining과 밀접히 연관된 과정임을 좀더 확실히 설명할 수 있다. 많은 경우 디자이너의 스케칭에서 Imagining과 Drawing은 외형적으로는 거의 동시에 일어난다. 상상하며 그리고 그리며 상상한다. 시각화 능력이 뛰어난 디자이너의 경우 실제 그림으로 표현하는 외적표상없이 내적표상 만으로도 그 다음단계의 Seeing과 Imagining을 자연스럽게 연계할 수 있다. 즉, Drawing이 따라 주어야 Imagining이 제대로 진행되는 것이다. 서비스 경험 디자인에서도 적절한 표상이 따라주어야 새로운 행위에 대한 상상이 가능하다. 결국 디자인 방법론 및 지원 도구가 이러한 연계성을 제공하는 것이다. McKim 교수의 비쥬얼씽킹 그림은 Imagining과 Drawing이 겹친다.

디자이너 자신과의 커뮤니케이션으로서의 Drawing의 역할이 있는가 하면, 제작자나 클라이언트, 사용자를 위한 Drawing의 역할이 있다. 프로토타이핑이라는 표현은 이 후자인 경우가 많다. 이런 경우는 구체적인 테스트하기가 수반된다. 이 테스트하기는 Seeing에 해당한다. 과연 정의한 문제의 솔루션이 그럴 듯한 지를 평가하는 것이다. McKim교수의 그림에 Drawing과 Seeing이 겹치는 부분이 결국 테스트하기에 해당한다고 볼 수 있다. 디자인 프로세스가 어떻게 진행되는 지를 이해하는 모델로서의 디자인씽킹, 또한 디자인 프로세스를 어떻게 진행해야 함을 가이드하는 역할로서의 디자인씽킹(Goldschmidt, 2017)을 이해하는 데에 McKim교수의 Seeing-Imagining-Drawing으로 구성된 비쥬얼씽킹 과정이 디자인씽킹의 본질적 근간이라는 저자의 시각이 크게 기여한다고 할 수 있다.

디자인씽킹의 시각적 표현

디자인 프로세스를 설명하는 경우 대부분 시각적 표현으로 서브 프로세스들의 상호작용과 관련성을 표현하는 경우가 많다. 그러나 Kelley 교수와 IDEO가 디자인씽킹을 프로모션하며 제시한 시각적 표현은 (그림 2-1)에서 보는 Empathize, Define, Ideate, Prototype, Test의 연결된 육각형들이다. 이 육각형들은 연결되어 있지만 겹치지는 않는다. 그리고 디자인씽킹의 핵심인 전반적 순환 개념, 즉 여러차례의 순환이 필요하다는, 그래서 Fail Fast라는 철학이 필요하는 점등이 시각적 표현에 포함되지 않는다. 이에 비하면 더블다이아몬드 및 Liedtka의 시각적 표현은 의미적 기여를 제대로 하고 있다. 특히 Liedtka의 What if?의 경우 발산적 사고를 강조하는 Ideation 또는 Imagining과정의 강조는 시각적 표현의 역할을 잘 하고 있다. 그런 의미에서 보면, David Kelley와 IDEO의 디자인씽킹 시각적 표현의 부족함은 아쉽다. 반면 Kelley의 대학원 시절 지도교수인 McKim교수의 Seeing–Imagining–Drawing 표현이 오히려 디자인 씽킹 과정을 의미있게 표현한다. 디자인씽킹의 5과정을 Seeing–Imagining–Drawing의 시각적 표현에 집어넣어 저자가 만든 비쥬얼씽킹에 기반한 디자인씽킹 과정 그림(그림 2-28)이 디자인씽킹의 프로세스 특성을 제대로 표현한다고 할 수 있다.

제2장에서 서비스디자인씽킹을 통한 고객 경험을 디자인하고, 지속적인 고객 경험 관리로 연결하는 비즈니스 이노베이션 전략 관점에서의 핵심 가이드를 제시하였

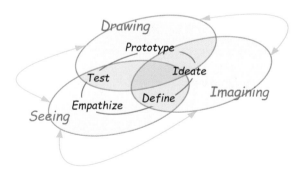

그림 2-28 Seeing – Imagining – Drawing 비쥬얼씽킹에 기반한 디자인씽킹 과정

다. 디지털 트랜스포메이션 시대에서는 디자인 단계에서, 또 고객 경험 단계에서 고객의 참여는 점점 더 늘어나고 있다. Seeing–Imagining–Drawing 과정의 관점에서 보면, 디자이너와 고객의 Co-Design의 디자인 단계에서 이러한 비쥬얼씽킹의 순환은 활발하다. 새로운 고객 경험 서비스가 디자인되고 실행되었다고 해서, 이 순환과정이 끝나는 것이 아니다. 제품 및 서비스를 사용하는 고객경험 단계에서도 고객의 주도로 디지털 서비스 시스템과의 상호작용을 통해 이 순환과정이 계속된다. 고객은 경험하기 - 평가하기 - 공유하고 알리기(Experience–Evaluate–Engage) 등으로 순환되는 과정을 계속하여 고객 경험 진화를 진행하여 고객 개인 각각의 니즈와 원츠가 지속적으로 또한 발전적으로 지원되도록 하는 것이다. 이렇게 고객 주도의 Co-Creation이 도모되도록 고객 경험이 디자인 되는 Experience Thinking으로 발전하게 된다(그림 2-29).

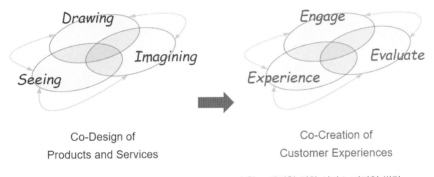

Co-Design of
Products and Services

Co-Creation of
Customer Experiences

그림 2-29 Experience–Evaluate–Engage 순환 고객경험 진화 서비스 디자인 씽킹

저자는 디자인씽킹 기반 능력을 훈련시키기 위한 비쥬얼씽킹의 기반 인지행위능력을 증진시키는 구체적인 훈련과정을 개발하였다. 시각적 추론 과정의 훈련으로 서비스디자인씽킹 과정 수행의 기반 능력을 향상시키는 것이다. 이 훈련과정에 다른 디자인 기반 인지능력 증진요소도 포함시킬 수 있다. 디자인 창의성 증진에 기반이 되는 지식 공간과 직관 공간을 자유롭게 넘나드는 능력, 숙련된 디자이너들이 익숙하게 활용하는 종적사고(vertical thinking)과 횡적사고(lateral thinking)를 융합적으로 연계하는 능력의 훈련 등이 포함된다. 창의적인 디자이

너들은 인큐베이션 효과를 이용한 창의성 증진을 위해, 특정 이슈에 집착하지 않고, 다양한 디자인 이슈들을 자유롭게 넘나들며 아이디에이션을 수행하는 Least Commitment Control 인지 전략에 능숙하다(Goel, 1995; Kim *et al.*, 2007). 자연스러운 Seeing–Imagining–Drawing의 연계 흐름과 디자인의 기반 인지 능력과 전략 훈련을 연계하여 디자인씽킹 기반 능력을 증진시킬 수 있다. 비쥬얼씽킹 프레임워크로 설명한 디자인씽킹은 디자인과정의 기반이 되는 인지과정이기도 하고, 디자인 및 문제해결을 수행하는 과정이기도 하다. 마이크로 관점 및 마크로 관점 모두로 본 디자인씽킹 능력은 교육과 훈련을 통해서 증진된다.

Manufacturing Servitization Strategies

제조업의 서비스화
추진 전략

1. 제조업 서비스화 지원 프레임워크

산업통상자원부의 제조업의 서비스화 지원 프레임워크(Manufacturing Servitization Support Framework; MSSF)과제는 제조업의 서비스화를 지원하는 방법론을 개발하고, 이들을 기업 사례에 적용하여 서비스화 전략을 통한 제조업의 혁신을 도모하기 위한 프로젝트로서 3년간 수행되었다. MSSF 컨소시엄은 주관기관으로 성균관대 Creative Design Institute(CDI), 참여기관으로 서울대학교 산업공학과, KAIST 문화기술대학원, 컨설팅서비스협회, 서비스디자인협의회 등으로 구성되었다. 컨설팅서비스협회와 서비스디자인 협의회에 연계하여 서비스 디자인 컨설팅업체가 참여하였다.

MSSF과제에서 제조업 서비스화 추진 전략과 수행 프로세스를 지원하기 위한 제품-서비스 시스템 지원 프레임워크를 개발하였다. (그림 3-1)에서 보는 바와 같이, 구체 제품-서비스 시스템 개발과정과 서비스화 전략의 Double Deck으로 구성되는 제조업의 서비스화 과정을 지원하기 위함이다. 제조기업의 특성과 고객이 추구하는 핵심 가치에 기반하여 개발된 제품-서비스 시스템의 서비스 컨셉 수준과 특성 등 구체 관점에서 서비스화 전략과 구체 제품-서비스 시스템을 표현하고, 비교 평가하는 제품-서비스 시스템 프레임워크를 개발하였다. 이 프레임워크는 서비스화 전략을 검토하고 미래 전략 수립을 가이드하는 역할을 할 수 있다. 또한 서비스화 기본 프로세스 모델을 제시하고, 서비스화 프로세스를 구체적으로 모델링하는 방법을 개발하였다. 이를 통해, 기업 사례 수행 프로세스를 비교 평가하는 체계를 개발하였다.

제3장에서는 서비스화 프로세스 모델링 방법을 소개한다. 제품-서비스 시스템 프레임워크는 제4장에서 설명한다. 제5장에서는 경험평가를 이용한 고객경험 개인 맞춤화 서비스 디자인 방법을, 제6장에서는 서비스공간 평가를 이용하는 서비스컨셉 디자인 가이드를 소개한다.

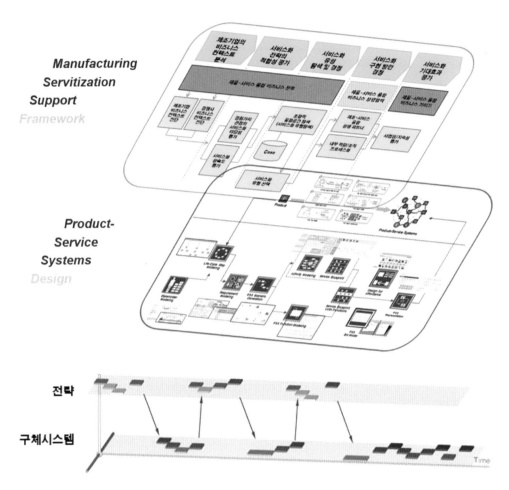

그림 3-1 Double Deck 제조업 서비스화 지원 프레임워크

2. 서비스화 프로세스

상위 수준의 서비스화 전략 관련 작업과 구체적 제품-서비스 시스템 디자인 및 개발 작업등으로 구성되는 Double-Deck 서비스화 프로세스가 MSSF과제에서 개발되었다(Kim *et al.*, 2015b). 본 절에서, 이 프로세스를 간략히 소개한다.

전략 수준에서, 제조기업은 서비스화 관련 정보를 수집하고, 외부 서비스화 전문가의 서비스화 관련 소개를 받는다. 제조기업은 서비스화를 전략적으로 고려하며, 내부적으로 서비스화의 가능성을 파악하는 노력을 하게 된다. 관심이 늘어, 서비스화 전문가의 기본적 자문을 받게 된다. 서비스화 전문가와 함께, 서비스화 관점에서 당해 기업의 비즈니스 상황을 진단하고, 서비스화 가능성을 분석한다.

구체 제품-서비스 시스템 수준에서, 당해 기업의 핵심 경쟁력 및 제품들을 분석한다. 대상으로 선정된 제품의 생애 주기를 분석하고, 고객 조사 등을 포함한 관련자 요구사항들을 수집한다. 이어 Economical, Ecological, Experience 가치로 구성되는 E3 가치체계를 활용하여 관련자들의 핵심가치를 파악한다. 특히, 기능적, 사회적, 정서적, 학습적 관점의 경험가치들이 집중적으로 파악된다. 이와 같이 공감하기 과정이 진행된다. 참고로 제2장에서 소개한 E3 가치체계는 제4장 및 제5장에서 추가 설명된다.

이어서 제품-서비스 시스템 컨셉이 디자인된다. 문제 정의하기 과정으로 고객 여정맵이 작성되고, 서비스 블루프린트가 작성되고, Pain 포인트와 Delight 포인트가 파악되어 목표 가치가 결정된다. 서비스 컨셉 이매지닝 과정으로 가치 주제, 속성, 구체 서비스 행위 등을 연계하는 계층적 가치 매핑(Hierarchical Value Mapping; HVM) 등 제2장에서 소개된 구체적 서비스 이매지닝 방법들을 활용하여 서비스 컨셉을 디자인한다. 다수의 서비스 컨셉들을 생성하고 평가한다.

제품-서비스 시스템 구체 디자인 단계가 이어진다. 구체 서비스 행위가 서비스 블루프린트로 디자인되고, 서비스 상호작용이 디자인된다. 필요에 따라서는 새로운 제품 요소를 포함하기도 하는 서비스 터치 포인트가 구체 디자인된다. 기본적 비즈니스 모델 디자인이 수행된다.

이 단계에서, 상위 전략 수준으로 올라가 제품-서비스 시스템 컨셉 및 비즈니스 모델에 대한 평가 및 방향 수정 등이 진행된다. 전략 수준에서의 결정을 반영하여 제품-서비스 시스템 디자인의 보완작업이 진행된다.

이어서, 제품-서비스 시스템 디자인에 기반한 서비스 프로토타이핑 과정이 진행된다. 프로토타이핑 시스템이 구축되고, 잠재 고객을 대상으로 고객경험 평가가 수행된다. 서비스 제공자의 경험 평가 또한 수행된다. 비즈니스 모델 디자인이 구체화되며 상위 전략 수준으로 올라가게 된다. 전략 수준에서 수익성, 기업 조직 및 에코 시스템 파트너 이슈에 대한 고려 등을 포함하여 서비스화 실행 결정이 진행된다.

3. 서비스화 프로세스 모델링

해당 제조기업의 특성과 제품 그리고 서비스 가치 제공 전략에 따라 다양한 제품-서비스 시스템이 디자인되고 다른 서비스화 과정이 진행된다. 서비스화 과정은 복합적인 서비스화 팀이 수행하는 많은 작업들로 구성된다. 다양한 작업들이 여러 가지 지원도구를 이용하며 진행되는 서비스화 프로세스를 효과적으로 이해하고, 분석하고, 비교하고, 가이드하기 위해서 서비스화 프로세스 모델링 방법이 필요하다.

서비스화 과정에는 다양한 여러 관련자들이 프로세스의 각 단계에 참여한다. 제품-서비스 시스템 디자인과 서비스화 과정에 참여하는 관련자들은 사용자, 소비자 등 고객 관련자, 제조기업 및 그 스태프 등 제공자 관련자, 제공자 관련자와 협력하는 파트너 관련자, 정부 및 경쟁자를 포함하는 주변 관련자 등으로 구분될 수 있다(Fernandes *et al*., 2019). 그리고 서비스화 전문가 팀도 서비스화 프로세스에 있어서 핵심 관련자이다.

서비스화 프로세스는 서비스화 전문가 팀의 주도로 해당 제조기업의 경영자, 경영 전략팀, 실무팀 등과 서비스 기업, IT기술 등 구체 서비스 기술개발을 담당하는 파트너, 그리고 서비스 수혜 고객 및 서비스 제공자 등의 다양한 관련자가 참여한다. 이들의 상호작용 협력 행위들로 구성되는 서비스화 프로세스 과정은 서비스 블루프린트를 이용하여 표현될 수 있다. 서비스 블루프린트는, 제2장에서 소개한 것처럼, 서비스 수혜자와 서비스 제공자 및 다양한 관련자들의 행위와 상호작용을 표현하여, 서비스 디자인 과정과 서비스 운영을 위한 서비스 커뮤니케이션에 이용된다. 서비스화 과정을 서비스화 전문가가 제조기업에 제공하는 서비스로 볼 수 있으므로 서비스 블루프린트를 이용하여 서비스화 프로세스를 모델링하고 분석할 수 있는 것이다.

MSSF과제에서 수행한 서비스화 사례의 서비스화 프로세스과정을 서비스 블루프린트를 이용하여 모델링한 내용이 (그림 3-2)에 보여진다. 두번째로 진행된 서비스화 프로젝트로서, 조명 제품 제조기업인 B사의 서비스화 과제다. MSSF 컨소시엄에서는 저자가 리딩 서비스화 전문가 역할을 수행하였고, CDI 서비스디자이너들이 구체 서비스 디자인 작업을 주로 수행하였고, 서비스디자인협의회에 연계하여 컨설팅기업이 일부 과정에 참여했다. B사측에서는 최고경영자와 경영전략팀장과 다양한 실무팀이 참여하였다. IT 개발회사가 서비스 내용의 구체 개발단계에 조인하였고, 지적재산권 관련 특허전문가도 관여했다. 기초적인 공감하기 과정에서 소비자와 관련 서비스 제공자가 참여했으며, 구체 서비스 디자인과 프로토타이핑 과정에 많은 소비자 및 잠재고객들의 참여가 있었다.

이들 각 관련자의 행위가 별도의 Lane에 모델링되고, 협력 작업의 경우 시계열적으로 동일한 진도위치로 수직적으로 나타내었다. 제2장에서 서비스블루프린트를 설명한 바와 같이 이들 행위들은 상황기반 행위모델링(CBAM) 방법으로 아주 상세하게 표현된다. 따라서 서비스화 프로세스 블루프린트를 통해 서비스화 과정의 구조적 특성과 내용적 특성이 표현되고 비교될 수 있는 것이다.

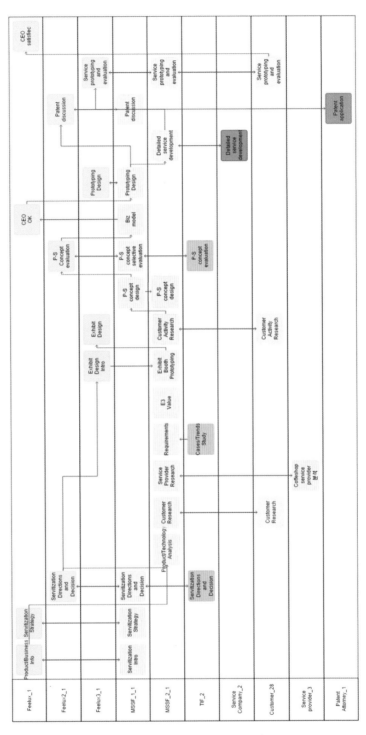

그림 3-2 서비스화 프로세스 블루프린트

4. 서비스화 프로젝트 진행 사례

서비스화 프로세스가 (그림 3-2)에서와 같이 모델링된 서비스화 프로젝트는 조명 제품 제조기업인 B사의 서비스화 과제다. 서비스화 프로세스 진행내용을 전략 단계, 제품-서비스 시스템 디자인 단계, 개발 단계 등으로 간략히 설명한다. (그림 3-2)의 각 관련자의 행위를 함께 보면 설명이해에 도움이 될 것이다. B사의 서비스화 사례는 제6장에서 서비스화 전략 가이드 방법을 소개할 때, 서비스 컨셉 내용의 특성과 디지털 트랜스포메이션 관점에서 다시 설명될 것이다.

LED조명 서비스화 과정

서비스화 전략단계
서비스화 프로젝트는 서비스화 전문가인 저자의 서비스화 의미와 과정에 대한 소개와 B사 경영자인 회장님의 B사 제품소개, 사업방향 설명으로 시작하였다. 이어 서비스화 전문가와 경영자가 함께 서비스화 기본 전략 수립을 진행하였다. 그 다음 진도위치에서 참여 컨설팅기업 대표를 포함한 서비스화 전문가팀과 경영전략팀장이 함께 서비스화 추진 방향을 결정하였다.

B사는 조명사업이 주요 사업 분야인 LED 조명 제조 회사로 다양한 LED 조명 제품군을 보유하고 있다. 감성조명으로 고객들에게 친숙하게 다가가길 원하나 고객들이 조명을 사용하고 적응하는 데는 시간이 걸린다. 그러나 한번 사용해 본 고객들의 반응은 좋다. 이에 새로운 것을 쉽게 받아들일 수 있는 환경에서 고객들이 조명을 사용해 볼 수 있게 하기 위하여 커피숍에서 조명을 이용하는 서비스 개발을 통해 조명카페 신규 비즈니스를 창출하고자 하는 경영자의 의도가 있었다.

제품-서비스 시스템 디자인 단계
컨소시엄과 B사가 함께 협력하여 진행하였다.

(1) 제품 기술 분석

주요 제품군인 LED조명 이외에 조명, 온도/습도, 빛, 음향 등의 관련 기기들을 제어할 수 있는 콘트롤 시스템을 보유하고 있었다.

(2) 고객 및 서비스 제공자 조사

커피숍 이용대상자 인터뷰를 통한 고객조사와 인터뷰와 관찰을 통한 커피숍 서비스 제공자 조사가 CDI 서비스디자인 팀에 의해 진행되었다.

(3) 요구사항 도출

고객 및 서비스 제공자 조사, 그리고 참여 컨설팅 기업이 진행한 커피숍 관련 트렌드 조사 및 유사사례 조사를 기반으로 Requirement 분석이 CDI 서비스디자인 팀과 컨설팅 기업의 협력으로 진행되었다. 너무 밝거나 어둡지 않았으면, 커피숍에서 사진이 잘 나왔으면, 커피숍에서 찍은 사진을 친구에게 공유 할 수 있었으면, 개인 공간 또는 목적에 맞는 공간이 있었으면, 조명이나 음악을 조절할 수 있었으면 등의 Requirement가 도출되었다(그림 3-3).

그림 3-3 커피숍 이용 고객의 요구사항

(4) E3 Value 체계

고객 및 서비스 제공자의 Requirement를 E3 Value 체계로 정리하여 (그림 3-4)에서 보는 바와 같이 핵심 경험가치 주제를 선정하였다. 기능적 가치로 맞춤화, 사회적 가치로 자랑, 공유, 자부심 능동적 정서가치로 재미, 컨트롤. 반응적 감성가치로 쾌적한, 편안한 등의 핵심 경험 가치 등이 선정되었다. (그림 3-4)에서 핵심 경험가치들을 파란색으로 표시하였다. 커피숍을 방문하는 본질적인 이유와 가치를 찾아본 결과 단순히 커피를 마시기 위해 커피숍을 방문하는 것이 아니라 다양한 목적을 가지고 이용함을 알 수 있었다.

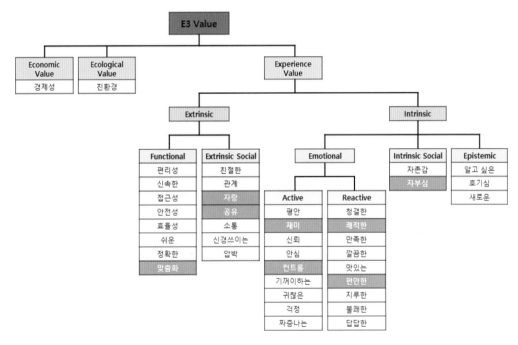

그림 3-4 커피숍 E3 가치(핵심가치 파란색 표시)

(5) 전시장 컨셉 설계

한편, 서비스화 방향 결정 시 6월 개최 예정인 LED조명업계의 대표적 전시회에서 개발되는 제품-서비스 시스템을 소개하고자 하는 B사측의 의도가 있었으므로, 이

를 반영하여 커피제공에 연계된 체험공간의 기본적 공간 컨셉을 수립하는 작업이
B사 실무진과 협력하여 진행되었다. B사측의 전시장 설계 안 설명에 이어, 커피숍
매장의 공간특성과 행동특성을 반영하여 프로토타이핑을 진행하였고, 이를 반영
하는 전시장 기본 컨셉을 B사측이 진행하였다.

(6) 고객 행위 조사

일반적인 커피숍에서 고객의 행위를 구체적으로 살펴보았다. 커피숍에서 단순히
커피만 마시는 것이 아니라 사진 찍기, 대화하기, 일하기, 책읽기, 스낵류 식사하기
등 목적에 따라 다양한 행위를 하는 것을 관찰하였다.

(7) 제품−서비스 시스템 컨셉 디자인

조명은 사용자의 행위시 정서적 경험가치발현에 영향을 미치지만, 정서적 경험가
치 발현은 행위자에 따라, 행위 내용에 따라, 또한 상황에 따라 다르게 나타난다는
오피스 및 의류매장의 조명 관련 저자의 실험연구 결과(Kim & Hong, 2011)를 전환
하는 Imagining과정을 통해 LED조명 개인 맞춤화 서비스 기본 컨셉이 디자인되
었다.

커피숍의 My Spot자리로 이동하여 독서/휴식, 공부/업무, 대화, 사진 찍기 등 커
피숍 방문 목적에 따라 나에게 맞게 조명을 조절하고 선택하여 사용하게 된다(그
림 3-5(a)). 선택한 조명 정보는 서비스 시스템에 저장되어 사용자가 이용할수록 데
이터가 쌓이고 이를 통해 사용자는 맞춤화된 조명을 찾을 수 있다(그림 3-5(b)). My
Spot 공유 서비스를 통해 내가 만든 조명 정보를 다른 사람들과 공유할 수 있다.
다른 커피숍의 My Spot에서도 동일한 조명조건을 용도에 맞게 이용할 수 있다. 향
후에는 서비스에서 이용했던 조명기기를 구입하여 가정 내 설치하고 My Spot 서
비스를 가정 내에서 이용하는 서비스를 통해 매출을 늘리는 2단계 시나리오도 구
상하였다. 또한 원하는 시간과 장소에 My Spot을 사용 가능하게 하는 예약서비스
를 추가하였다.

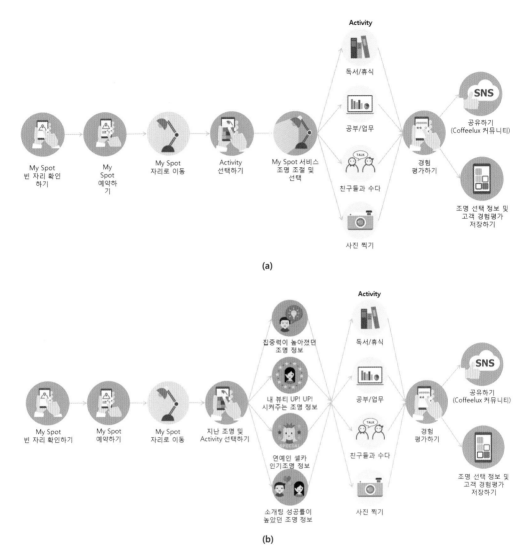

(a)

(b)

그림 3-5 조명 맞춤화 서비스 컨셉

(8) 제품-서비스 시스템 컨셉 평가

서비스 전문가, B사, 컨설팅기업이 함께 서비스 컨셉을 평가하고 발전시키는 워크샵을 진행했다. 조명을 제어할 수 있고 선호하는 조명 조건(색온도, 밝기, RGB)을 선택하여 조명 조건을 바꿔가면서 나에게 맞는 조명환경을 만들고 이를 다른 사람과 공유할 수 있는 경험을 제공하는 서비스 컨셉을 결정하였다.

서비스 컨셉 검토 전략 단계

서비스 전문가의 주도로 수립된 비즈니스 모델 디자인을 포함한 서비스화 컨셉에 대한 전략 단계 검토가 B사 CEO가 직접 함께 협력하여 진행되었다.

기존 프랜차이즈 커피숍에 Shop in Shop으로 My Spot 서비스를 제공하는 경우(그림 3-6)과 제조사가 직접 프랜차이즈 형태의 커피숍 비즈니스를 시작하여 My Spot 서비스를 동일하게 모든 가맹점에서 제공하는 경우 등을 비교 평가하여 Shop in Shop 비즈니스 모델을 추진하는 것을 포함하여, 서비스화 컨셉에 대한 B사 CEO 의 최종 OK를 받았다.

My Spot을 커피숍에 적용하였을 때 수익률을 시스템다이나믹스 시뮬레이션 소프트웨어를 통해 예측하여, 예상 매출과 손익분기점 등을 포함하여 기본적인 수익 평가를 진행하였다.

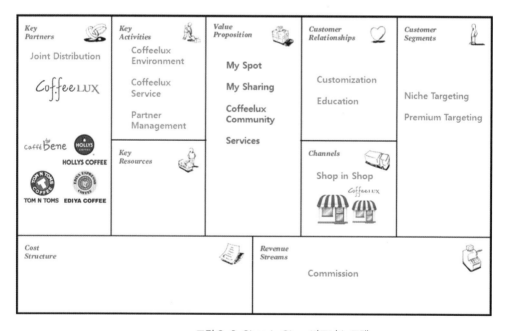

그림 3-6 Shop in Shop 비즈니스 모델

제품-서비스 시스템 개발 단계

서비스화 전문가팀과 B사가 함께 협력하여 진행하였다.

(1) 프로토타이핑 디자인

조명전시회에서의 프로토타이핑을 위한 Journey Map을 (그림 3-7)에서와 같이 디자인하였다. 전시회의 B사 전시관은 총 10개의 부스로 구성이 되는데, 관람자들에게 무료 커피를 제공하는 9번 부스에 이어, My Spot 조명 맞춤화 체험 프로토타이핑이 10번 부스로 전시되는 기본 전시 계획에 따라 고객 여정맵을 작성한 것이다. 커피주문 대기부터 My Spot 부스를 이용하여 다양한 조명조건에서 사진을 찍어보고 실시간으로 경험을 평가하면 나에게 가장 잘 맞는 My Best 조명을 찾아 사진을 찍고, 출력해보는 Journey Map이 작성되었다. 9번 부스에서 커피 제공받기 위한 대기가 진행될 때, 10번 부스 내용 설명을 접하게 하여, 프로토타이핑 참여 고객을 확보하고, 많은 관람자들이 원활히 참여하는 데 핵심이 되는 시간 절약 효과를 거둘 수 있도록 져니맵이 작성되었다.

그림 3-7 스마트 조명 맞춤화 프로토타이핑 져니맵

(2) 구체 서비스 개발: 스마트조명 맞춤화 서비스

나에게 맞는 조명을 찾기 위해 고객경험평가(CESA)를 이용하여 실시간으로 경험을 평가할 수 있다. 다섯 가지 조명조건을 제공하고 사진을 찍은 뒤 예쁜, 생생한, 자연스러운 등의 경험어휘에 대하여 평가하고 조명환경 선택하기 - 사진 찍기 - 경험평가 하기를 반복적으로 진행하여 My Best 조명을 찾을 수 있고 이를 재생하여 사진을 찍고 출력해서 기념품으로 가지고 가는 체험으로 구성되었다. 이와 같은 구체적 서비스 컨셉은 IT 서비스 회사가 CESA 프레임워크를 이용하여 구체 서비스 시스템으로 구현하였다(그림 3-8).

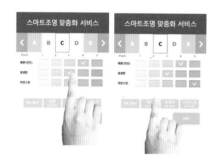 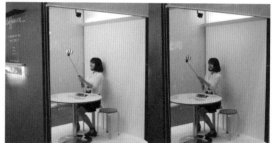

그림 3-8 스마트 조명 맞춤화 서비스

(3) 특허 출원

서비스화 전문가, B사 실무자, 특허전문가 등이 스마트 조명맞춤화 서비스에 대하여 특허 출원 논의를 진행하고 이를 바탕으로 특허출원을 진행하였다.

(4) 서비스 프로토타이핑

서비스 프로토타이핑을 B사와 협력하여 킨텍스에서 개최된 국제 LED & OLED EXPO에서 4일간 진행하여, 전시회에 방문한 150여명의 참석자가 서비스 프로토타이핑을 체험하였다(그림 3-9).

커피주문 대기하기

커피 마시기

My Spot
부스로 이동하기

조명환경 선택하기

사진 찍기

경험평가 하기

My Best 조명
재생하기

사진 찍기

사진 출력하기

그림 3-9 스마트 조명 맞춤화 서비스 프로토타이핑

5. 서비스화 프로세스 특성

서비스화 프로세스 진행을 위해 다양한 참여자 및 행위가 수행된다. 여러 서비스화 프로세스의 특성을 분석하고 비교하는 방법으로 제품-서비스 시스템 디자인 과정의 Co-Creation 상태의 역동성을 나타내도록 Co-Creation 관련자 변화를 표현하는 방법을 만들었다. Co-Creation 참여자가 바뀌는 것을 행위 변화에 따른 행위자의 변화를 의미하는 소위 전이(Transition)로 표현하였다. 서비스화 진도가 나가며, 행위가 변화할 때 이를 수행하는 행위자 간의 변화가 있으면 Transition 발생한다고 정의 하였다. 일반적으로 서비스화 프로세스과정상에서 Transition이 일어나는 빈도가 많을수록 프로세스의 진행이 다이나믹하고 의미 있는 역할 분담과 협력이 잘 진행된 것을 의미한다. Transition 빈도가 서비스화 과제의 성공적이고 원활한 진행을 의미한다. (그림 3-10)에서 보이는 B사 서비스화 프로세스의 Transition빈도는 90% 이상으로서 활발한 서비스화 진행과정을 보여준다.

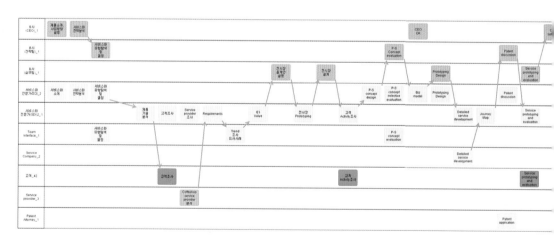

그림 3-10 B사 서비스화 프로세스의 Transition

행위자 전이(Transition)

행위자 Transition을 (그림 3-11)에서 구체적으로 설명한다. Activity_1과 Activity_2를 수행할 때 행위는 변하지만 행위자변화가 존재하지 않으면 Transition이 발생하지 않는다고 본다. 그러나 Activity_2와 Activity_3을 수행할 때는 행위의 변화와 함께 행위자가 변화함으로 Transition이 발생한다고 보는 것이다. 또한 Activity_3, Activity_4, Activity_5는 행위의 변화는 있지만, 행위자의 변화는 없으므로 Transition이 발생하지 않는다. Activity_5와 Activity_6은 행위의 변화가 있고 행위자 또한 변화하므로 Transition이 발생한다. Activity_6은 두 관련자들이 동일한 행위를 함께 수행하기 때문에 같은 진도 위치에 위치하게 된다. 또한 Activity_6을 관련자들이 함께 수행하다 따로 Activity_7을 수행할 때 행위자의 변화가 이루어져 Transition이 발생한다. 총7개의 행위가 수행되는 동안 3개의 Transition이 발생하는 것이다. 따라서 전이 빈도(Transition Ratio)는 43%이다.

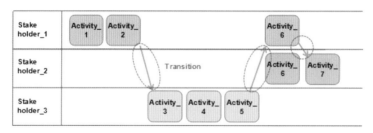

그림 3-11 서비스화 프로세스 Transition

행위자 Transition을 (그림 3-10)에 보인 B사 서비스화 프로세스 사례를 통하여 구체적으로 설명한다. 제품소개, 사업방향설명과 서비스화 전략분석은 다른 행위이지만 같은 행위자들이 수행하여 Transition이 발생하지 않는다. 서비스화 방향 결정은 행위자가 변화하므로 서비스화 전략분석과 서비스화 방향 결정은 Transition이 발생한다. 다음 제품기술 분석도 행위자가 변화하므로 Transition이 발생한다. 고객조사와 요구사항 조사도 Transition이 발생한다. 또한 Trend/유사사례 조사, E3 Value 체계, 전시장 설계안 설명, 전시장 Prototyping, 전시장 설계, 고객 행위

조사, P-S Concept Design 등도 행위자가 변화하여 Transition이 발생한다. P-S Concept Evaluation도 행위자가 변화하여 Transition이 발생한다. 그 외 모든 행위에서도 행위자가 변화하여 Transition이 발생한다.

서비스화 프로세스 특성 척도

기타 서비스화 프로세스의 특성을 비교하는 데 도움이 되는 척도들을 소개한다. 서비스화 과정에서 수행된 작업 개수도 프로세스 특성의 척도 중 하나이다. 어떤 사례는 많은 수의 작업이 수행되고, 어떤 사례는 적은 작업이 수행되기도 한다. 서비스 블루프린트는 행위들의 선후관계를 표현하지만, 절대적 수행시간이 표현되지는 않는다. 따라서 작업 개수가 서비스화 과제의 수행기간을 나타내지는 않는다. 그러나 작업 개수는 일반적으로 서비스화 프로세스의 복잡성을 나타낸다.

Lane 수, 즉 관련자 수도 중요한 척도이다. 많은 관련자가 참여했다는 것은 그만큼 서비스화 과정에서 Co-Creation이 많이 진행되었음을 의미한다. Co-Creation 참여자들 중, 고객 관련자가 특히 중요하다. 전체 작업 수 중 고객 관련자가 참여한 작업의 수를 고객 참여율로 정의하여 사용한다.

서비스화 과정에 있어, 제조기업측의 협력과 적극적 관여가 매우 중요하다. 기업의 조직적 특성을 반영하여, 제조기업 관련자 참여자수가 달라진다. 기업 관련자의 역할 변화를 이해하기 위해, Transition 개념을 기업 관련자들간의 전이에만 적용한 기업 행위자 전이 빈도를 이용할 수 있다. 기업 Transition 빈도는 기업 관련자 참여자수와 더불어 당해 제조기업의 조직 측면 특성 정보를 제공한다.

서비스 프로토타이핑은 고객을 이해하는 기회로서, 고객의 피드백을 얻을 수 있는 기회로서, 또 서비스화 프로세스의 완성도를 표현하는 척도로서 서비스화 프로세스의 특성을 이해하는 척도의 하나가 된다.

6. 7개 서비스화 과제 프로세스 비교

MSSF과제에서 수행한 일부 서비스화 사례의 서비스화 프로세스 블루프린트를 통해 서비스화 프로세스들을 비교해 보자. 7개의 서비스화 과제의 서비스화 프로세스 블루프린트는 (그림 3-12)에 보는 바와 같다. 시각적 효과를 위해, 제조기업 관련자들의 행위는 하늘색, 서비스화 전문가 관련자들의 행위는 노란색, 파트너 관련자들은 녹색, 고객 관련자는 빨간색 등의 다른 색으로 표시하였다.

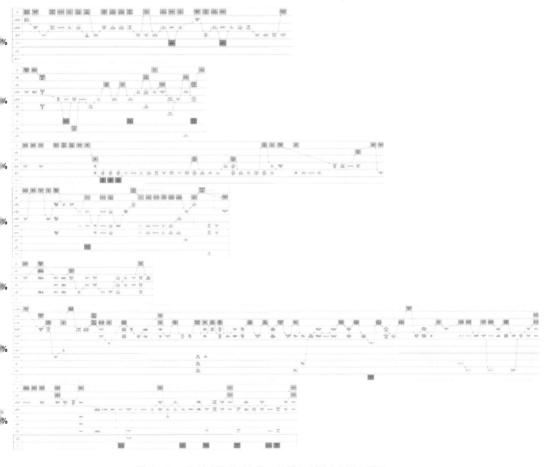

그림 3-12 7개 사례의 서비스화 프로세스 서비스 블루프린트

Transition 빈도 등 서비스화 프로세스 블루프린트에서 얻을 수 있는 서비스화 프로세스 척도들은 (표 3-1)에 정리하였다. 제조기업, 서비스화 전문가, 서비스 제공자, 파트너 관련자, 고객 관련자 등 관련자 종별 위치는 블루프린트의 Lane순서와 일치하도록 표를 구성하였다.

표 3-1 서비스화 특성 척도를 통한 7개 서비스화 과제 서비스화 프로세스 비교

제조기업	A	B	C	D	E	F	G
Transition Ratio	63%	91%	42%	63%	67%	94%	78%
작업 개수	30	22	43	27	15	65	33
관련자 Lane 수	6	10	6	10	5	11	9
제조기업 관련자 Lane 수	1	3	3	2	2	3	2
서비스화 전문가 Lane 수	3	3	2	6	3	2	3
서비스 제공자 Lane 수	1	1	0	0	0	2	1
기타 파트너 관련자 Lane 수	0	2	0	1	0	3	2
고객 관련자 Lane 수	1	1	1	1	0	1	1
고객 관련자 참여율	7%	14%	7%	3%	0%	6%	18%
기업 Transition Ratio	0	36%	9%	18%	27%	17%	12%
프로토타이핑 횟수 (조사용)	2	1	0	0	0	0 (2)	1 (3)

사례별 서비스화 프로세스 특성

사례 A

A사례는 소규모 가구 제조업체의 서비스화 프로젝트이다. 이 사례는 저자의 비즈니스 이노베이션 서비스 디자인 저서에서 상세히 설명되었다. Transition 빈도는 63%이다. 서비스화 프로세스의 제조기업 측 참여자는 CEO 뿐인데, 이 소기업의 경우, 모든 의사결정을 CEO가 맡아서 진행하는 특성을 갖고 있기 때문이다. 따라서 기업 Transition 빈도는 0%이다.

사례 B

앞서 상세히 설명한 LED 조명 제조 중견기업의 서비스화 사례로서, Transition빈도는 91%로서 아주 높다. 제조기업 Transition 빈도도 36%로 7개 사례 중 가장 높다. 기업 관련자들의 참여가 효과적으로 배분된 사례이다. 고객 관련자 참여율도 높은 편이다.

사례 C

서비스 로봇 벤쳐회사인 C사의 서비스화 사례이다. Transition 빈도가 7개 사례 중 가장 낮다. 기업 Transition 빈도도 아주 낮다. 고객의 참여는 서비스화 프로세스 초기에 Shadowing에 의한 고객 조사가 집중적으로 일어 났을 뿐, 그 이외의 고객 참여는 없었다. 서비스 제공자 등 파트너 관련자의 참여도 없었다. 전반적으로 관련자 협력이 원활하지 않은 사례이다.

사례 D

자세보조 기구 벤쳐회사의 서비스화 과제이다. Transition 빈도는 63%이다. (그림 3-12)에서 보듯 특이하게도 서비스화 전문가 관련자들이 4개 기관에서 참여하며 10개의 Lane중 6개의 Lane을 차지했다.

사례 E

밴 리모델링 제작 중견기업인 E사의 서비스화 프로세스의 Transition 빈도는 67% 이다. 서비스화 과제 기간은 다른 과제들과 동일한 약 3개월 간이었으나, 서비스화 프로세스 작업 개수는 아주 작았다. 5개의 Lane만이 이용되었고, 고객 관련자의 참여가 없었다.

사례 F

렌탈 및 유지보수 서비스 등을 기존에 하고 있는 생활가전 대기업인 F사의 서비스화 과제 Transition 빈도는 94%로 7개 사례 중 가장 높다. 서비스화 과제는 서비스 부서와 협력으로 진행되었으며, 이 기업의 특성이 반영되어 서비스화 과제 방향도 특정내용으로 집중되어 수행되었다. F사는 다양한 시장을 대상으로 하는 다른 전문성을 갖고 있는 복수 유형의 서비스 제공자를 보유하고 있고, 연구소, 앱 개발자 등 3개의 다른 파트너 관련자들이 참여하였다. 그러나 고객 참여율은 낮은 편이었다.

Transition 빈도는 매우 높지만, 기업 Transition 빈도는 상대적으로 낮다는 점이 특이하다. 이는 서비스 전략과 개발 팀을 갖고 있어 특정 담당 책임자가 지정되어 서비스화 프로젝트의 진행을 관리한 사실에 기인한다. 전반적인 작업 개수가 많은 이유 중 하나가 이 담당 관리자의 관여가 많았기 때문이기도 하다. 이런 특성들이 서비스 블루프린트로 모델링된 서비스화 프로세스에 표현되어 있고, 몇 개 안되는 프로세스 특성 척도들을 통해 반영된다는 점에 주목할 수 있다. 프로토타이핑은 두 가지 다른 유형의 서비스 제공자들이 참여한 고객조사용 프로토타이핑이 진행되었다.

사례 G

G사는 헬쓰정보제공 기기를 제조하는 벤처기업이다. 서비스화 과제의 Transition 빈도는 78%로 비교적 높은 편이다. 고객, 서비스 제공자 및 기타 파트너 관련자가 참여하였고, 고객 참여율이 7개 과제 중 가장 높다. 제조기업 Transition 빈도는 낮은 편인데, 작은 규모의 벤처기업 특성상, CEO가 주로 서비스화 프로세스에 관여한 점이 반영된 것이다. 고객 참여율이 높아진 이유는 3회에 걸친 고객조사용 프로토타이핑이 진행된 것이 반영되었다. 막판에 수행된 프로토타이핑 만이 서비스 컨셉 디자인의 일부를 반영한 서비스 프로토타이핑이었다.

서비스화 프로세스 참여자

서비스화 과정에 참여한 각 관련자별로 서비스 블루프린트의 Lane이 지정된다. 물론 여기에서 관련자라 함은 각 개인을 의미 한다기 보다 역할이 다른 관련자를 의미한다. 예를 들어 경영전략팀이라는 관련자는 CEO 또는 경영 책임자를 제외한 경영전략 담당 부장, 팀장 급 관련자를 의미한다. 실무자에는 과장급 또는 그 이하의 실무 담당자들로서 경영담당, 서비스담당, IT담당 등 여러명의 실무자들을 한 Lane에 포함한다. 이들 Lane을 통해 얼마나 다양하고 많은 관련자들이 서비스화 과정에 참여했는지를 파악할 수 있다. 10여명의 직원이 있는 A사의 경우, CEO가 직접 모든 서비스화 과정에 직접 참여하였다. 이 기업은 MSSF과제의 사례 참여로 서비스화 개념을 처음 접한 소규모의 제조업체이다.

반면 생활가전 대기업인 F사인 경우 상무급의 서비스관련 본부장, 부장급 서비스 팀장, 과장급 서비스 실무담당자 이외에 연구소, 2종류의 다른 성격의 서비스 제공 자들이 F사 측 참여자들이다. 여기에 F사의 파트너 관련자인 협력사로 리서치회사 와 앱 개발 회사 등이 참여한 케이스이다.

서비스화 프로세스 참여자 중 가장 중요한 관련자는 고객이다. 제2장에서 설명한 바와같이 서비스디자인씽킹의 공감하기 및 프로토타이핑하기 등에 고객의 참여는 필수적이다. 경우에 따라서는 고객이 Co-Design에 참여하기도 한다. (그림 3-12)에 서 고객 Lane의 행위는 빨간색으로 표시되었다. C사의 사례의 경우 공감하기가 서 비스화 초반에 진행되었다. D사의 사례도 초반에만 공감하기 과정에서 고객의 참 여가 있었다.

반면 A사의 사례와 F사의 사례의 경우 고객은 프로토타이핑에만 참여하였다. A사 의 사례는 공감하기 과정의 고객의 Wants와 Needs는 데스크 리서치와 서비스디 자인 팀의 'Put yourself in the customer's shoes'방법으로 진행되고, 2번에 걸친 광범위하고, 집중적인 프로토타이핑 과정이 진행되었다. F사 사례는 Front Stage 서비스 제공자의 경험 평가를 통한 서비스 프로세스 개선이었으므로, 서비스 제공 자들의 참여가 다양하게 진행되었으며, 이들의 경험평가를 하기 위해 고객들이 참 여한 프로토타이핑은 각 서비스 제공자들 별로 수명의 고객과 진행한 경우로 한차 례씩 진행되었다.

B사 사례의 경우, 고객이 직접 참여하는 공감하기 과정이 초반과 중반에 진행되었 고, 150여명의 고객이 참여하는 집중적인 프로토타이핑이 프로젝트 후반에 진행되

었다. G사 사례의 경우, 소규모의 고객 경험 평가에 의한 Pain 포인트를 찾기 위한 공감하기 고객 조사용 성격의 프로토타이핑이 수차례 진행되었다. E사의 경우, 고객의 참여가 특별히 집중적으로 진행되지 않은 사례이다. 이 경우 서비스화 전문가 팀은 서비스디자인협의회 참여기업이 주도한 사례이다. 특이한 점은 MSSF과제에서의 사례 진행 이후, E사와 해당 서비스디자인 기업은 별도의 서비스디자인 프로젝트를 진행했다는 점이다.

7개 사례의 참여자 정보 상대적 비교

서비스화 프로세스 정보 중 중요한 것 중 하나가 참여자 관련 정보이다. 특히, 제품-서비스 시스템 디자인 및 전반적인 서비스화 과정에서의 고객 관련자의 참여가 Co-Creation 관점에서 많은 관심을 받고 있다. E사 사례의 고객 참여율은 아주 이례적으로 0%이었다. 사례B 및 G는 다른 사례에 비해 상대적으로 높았다. 고객 관련자의 참여가 진행된 대표적 작업은 공감하기와 프로토타이핑을 통한 테스트하기 등이다. 사례A의 경우, 두 차례의 깊이 있는 종합적 프로토타이핑이 서비스화 프로세스 후반부에 진행되었다. 사례C의 경우 초반에 공감하기 과정에서 3회의 고객참여가 있었다. 사례D의 경우 초반에 1회의 고객 참여 작업이 있었다. 사례F의 경우, 후반부에 고객의 참여가 있었다.

고객 참여율이라는 간단한 척도 이외에, 서비스 블루프린트 프로세스 모델은 더욱 많은 정보를 포함하고 있다. 사례B와 G의 경우 고객 참여 작업 비율이 상대적으로 높은데, 사례B의 경우, 고객 참여 작업들 사이에 많은 다른 종류의 서비스화 작업이 있었던 반면, 사례G의 경우는 비교적 적은 작업이 고객 참여 작업 사이에 진행되었다. 공감하기 과정에서 고객 참여가 없었던 사례A의 경우, 두차례의 프로토타이핑 사이에 1차 프로토타이핑 결과를 반영하는 서비스 디자인 작업이 수행되어 2차 프로토타이핑이 진행되었다.

Transition은 서비스화 프로세스의 진도 진행시 참여 관련자의 변화가 있음을 반영하는 척도이다. 즉 연계성 있는 관련자들이 협력하며 서비스화 진도진행이 이루어짐을 나타낸다. 사례 B와 F가 Transition 빈도가 아주 높고, 사례 G도 높은 편이고, 사례 C가 낮게 나왔다. 7개 사례 기업 중 F사와 B사가 종업원 수 및 매출에 있어 다른 기업들에 비해 많은 점을 주목할 수 있다. 반면, 이 두 회사의 사례에서 제조기업 Transition 빈도는 아주 다르게 나왔다. 사례B의 경우는 CEO를 포함하여 제조기업 관련자들의 역할 변화가 많았던 반면, 사례F의 경우는 특정한 서비스 담당 과장이 기업의 참여를 관리하였고, 임원 및 팀장은 프로젝트 초반과 마지막 단계에서만 직접 참여하였다. 기업 조직 특성이 서비스화 프로세스 모델 및 특성 척도를 통해 표출됨을 알 수 있다. 서비스화 프로세스 모델에 나타난 제조기업 최고 경영진의 서비스화 과정 참여 현황을 비교하면, 과연 몇차례의 Double-Deck 프로세스의 상위전략 - 구체디자인 단계의 순환이 진행되었는지를 알 수 있다.

7. 서비스화 프로세스 모델링 시사점

제조업 서비스화 프로세스는 상위 수준의 전략 관련 작업과 구체적 제품-서비스 시스템 디자인 및 개발 작업 등으로 구성된다. 본 3장에서 소개된 서비스 블루프린트를 이용한 서비스화 프로세스 모델링 방법(Kim & Lee, 2020)은 프로세스 참여 관련자 정보, 상세한 프로세스 행위 및 이들의 관계 등을 나타낸다. 본 장에서 소개된 프로세스 특성 척도 등을 포함하여, 서비스 블루프린트로부터 얻어지는 프로세스 특성 정보를 통해, 여러 서비스화 프로세스를 비교할 수 있고, 바람직한 서비스화 프로세스의 관리를 지원할 수 있다.

서비스화 과정에서의 고객 Co-Creation이 바람직하게 여겨지고 있는데, 고객 관련자들이 서비스 프로세스 상 어디, 어디에, 그리고 얼마나 자주 참여하는지 등의 고객 참여 정보를 서비스화 프로세스 블루프린트를 통해 파악할 수 있다. 블루프린트 서비스화 프로세스 모델에서 도출되는 고객 참여 작업 빈도 및 고객 참여의 밸런스 있는 배분 정도 등을 통해 바람직한 고객 참여 수준을 비교할 수 있는데, 6절에서 비교된 7개의 서비스화 과제 사례들 중, B사와 G사의 사례가 다른 사례들에 비해 상대적으로 좋게 평가된다.

서비스화 과정의 서비스 블루프린트 모델링은 프로세스 관리 행위도 잘 나타낸다. 예로보면, F사 사례의 경우, 서비스 담당 과장이 서비스화 전문가 팀, 서비스 제공자, 기타 파트너 등과 상호작용하며 많은 행위를 수행하였음이 블루프린트에 잘 나타난다. 구체 행위 내용도 물론 해당 행위 및 함께 상호작용한 다른 관련자들의 행위의 CBAM표현으로 구체적으로 파악할 수 있다. 이들을 바탕으로 프로세스 관리의 바람직한 방법 및 개선되어야 할 실태 등을 찾아 낼 수 있다.

제3장에서 소개한 서비스 블루프린트 모델링은 서비스화 과정을 시각적으로 제공하여 프로세스 특성의 시각적, 직관적 파악을 가능하게 한다. 성공적인 서비스화 사례, 문제가 있는 서비스화 사례 등 많은 사례의 서비스화 과정이 서비스 블루프

린트로 모델링되어 축적되면, 바람직한 서비스화 프로세스 수행 행태가 파악되어, 이들을 새로운 서비스화 과제에 적용하는 서비스화 프로세스 가이드가 가능하다. 또한 서비스화 과제 수행 중, 예를 들어 Transition이 활발하지 않은 현황이 발견되면, 보다 다양한 관련자의 연계와 협력을 도모하는 등, 바람직하게 서비스화 프로세스 관리를 할 수 있다.

이렇듯 서비스화 프로세스 블루프린트를 통해 서비스화 사례의 추진 방향 등 특성과 서비스화 프로세스 진행의 연계 정보 등 다양한 특성을 알 수 있다. 본 저서에서는 구체적으로 설명하지 않지만, 행위 내용, 특히 CBAM 방법을 통한 구체적인 내용이 포함되어 있어, 서비스화 프로세스의 구체적인 특성을 파악할 수 있다. 예를 들어, 서비스화 과정의 특정 행위에 어떤 도구를 사용하였는지, 어떤 상황 정보가 연계되는지 등의 정보를 CBAM 모델링을 통해 포함할 수 있다. 또한 참여자들의 경험 평가 등을 통해 서비스화 프로세스의 각 상세 과정에서의 콜라보 분위기 등을 파악할 수 있다.

제3장에서는 제조업 서비스화 프로세스 모델링 방법을 소개하고, 이를 이용한 7개 서비스화 사례의 비교를 통해 제조업 서비스화 지원 프레임워크의 프로세스 관점 체계를 설명하고, 바람직한 서비스화 프로세스 진행 가이드에 대한 내용을 제공하였다. 제4장에서는 제조업 서비스화의 핵심이 되는 제품-서비스 시스템의 핵심 구성요소를 설명한다. 이어서 제5장에서 서비스디자인씽킹 방법론과 제품-서비스 시스템 핵심 구성요소를 적극적으로 활용하여, 디지털 트랜스포메이션 시대의 맞춤화 고객경험 디자인 방법을 구체적으로 소개한다. 제6장에서는 서비스 특성의 평가에 기반하여, 서비스 컨셉 디자인 방향을 수립하는 전략적 가이드를 제시한다.

Product-Service System Representation Framework

제품-서비스 시스템 프레임워크

1. 제품-서비스 시스템

제조업의 서비스화

서비스화 프로세스는 해당 제조기업의 현황에서 시작한다. 어떤 제품들인지, 어떤 고객층인지 등. 고객들이 해당 기업의 제품을 사용함으로써 어떤 가치를 성취하고 자하는지, 그리고 지금 이들 가치가 얼마나 제대로 성취되고 있는지를 파악하는 것이 중요하다. 고객들이 원하지만 아직은 제대로 지원되지 않는 가치를 제공하는 새로운 서비스를 만드는 것이 결국 서비스화의 핵심 과제이다. 또한 새로운 제품-서비스 시스템을 통해 이런 가치들을 제공하려면 비즈니스 모델 전략을 어떻게 새로 수립해야 하는 지도 다루어야 한다. 고객과 서비스제공자들 간의 좋은 상호작용도 발전시켜야 한다. 결국 해당 기업의 제품 관련 비즈니스 컨텍스트를 입력으로 하여, 수정된 비즈니스 모델과 개선된 고객 관계를 제공하는 새로운 제품-서비스 시스템을 만들어야 하는 것이다.

제품-서비스 시스템 표현 체계의 필요성

때로는 제품의 기능이 제대로 지원되도록 하는 서비스가 개발되기도 한다. 수리, 유지보수 서비스 등이 이런 제품지원 서비스(*services supporting products*)에 해당한다. 한편으로는 제품 고객들의 능동적 정서 가치를 드라이브하는 서비스가 디자인되기도 한다. 예를 들면, 고객의 역량을 증진시켜주는 교육 서비스가 이런 고객지원 서비스(*service supporting customers*)에 속한다. 서비스화의 서비스를 대표적으로 제품지원 서비스와 고객지원 서비스로 분류해오고 있다(Mathieu, 2001). 서비스화에는 여러 다른 전략들이 이용되고 있다(Fischer *et al.*, 2012). 따라서 서비스화 케이스들을 비교할 수 있도록, 해당 제품, 고객 그리고 새롭게 만들어지는 서비스 등의 특성 들로서 제품-서비스 시스템을 표현하는 체계를 만드는 것이 필요하다.

제품-서비스 시스템 표현 연구

대부분의 제품-서비스 시스템 표현 관련 선행 연구들은 제품-서비스 시스템을 설계하는 과정에서의 제품 및 서비스 요소들의 상세한 표현에 중점을 맞추었다 (Morelli, 2006; Maussang *et al.*, 2007; Kim *et al.*, 2011c). 아직까지는 여러 다른 제품-서비스 시스템들을 비교하기에 적절한 수준으로 이들의 특성을 보다 추상적인 상위개념으로 표현하는 방법은 없었다.

제품-서비스 시스템 분류

다른 제품-서비스 시스템들을 비교 분류하기 위해서 아직까지는 주로 제품-서비스 시스템이 제공하는 결과 서비스(service offering)의 유형을 이용해왔다(Tukker, 2004; Ulaga & Reinartz, 2011; Gaiardelli *et al.*, 2014). 스위스의 IMD 비즈니스 스쿨을 거쳐 지금은 INSEAD에 있는 Ulaga교수와 독일 Cologne 대학의 Reinartz 교수는 B2B 서비스의 유형을 (1) 제품 생애 주기 서비스, (2) 자산 관리 지원 서비스, (3) 프로세스 지원 서비스, (4) 프로세스 솔루션 서비스 등 4유형으로 나누었다 (Ulaga & Reinartz, 2011). 제품 중점의 서비스로서 우선 지게차 등 각종 장비 제조 기업의 수리, 유지보수 등 제품 생애주기상의 단순 서비스에서 시작한다. 이어서 원격 모니터링 등 고객 자산의 효율적 활용을 지원하는 서비스로 발전한다. 또 다른 방향은 트레이닝 서비스 등 고객사의 프로세스 효율성을 지원하는 쪽으로의 진출이다. 이런 단계들을 거친 후 궁극적으로는 고객사의 프로세스 솔루션을 제공하는 수준까지로의 발전이다. 이는 쉽게 다다르기 어려운 서비스화 수준인데, 흔치 않은 예로 미쉐린 타이어의 Fleet Solution 사례가 있다. 타이어 제품의 핵심 고객사인 대형 화물회사들은 타이어라는 미쉐린 제품의 물질적 자산의 관리뿐 아니라 운전자와 화물트럭의 운영이 핵심 프로세스 영역이다. 미쉐린의 Fleet Solution 서비스는 이 영역까지 진출한 사례이다.

Cranfield 대학의 Product-Service Systems 연구팀이던 Gaiadelli와 Martinez 등 영국과 이태리 연구자들의 제품-서비스 오퍼링 분류는 Tukker의 *Product-*, *Use-* 및 *Result-Oriented* 등 소유권 이슈 관점(Tukker, 2004), 거래기반 또는 관계기반 상호작용 관점, 그리고 제품 지원이냐 프로세스 지원이냐의 관점 등 3가지 관점에서 30가지 서비스를 2차원 틀에서 비교하였다(그림 4-1). 서비스의 진화 방향은 일반적으로 거래기반의 상호작용에서 관계기반의 상호작용으로, 제품지원에서 프로세스 지원으로 발전하는 경향이 있다. 예를 들면, 트레이닝은 제품 트레이닝에서, 프로세스 트레이닝으로, 다음엔 비즈니스 트레이닝으로 발전하는 경향을 나타내는 것이다.

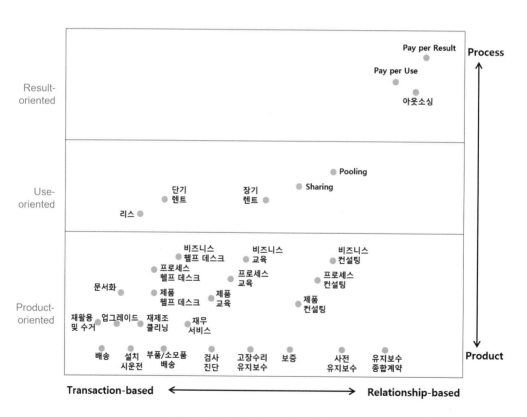

그림 4-1 제품-서비스 오퍼링 분류(Gaiadelli *et al.*, 2014)

스웨덴, 핀란드 등 북유럽쪽의 연구팀인 Kohtamaki 교수 등은 구매 이전, 구매, 구매 이후 사용, 폐기 등 제품 생애주기 단계를 기반으로 약 60여가지 서비스를 (1) R&D, (2) 운영, (3) 자재 관리, (4) 설치 부품교체, 수리 등 기초 서비스, (5) 유지 보수, (6) 고객서비스, (7) 트레이닝을 포함하는 컨설팅서비스, (8) 관리서비스, (9) 재정지원서비스, (10) 최적화, (11) 재활용 등 11가지 유형으로 정리하였는데, 결국 서비스 오퍼링은 제품지원이냐 고객/프로세스 지원이냐의 두가지로만 분류했다 (Rabetino *et al.*, 2015).

제품-서비스 시스템 표현 프레임워크 필요성

제품-서비스 시스템의 결과 오퍼링을 비교하는 분류 방법도 유용하지만, 이들은 제품-서비스 시스템의 여러 특성을 표현하거나 서비스화 프로세스를 가이드하고 비교하기엔 적합하지 못하다. 따라서 제품-서비스 시스템의 여러 특성들이 상세하게 설명되도록 표현하는 프레임워크가 필요하다. 이런 프레임워크에는 제품-서비스 시스템에 대한 다양한 시각이 포함되어야 한다. 제품과 비즈니스 컨텍스트 관련 정보가 표현되어야 한다. 고객과 그들이 추구하는 가치의 특성들도 중요하다. 여러 관련자들과 그들의 관계, 비즈니스 모델 및 상호작용 상황도 이해될 수 있어야 제품-서비스 시스템들을 비교하고, 이들 정보의 영향력도 가늠할 수 있다. 새로이 디자인된 서비스 컨셉의 여러 성질과 관점들도 제품-서비스 시스템의 핵심 특성이다. 이러한 풍부한 표현 프레임워크가 필요한 것이다.

또한 이 표현 프레임워크가 서비스화 프로세스와 제품-서비스 시스템 디자인을 지원하는 것이 바람직하다. 이 프레임워크에 의해 저장된 이전의 제품-서비스 시스템 디자인 결과가 새로운 제품-서비스 시스템 디자인 과정에서 참조될 수 있어야 한다. 디자인 과정에서 필요한 제품-서비스 시스템의 여러 관점들이 제대로 고려되도록 서비스화 프로세스 정보가 새로운 서비스화 프로젝트를 가이드할 수 있어야 한다. 다시 말해, 제품-서비스 시스템 디자인의 필요 관점들이 프레임워크 상에 정해

져 있어서 제품-서비스 시스템 디자인과정에서 수행되어야 하는 작업들이 가이드 되게 되는 것이다.

이번 제4장에서는 위에서 언급한 목적을 달성하기 위해, *제품 공간, 고객 공간, 가치 공간, 행위자 공간, 서비스 공간, 비즈니스 모델 공간, 상호작용 공간, 시간 공간* 등으로 구성된 제품-서비스 시스템 표현 프레임워크를 소개한다. 이 내용은 2015년에 일부 소개되기 시작하여(Kim *et al.*, 2015a), 2016년 각 공간별 예시가 소개되고(Kim, 2016), 2017년에는 15개 서비스화 사례를 이 프레임워크로 비교하는 내용이 소개되는(Kim & Choe, 2017) 등 점진적으로 소개된 이후, 2020년 1월 출판된 Design Science 저널을 통해 종합적이고 구체적으로 소개되었다(Kim, 2020a).

이 프레임워크는 산업통상자원부의 제조업의 서비스화 지원 프레임워크(*Manufacturing Servitization Support Framework*; MSSF) 과제의 핵심 내용으로, 제품-서비스 시스템 저장소와 함께 소프트웨어 시스템으로 구현되었다. MSSF과제는 제조업의 서비스화를 지원하는 방법론을 개발하고, 이들을 기업 사례에 적용하여 서비스화 전략을 통한 제조업의 혁신을 도모하기 위한 프로젝트다.

2. 제품-서비스 시스템 표현 프레임워크

제품-서비스 시스템을 디자인하는 과정에는 여러 제품 및 서비스 요소들의 조합이 다양하게 고려되어야 한다. 이런 조합과 기타 핵심적인 관점들에 대한 선행 디자인 결과들이 저장되고 검색되어 새로운 제품-서비스 시스템 디자인 프로세스를 지원한다. 경험 많은 컨설턴트들은, 성공적인 선례들로부터 새로운 인싸이트와 힌트를 찾아내고 이용한다. 그리고 이를 위해 효율적인 탐색 기법과 사례들의 저장소를 잘 유지하여 새로운 작업을 가이드한다. 제품-서비스 시스템을 분류하고, 비교하고, 디자인하는 것을 지원하기 위해 8개의 공간으로 구성된 제품-서비스 시스템 표현 프레임워크가 개발되었다. 이를 MSSF과제에서 수행된 사례들을 이용하여 다음과 같이 소개한다.

제품 공간(Product Space)

제조업 서비스화 과정에서, 제품-서비스 시스템은 해당기업의 제품에서 시작하여 만들어진다. 따라서, 제품-서비스 시스템의 특성을 규명하는데 있어 제품 공간은 핵심적 역할을 한다. 제품 공간은 2개의 하위 공간이 있는데, 그 중 하나는 *United Nations Standard Products and Services Code*(UNSPSC)을 이용한 제품 분류이다(UN Development Program, 1988). UNSPSC는 5단계의 계층적 구조로 제품을 분류한다. 첫 단계는 원재료(Raw Materials), 산업장비(Industrial Equipment), 부품(Components and Supplies), 완성품(End Use Product), 및 서비스(Service) 등으로 분류하고, 계속 세분해 나간다. MSSF 과제의 기업 사례 중 하나인 슈즈 구매 경험 서비스를 예를 들어보자. 여성슈즈 제품의 분류를 보면, (그림 4-2)에서와 같이 *End Use Product > Apparel and Luggage and Personal Care Products > Footwear > Shoes > Women Shoes* 등으로 1단계에서 5단계까지 분류가 진행된다. (그림 4-2) 등 본 장의 그림 대부분은 MSSF과제에서 개발된 제품-서비스 시스템 프레임워크 소프트웨어 시스템의 그림 들이다.

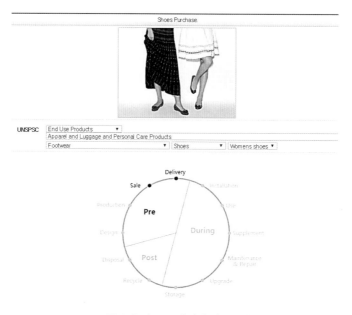

그림 4-2 슈즈 구매 사례 제품 공간

제품 공간의 또 하나의 하위 공간은 제품 생애주기 단계이다. 우선 생애주기는 *Pre*, *During* 및 *Post* 단계로 나뉘어진다. *Pre* 단계는 설계, 생산, 판매/구매, 배송으로, *During* 단계는 설치, 사용, 보완, 유지보수/수리, 업그레이드 및 보관 등으로, *Post* 단계는 리싸이클, 폐기 등으로 나뉘어진다. 이 하위공간은 현재는 어느 생애주기 단계에서 해당기업이 비즈니스를 수행하는가를 보고, 서비스화 이후, 어느 생애주기 단계로 진출하는지를 정리하는 데 이용된다.

예를 들어, 슈즈 구매 경험 서비스 사례의 경우 (그림 4-2)에서 보듯 새로운 제품-서비스 시스템은 구매와 배송 단계를 다룬다. 12개의 생애주기 단계 중 이 두 단계가 하이라이트 되어있다. 제2장에서 설명한 바와 같이, 슈즈 구매 서비스는 오프라인 매장 구매 경험과 주문 슈즈의 온라인 배송정보제공의 고객경험 개선을 다룬다. 생애주기 단계가 서비스화 방향을 가이드할 수 있다. 예를 들면, 특정 생애주기 단계를 다룰 때, 과연 어떤 종류의 서비스 컨셉을 만들지를 구체적으로 가이드 받을 수 있다. 또한 당해 기업이 특정 생애주기 단계를 아직 다루고 있지 않다면,

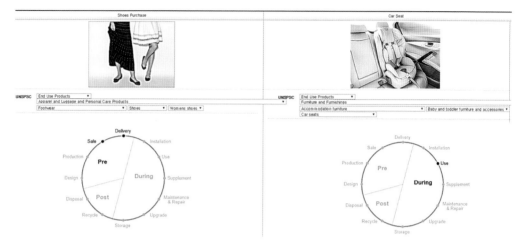

그림 4-3 슈즈 구매 사례 및 카시트 사례의 제품 공간 비교

새로운 서비스에서 이 생애주기 단계를 다루어서 새로운 기회를 만들어 낼 수도 있다.

제품 공간을 이용하여 제품-서비스 시스템들이 비교될 수 있다. 슈즈 구매 서비스 사례의 여성 슈즈와 또 다른 사례인 카시트 사례의 카시트가 (그림 4-3)에서 보듯 첫 단계인 완성품 단계까지 만 동일한 것으로 비교된다. 카시트와 가구 DIY 사례 의 가구는 (그림 4-4)에서 보듯 3단계까지 동일하게 분류되어 아주 비슷한 경우이 다. (그림 4-4)에서 팝업 메뉴에 선택된 분류로 볼 수 있듯이 카시트는 4단계에서 영유아 가구 및 부속품으로 분류되어 일반 가구와 나뉘어진다.

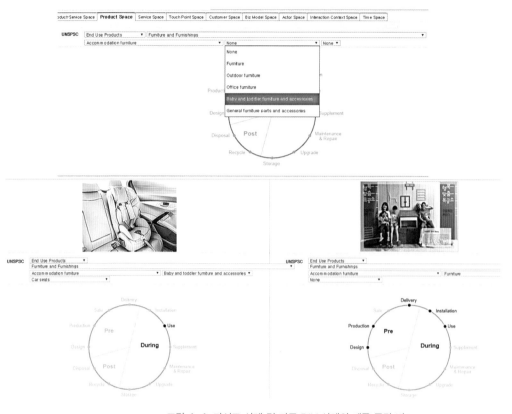

그림 4-4 카시트 사례 및 가구 DIY 사례의 제품 공간 비교

고객 공간(Customer Space)

서비스는 서비스 수혜자인 고객과의 상호작용으로 진행된다. 고객 공간의 하위 공간 중 하나는 고객 세그먼트 공간이다. B2B고객인지, B2C고객인지를 최상위 분류로 하여, 여러 하위 단위로 구분된다. 고객의 성별, 연령, 직업, 지역 등 정보가 포함된다. 고객 세그먼트 하위 공간이 고객의 일반적 특성을 특정하는 반면, 더욱 상세한 고객 특성은 서비스 맞춤화의 사용자 모델링 방법으로 구체적으로 다루어질 수 있다. 관련 내용은 제5장의 개인 맞춤화 서비스 디자인 설명을 참조할 수 있다.

고객 공간의 또다른 하위 공간은 해당 제품과 새로운 제품-서비스 시스템이 고객의 어떤 행위에 연계되는지에 대한 분류이다. 대부분의 국가들은 인간 행위 카테고리 코딩 체계를 갖추고, 인간의 행위를 분류하고 있다(USA Bureau of Labor Statistics, 2014). 최상위수준에서 인간의 행위는 필수생활행위, 업무생활행위, 의무생활행위 및 여가생활행위 등으로 구분된다(Statistics Korea, 2009). 필수 행위는 개인유지 행위이다. 업무 행위는 일과 학습 행위이다. 의무 행위는 이동, 가정관리 및 가족 보살피기 행위가 있다. 여가 행위는 참여 및 봉사 활동, 교제 및 여가 활동, 기타 등이 있다. 구체 행위 카테고리는 (표 4-1)에서 볼 수 있다. 참고로, 영문인터페이스를 이용하는 제품-서비스 시스템 프레임워크 그림들의 설명을 위해 영문 행위 카테고리도 포함하였다.

슈즈 구매 서비스 사례의 경우, (그림 4-5)에서 보듯, 고객 세그먼트 하위 공간은 B2C 여성고객을 특정한다. 행위 하위 공간은 기타 개인유지라는 필수생활행위와 여가활동관련 물품구입이라는 교제 및 여가 활동에 해당하는 여가생활행위 등 2개행위로 특정한다.

카시트 사례의 경우, 이동의 의무행위와 미취학아이 보살피기라는 가족보살피기의 의무행위 등 2가지 행위를 하는 중년의 고객으로 고객 공간을 특정한다. 카시트 사례는 다른 성인 동승자 없이 단 둘이 자동차로 이동하는 아이와 운전자 엄마 또는 아빠의 경험을 증진시키는 새로운 서비스에 관련한 것이다. 이동 행위 하위 수준을 특정하지 않으므로, 이동에 연계된 대기까지 포함하는 이동 관련 모든 행위가 지정된다. 반면 또다른 행위는 미취학아이 보살피기 수준까지 지정되었다. 많은 경우 복수의 행위들이 지정된다.

이와 같이 고객 공간은 제품-서비스 시스템이 어떤 고객의 어떤 종류의 행위들을 지원하는 지를 지정한다. 똑 같은 제품을 다루는 제품-서비스 시스템이라 해도, 이 제품이 연계된 행위가 어떤 행위냐에 따라 아주 다른 특성을 갖는다. 예를 들어, 학습관련 업무 행위에 쓰이는 의자의 제품-서비스 시스템이 있는 가 하면, 교제 및 여가활동이라는 여가 행위에 쓰이는 의자를 다루는 제품-서비스 시스템이 있다.

표 4-1 국민 기본 행위 체계(및 영문버전)

필수생활행위	개인유지	수면
		식사 및 간식
		개인관리
		건강관리
		기타 개인유지
업무생활행위	일	고용된 일 및 자영업
		무급가족 종사일
		농림어업의 무급가족 종사일
		자가소비를 위한 농림어업일
		구직활동
		일 관련 물품구입
		기타 일 관련 행동
	학습	학생의 정규수업
		학생의 정규수업 외 학습
		학습관련 물품구입
의무생활행위	이동	개인유지 관련 이동
		출.퇴근 및 그 외 일 관련 이동
		통학 및 학습 관련 이동
		가정관리 관련 이동
		가족 보살피기 관련 이동
		참여 및 봉사활동 관련 이동
		교제 및 여가활동 관련 이동
		기타 이동
		이동하기 위해 기다리기
	가정관리	음식준비 및 정리
		의류관리
		청소 및 정리
		집 관리
		가정관리 관련 물품 구입
		가정경영
		기타 가사일
	가족 보살피기	미취학 아이 보살피기
		초.중.고등학생 보살피기
		배우자 보살피기
		부모 및 조부모 보살피기
		그외 가족 보살피기
여가생활행위	참여 및 봉사활동	이웃, 친분이 있는 사람 돕기
		참여활동
		자원봉사
	교제 및 여가활동	교제활동
		일반인의 학습
		미디어 이용
		종교활동
		관람 및 문화적 행사 참여
		스포츠 및 집 밖의 레저활동
		취미 및 그외 여가활동
		여가활동 관련 물품 구입
		기타 여가 관련 활동
	기타	그외 기타

Necessary Activity	Personal Caring	Sleeping
		Eating and drinking
		Personal activity
		Health-related care
		Personal care etc.
Contracted Activity	Work	Work, main job
		Unpaid work for the family member
		Agricultural, forestrty and fisheries porduction for the family member
		Agricultural, forestrty and fisheries porduction for self- consumption
		Job search
		Purchasing work-related items
		Work-related activities etc.
	Education	Taking class
		Extracurricular school activities
		Purchasing education-related items
Committed Activity	Movement	Movement associated with personal caring
		Movement associated with going to work
		Movement associated with going to school
		Movement associated with household management
		Movement associated with caring of household members
		Movement associated with participation and volunteering
		Movement associated with socializing and leisure
		Movement etc.
		Wating associated with movement
	Household Activities	Food & drink prep., presentation, & clean-up
		Clothing repair and cleaning
		House cleaning
		House maintenance
		Storing house-related items
		Household management
		Household activities etc.
	Caring of Household Members	Caring for pre-school children
		Caring for school children
		Caring for spouse
		Caring for household adults
		Caring of household members etc.
Leisure Activity	Participation and Volunteering	Household Members
		Participation
		Volunteering
	Socializing and Leisure	Socializing and communicating
		Administrative for education
		Using media device
		Religious and spiritual activities
		Participating in performance & cultural activities
		Sports and outdoor leisure
		Hobby
		Purchasing leisure-related items
		Leisure activities etc.
	Others	Other activity

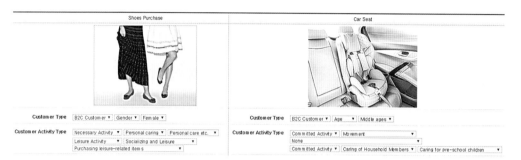

그림 4-5 슈즈 구매 사례와 카시트 사례의 고객 공간

이 두 경우에 의자의 기본적 기능 가치는 공통적인 반면, 의자에 기대되는 경험 가치들은 서로 다를 수 있는 것이다. 이렇듯이 고객 공간의 행위 하위 공간은 아주 중요하다. 제품-서비스 시스템은 고객 공간의 행위들에 연계된 고객들에게 가치 공간에 지정된 가치를 제공해주는 것이므로 가치 공간과 고객 공간은 밀접히 연계되어 있다.

가치 공간(Value Space)

제품-서비스 시스템은 서비스 수혜자 및 제공자의 다양한 가치를 제공한다. 가치 공간이 제품-서비스 시스템의 목표를 표현하는 것이다. 급속히 증가되는 환경적 사회적 요구, 새로운 기술, 새로운 소비와 라이프 스타일 등을 다 다루어야 한다.

E3 Value

저자는 2010년 이런 동향을 반영하여 경제적, 환경적, 경험적 가치 등 소위 E3 가치 개념을 제시하였다(Cho *et al.*, 2010; Kim *et al.*, 2011a). 제품-서비스 시스템이 출현하던 2000년대 초의 경제적(Economical) 가치와 환경적(Ecological) 가치로 구성된 E2 가치(Goedkoop *et al.*, 1999) 개념에 더해, 이제는 인간 중심 관점과 개인화 경향 등에 의해 핵심이 된 경험 가치(Experience Value)를 추가하였다. Pine과 Gilmore 는(1998) 경제 구심점이 진화하여 경험이 그 핵심이 된다 예측하였고, 요즈음은 바로 고객경험이 비즈니스 경쟁력의 핵심 열쇠가 되었다.

고객 경험은 기업의 제품, 서비스 그리고 바로 그 기업 자체에 대해 감각하고, 느끼고, 생각하고, 행동하고, 관계를 형성하며 고객이 주관적으로 만들어 가는 것이다 (Schmitt, 1999). 고객 경험은 여러 터치포인트와 채널을 통해 고객이 연계하는 감성적, 정서적, 인지적, 물리적, 사회적 반응 들을 모두 포함한다(Verhoef *et al.*, 2009). 경험은 다이나믹하게 진화한다(Lemon & Verhoef, 2016). 고객 경험의 본질적 특성은 제5장과 제6장에서 더 구체적으로 설명된다.

경험 가치

경험 가치는 경험을 통해 고객 및 여러 관련자가 만들어내는 가치들이다. 경험 가치는 기능적(Functional), 사회적(Social), 정서적(Emotional), 학습적(Epistemic) 가치 등으로 분류 정리된다(Cho *et al.*, 2010; 김용세, 2018). 외재적 또는 내재적, 이기적 또는 이타적, 그리고 능동적 또는 반응적 가치 등 소비자 가치의 3차원을 Holbrook이 제시하였다(Holbrook, 1999). E3 Value 컨셉은 이들 중 2개차원을 채택하였다. 외재적(*Extrinsic*) 가치는 무언가 목적을 달성할 수단으로 발현되는 가치이고, 내재적(*Intrinsic*) 가치는 그 자체가 목적으로 발현되는 가치이다(Holbrook, 1999). 외재적 가치는 보다 객관적이고 많은 사람들이 공통되는 의미를 공유하는 반면, 내재적 가치는 보다 주관적이고 그 가치를 경험하는 사람만이 진정한 의미를 알게 되는 가치이다. 능동적(*Active*) 가치는 소비자가 자신의 컨트롤에 의해 무언가 대상을 물리적이던, 정신적이던 능동적으로 조작하며 만들어지는 가치인데, 반응적(*reactive*) 가치는 무언가 대상에 의해 소비자가 수동적으로 경험하는 가치이다(Holbrook, 1999). 다시 말하면, 인간이 주도적으로 수행한 조작을 포함하는 경우 가치는 능동적이고, 무언가 다른 대상물을 감지하거나, 감상하거나, 반응하여 나타나는 경우 가치는 반응적이다(Holbrook, 1999). 능동적 가치의 경우, 소비자가 경험을 컨트롤하는 반면, 반응적 가치의 경우, 경험이 소비자를 컨트롤 하는 셈이다(Wagner, 1999).

경험 가치는 외재적인 것과 내재적인 것이 있다. 기능적 가치는 객관적이고 외재적이다. 연결성 등 사회적 가치는 대부분 외재적인데, 존경, 자부심 같은 일부 사회적 가치는 내재적이다. 정서적 가치와 학습적 가치는 내재적이다. 정서적 가치 중 어떤 가치들은 외부세계가 주된 기여를 한다. 정서 심리학 전문가인 Scherer는 이들 반응적 정서가치들을 심미적(Aesthetic) 가치라고 했다(Scherer, 2005). *Touches good, Looks good, Smells good, Sounds good, Tastes good* 이런 가치들은 다 반응적 가치들이다. Scherer의 정서 발현과정 이론에 의하면 이들 반응적 정서 가치들은 빨리 왔다 금방 사라지는 가치들이다. 더욱 의미 있는 정서적 가치들은 희-노-애-락 등 능동적 정서 가치들이다. 소비자가 사용하는 제품 또는 서비스에 대한 컨트롤을 갖고 있다/없다 할 때의 컨트롤도 대표적인 능동적 정서 가치이다. 흔히들 감성 디자인이란 표현들을 쓰는데, 정확히 감성이 바로 반응적 정서에 해당하는 것이다. 결국 이런 가치는 한때는 의미가 있는 것으로 여겨졌지만 금방 없어지는 가치로써 이제 정작 중요한 경험가치는 아닌 것으로 인식된다. 제1장에서 얘기한 서비스 지배 논리에 의해, 물질적 경쟁력이 상대적으로 약화된 것처럼, 반응적 정서가치를 주는 스타일링 같은 감성은 이제 어느정도 보편화된 가치로서 더 이상 차별화 포인트가 되지 못하는 기본적 가치가 되어버린 셈이다. 능동적 정서 가치가 핵심이다. 감정이 발현되는 과정은 외부에서의 자극이 발현 주체자의 주관적 관심, 의도 등과 합쳐져 감정으로 발현되는 것이다. 감정 발현주체자가 주도할수록 감정이 제대로 발현되는 것이고, 고객이 주도할수록 그 고객경험이 의미가 커지는 것이다.

위에서 설명한 E3 가치 체계의 의미와 택소노미를 정리하여, (그림 4-6)에 보이는 가치 트리 형식으로 제품-서비스 시스템의 구체 가치 주제들을 정리한다. 새로운 가치 주제를 경쟁자보다 먼저 찾아내는 기업이 이들 가치를 드라이브할 새로운 서비스 행위를 먼저 디자인할 수 있게 된다는 점에 주목해야 한다.

Value Themes

다양한 조사와 탐색방법에 의해 가치들을 찾아내어, 여정 맵의 각 터치포인트에서 고객이 감각하고, 느끼고, 생각하는 Needs와 Wants의 구체 속성들로부터 뽑아낸 가치 주제(Value Theme)들로 E3 가치 트리를 만든다. 어떤 제품-서비스 시스템은 기능 경험 가치를 많이 포함하고, 어떤 것은 정서적 경험 가치를 많이 다루기도 한다. 정보, 지식 같은 학습적 경험가치가 핵심이 되는 서비스 컨셉들도 있다. 슈즈 구매 서비스 사례의 가치 공간 표현이 (그림 4-6)에 보여진다. 구매 고객과 판매원 사이의 상호작용 이슈들이 반영되어, 부담, 친절, 소통 등의 외재적 사회적 가치 주제가 많이 나타난다. 구매 고객들, 친지들 사이에서의 자랑 같은 사회적 가치도 중요하다. 또한 구매 의사 결정이 핵심 터치포인트이어서 선택 같은 기능적 가치, 신뢰, 걱정, 결정주저함 같은 능동적 정서 가치가 연관된다. 고객들은 판매원들이 구매의사결정을 도와줄 수 있을 만큼 전문성이라는 기능 가치를 제공할 수 있기를 기대한다. 슈즈 구매 서비스 사례에서는 여성스러운, 사랑스러운, 스타일 등 감성가치(반응적 정서가치)도 중요하다.

가치 트리의 구조적, 의미적 특성

슈즈 구매 서비스의 가치 공간은 구체적으로 외재적 사회 가치 브랜치에 8개의 가치주제 노드, 능동적 정서 가치 브랜치에도 8개의 노드, 반응적 정서가치 브랜치에 5개의 노드가 있다. 각 브랜치에 몇 개씩의 가치 주제 노드가 있는지 등 E3 가치 트리 구조를 통해, 가치 공간의 하이레벨 신택스(구조적) 특성이 표현된다. 기능적 가치가 많은 제품-서비스 시스템과 상대적으로 능동 정서적 가치가 많은 제품-서비스 시스템은 가치 공간 특성 관점에서 서로 많이 다른 것이다. 제품-서비스 시스템 가치 공간의 시맨틱(의미적) 특성은 가치 주제들의 구체 키워드로 표현된다. 제품-서비스 시스템들의 가치 공간을 비교할 때, 신택스 측면과 시맨틱 측면이 다 이용된다. 두개의 가치 주제간의 시맨틱 유사성은 WordNet(Pedersen *et al.*, 2004)상의 두 단어 간의 의미 거리를 이용하여 결정된다.

고객 및 관련자들의 경험 평가를 통해, 중요하나 아직 제대로 제공되지 않는 가치들을 파악하여, 이들을 목표가치로 삼아 이들을 드라이브할 행위들이 새로운 제품-서비스 시스템에 디자인되게하는 것이다. 목표가치를 드라이브할 서비스 컨셉들이 디자인되면, 이들 해당 가치 주제들을 이용하여 잠재 고객 및 관련자들을 대상으로 하여 경험평가가 실시되는 프로토타이핑이 진행된다. 이들 서비스 디자인과 프로토타이핑 과정이 순환되면서 진행된다. 따라서, 가치공간은 제품-서비스 시스템의 특성을 규명하는 데에 아주 중요한 역할을 한다.

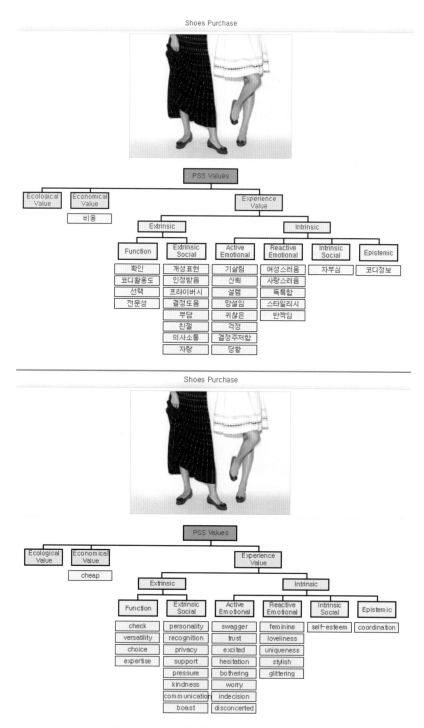

그림 4-6 슈즈 구매 사례의 가치 공간(및 영문버전)

행위자 공간(Actor Space)

제품의 생애주기 단계분석에서, 각 단계별로 연관된 여러 관련자들이 확인한다(김용세, 2018; Matzen, 2009). 한편 협의로, 상황기반 행위모델링 방법에서 능동 행위자, 수동 행위자 등 행위자들을 정의하는 것처럼, 행위자는 행위의 핵심 요소이다(Kim & Lee, 2011). 각 관련자들은 정적, 동적 정보 등으로 사용자 모델링 형식으로 상세히 표현되기도 한다. 행위자 공간은 행위자들과 그들의 관계를 관련자 노드 및 관계 에지 그래프를 이용하여 개념적으로 표현한다. 관련자는 서비스 수혜자, 서비스 제공자 또는 조직 등 버츄얼 관련자 등으로 나타낸다. 서비스 수혜자들 중 메인 수혜자를 지정하는데, 고객이 메인 수혜자가 되는 경우가 많다. 관계의 표현을 심화하기 위해, 행위자 공간은 가치 제공 방향성을 갖고, 가치 제공 정보들 속성이 추가된 에지로 표현된 그래프(Directed Attributed Graph)인 Customer Value Chain Analysis(CVCA)(Donaldson et al., 2006) 형태를 이용한다. 행위자 공간은 기본적으로 Actor Map과 같다. 행위자 공간은 관련자 공간(Stakeholder Space)이란 표현과 동일하다.

여러분야에서 복잡한 네트워크의 개념과 관계를 표현하는데 그래프가 많이 사용되었고, 그래프를 비교하는 알고리즘들도 개발되었다(Bunke, 1997; Cao et al., 2013). 제품-서비스 시스템 사례들의 행위자 공간을 비교하는데 있어서 메인 수혜자를 어떻게 지정하는지가 중요하다. 메인 수혜자 노드가 Root 노드로 취급되고, 이를 활용하여 행위자 공간의 평가가 관련자들의 관계를 제대로 반영하여 유사성을 평가할 수 있다.

행위자 공간을 설명하는 예시의 하나로, 자전거 세정제 사례(김용세, 윤세환, 최은미 외, 2016)의 행위자 공간이 (그림 4-7)에 보여진다. 자전거 세정제 사례는 새롭게 출시될 세정제 제품의 서비스화 사례로서 자전거의 세척과 케어에 대한 사용자의 행태 변화를 다룬 사례이다. 그림 왼쪽에 사용자가 메인 수혜자로 보라색으로 표시된 개념적 수준의 행위자 공간이 보여진다. 이 행위자 공간은 새 제품-서비스 시스템이 디자인되기 전인 As-Is Actor Space이다. 방향성과 속성이 추가된 CVCA 행위자 공간은 오른쪽에 보여진다. 자전거 라이더 사용자는 파트너 라이더들과 함께 자전거를 타고, 세척 케어 등 라이딩에 관한 여러 정보들도 파트너 라이더들을 통해 수집한다. 사용자는 또한 자신의 라이딩 및 관련 경험을 가족, 친지에게 얘기한다. 자전거 동호회에 가입할 수도 있다. 자전거 판매 샵에서 자전거 및 관련 제품을 구하고, 전문 세척 샵에서 세척서비스를 받고, 여러 정보도 얻는다. 동호회 및 파트너 라이더들은 정보 제공자들에게서 정보를 확보한다. 세정제 제조사는 전문 세척 샵, 수리점 등을 통해 세정제 제품을 제공하고, 전문 세척 샵과 수리점은 세척 도구 제조사로부터 세척도구를 구입하고, 자전거 판매점은 자전거 제조사에게서 자전거를 공급받는다. 사용자 노드는 6개의 다른 노드에 연결되어 있는 최다 연결 노드를 보유한 노드이다. 그런데 As-Is 행위자 공간에서 보듯 아직은 사용자 노드와 세정제 제조사 노드가 연결되어 있지 않다. 제6장에서 소개될 새롭게 디자인된 제품-서비스 시스템의 서비스 컨셉에서는 사용자와 세정제 제조사 간의 직접 상호작용이 창출되었다는 점을 주목하자.

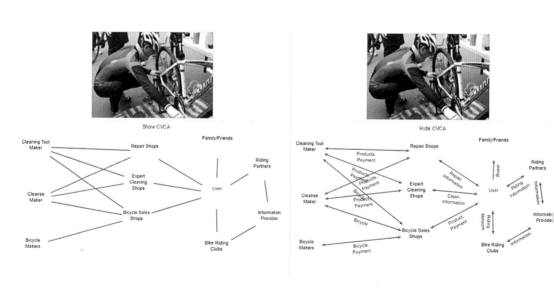

그림 4-7 자전거 세정제 사례 행위자 공간(As-Is)

슈즈 구매 서비스 사례의 경우, 서비스화 이전의 As-Is CVCA 행위 공간은 (그림 4-8)(a)에 보여진다. 관계 속성이 잘 보이도록, 꺾은 선으로 표시한 에지들도 있다. 매장에서 슈즈를 구매할 때, 메인 수혜자인 고객은 판매원(Clerk)에게서 조언과 도움을 받고, 비용을 지불하고, 주문하는 등 가치의 교환이 있다. 슈즈 제조사는 판매원과 공장과 상호작용을 한다. 슈즈 제조사는 고객과 직접적인 상호작용이 없는 경우로, 매장에서의 고객 경험을 제대로 이해하지 못하고 있다. (그림 4-8)(b)에서 보여지는 To-Be 행위공간에서 보듯 서비스화를 통해, 고객과 슈즈 제조기업과의 직접적인 상호작용이 만들어져, 고객 경험을 이해하고, 관리할 시스템이 확보된 것을 볼 수 있다. 제2장에서 안경구매 경험서비스 사례의 As-Is 관련자 맵과 To-Be 관련자 맵을 (그림 2-12)와 (그림 2-13)으로 비교하였었다.

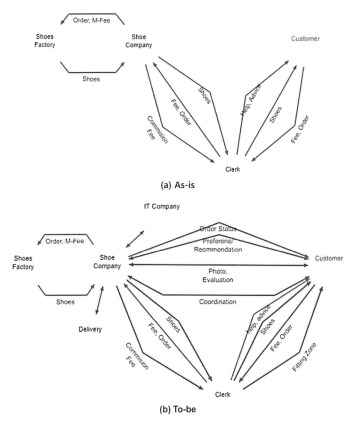

그림 4-8 슈즈 구매 사례 행위자 공간

서비스 공간(Service Space)

제품-서비스 시스템은 제조기업 제품의 기능이나 접근성 등을 위해 제품지원 서비스 등, 또 고객의 제품 관련 행위, 프로세스 및 목적 수행을 지원하는 고객지원 서비스 등 여러 서비스를 제공한다(Mathieu, 2001; Gaiardelli *et al*., 2014). 제품-서비스 시스템 프레임워크의 핵심공간으로 제품지원 서비스에서 고객지원 서비스에 이르기까지 5개의 점진적 등급으로 구성된 서비스 공간을 만들었다.

서비스 공간 5 등급

제품의 기능만을 지원하는 서비스라면, 이는 제품지원 서비스(*Service Supporting Product*; *SSPP*)이다. 제품에 직접적으로 관계되어 있지는 않아도 제품 고객에게 중요한 고객 가치를 제공해주는 서비스는 고객지원 서비스(*Service Supporting Customer*; *SSCC*)이다. 예를 들면, <u>단순 부품 교체</u>, <u>제품 보호</u>, 판매 서비스 등은 *SSPP*로 분류된다. 나이키 플러스의 **Fuel Band**는 사용자의 물리적 행위를 추적하고, 에너지 소모량을 제시하는 등의 서비스를 제공한다. 이 서비스는 나이키 제품인 운동복이나 운동화의 기능을 지원하는 서비스는 아니지만, 나이키 고객의 행태를 변화시켜 결국 나이키 제품의 판매로 이끌게 된다. 이런 서비스가 대표적 *SSCC* 고객지원 서비스 이다. 주로 제품을 지원하나 고객 가치 지원을 일부 포함하면, 주 제품지원 보조 고객지원 서비스(*Service Supporting mainly Products and partially customers, SSPc*)이다. *P*는 대문자, *c*는 소문자를 쓴다. 주로 고객을 지원하나 일부 제품 지원을 포함하면, 주 고객지원 보조 제품지원 서비스(*Service Supporting mainly Customers and partially product elements, SSCp*)이다. 이 경우 *C*가 앞에 나오고 *p*가 뒤에 나온다. 제품/고객 반반 지원 서비스(*Service Supporting Products and Customers about half and half, SSPC* 또는 *SSCP*)는 제품 지원과 고객 지원이 반반인 경우이다.

대부분의 제품-서비스 시스템들은 몇 가지의 서비스 컨셉들로 구성되어 있다. 따라서 제품-서비스 시스템을 구성하는 각각의 서비스 컨셉들을 *SSPP, SSPc, SSPC,*

SSCp, SSCC 등의 분류로 평가하여 제품-서비스 시스템의 서비스 공간을 표현한다. 서비스공간의 평가체계는 제품의존도, 고객역량증진, 맞춤화수준, 고객서비스 상호작용, 산업 간 융합다양화 등의 관점에서 수립되었다(Kim, 2020a). 서비스 공간의 분류는 아래 (표 4-2)에서 보는 바와 같이 정리된다.

표 4-2 서비스 공간 평가 체계

	SSPP	SSPc	SSPC	SSCp	SSCC
제품 의존도	• 제품 기능 개선 • 제품 판매 • 제품 보호 • 제품 컨트롤	• 제품관련 토탈솔루션 • 배송 및 기술지원 • 연결 • 서비스 공간 • 단순 렌탈	• 제품 사용관련 경험개선 • 공유서비스	• 제품관련 프로세스 경험개선	• 제품의존도가 거의 없는 서비스제공 • 고객 프로세스 경험개선
고객역량 증진		• 제품관련성 깊은 고객역량 증진 • 사용범 가이드	• 제품관련성 있는 고객역량 증진 • 추천	• 제품관련성 낮은 고객역량 증진 • 교육 • 코디네이션	• 고객 행태 변화
맞춤화	• 제품 포트폴리오를 통한 맞춤화	• 제품 중심의 서비스 부가를 통한 맞춤화	• 일부 서비스 터치포인트에서의 맞춤화	• 여러 서비스 터치포인트에서의 맞춤화	• 상황반영 맞춤화 • 개인화 수준 맞춤화
고객 서비스 상호작용		• 거래기반 고객서비스 상호작용	• 거래기반 고객서비스 확립 및 관계기반 고객서비스 상호작용 지향	• 관계기반 고객서비스 상호작용 구축 • 상호작용 기반 서비스 제공	• 관계기반 고객서비스 확립 • 고객 주도 서비스
산업간의 융합 다양화	• 제품 개선을 위한 산업간의 융합	• 제품 지향 서비스를 위한 산업간 융합	• 다양한 서비스기업과의 전략적 네트워크 구축	• 고객 지향 서비스 확대를 위한 산업간 융합 구축	• 고객 지향 서비스 확대를 위한 산업간 융합 확립

제품이 기능을 제대로 수행하게 하거나, 이들을 일부 지원하거나, 판매 등의 접근성 등을 간단하게 지원하는 서비스는 *SSPP*서비스이다. 이들은 특정 제품에 매우 의존적이다. 하드웨어 위주 방식으로 제품을 보호하거나 제어하는 서비스도 *SSPP*이다. 배송 및 예약 등은 좀 더 고객지원 관점이 있어 *SSPc*로 분류된다. 제품 사용 공간을 제공하거나 단순 대여 같은 접근성 지원 등도 *SSPc*서비스이다.

서비스의 초점이 제품으로부터 프로세스로 옮겨가게 되면, 제품 의존도가 낮아지고, 고객 지향성이 증진되는 방향으로 서비스 공간 평가가 변하게 된다. 접근성 및 가용성 관련 서비스 측면에서 보면, 판매는 렌탈보다 상호작용이 덜 있고, 공유는 렌탈보다 많은 상호작용을 필요로 한다. 전형적인 판매는 *SSPP*, 렌탈은 *SSPc*, 공유는 *SSPC* 수준의 서비스이다. 제품의존도에서 보면, 판매는 특정한 구체 제품이 관련하는 것이고, 렌탈은 제품의 특정 종류에 대한 계약이다. 공유는 제품 특정성, 구체성이 더욱 덜 지정된다.

고객역량증진 관점에서는, 전형적인 제품 사용가이드 및 제품 헬프데스크 등은 *SSPc*서비스이다. 제품 사용 교육 및 제품 선택 추천 서비스 등은 *SSPC*이다. 프로세스 교육 서비스는 단순한 제품 사용을 넘어 제품 관련한 고객의 역량을 증진시키는 서비스로서 *SSCp*이다. 예를 들어, 슈즈 구매 사례의 패션 코디네이션 서비스는 다른 슈즈의 패션 코디 정보 능력에도 적용할 수 있도록 패션에 대한 고객 능력을 증진시켜주는 서비스이다. 구매하고자 하는 슈즈에만 의존하지 않는 셈이다. 따라서 *SSCp*로 평가된다. 고객의 행태 변화를 유도하는 서비스들은 *SSCC*서비스이다. 제품의존성과 고객역량 측면은 서로 반대되는 관계를 갖는다.

맞춤화와 고객 서비스 상호작용 관계 등은 아직까지는 제품지원 서비스 및 고객지원 서비스 2개의 수준 특징으로 많이 거론되어온 특성이다(Mathieu, 2001; Gaiardelli *et al.*, 2014). 본 프레임워크에서는 세분하여 분류한다. 제품 변화에만 의존하는 맞춤화는 *SSPP*이다. 약간의 제품중심의 서비스에 있어서 맞춤화가 포함되면 *SSPc*이다. 일부 서비스 터치포인트에서 맞춤화가 제공되면 *SSPC*이고, 많은 서비스 터치포인트에서 맞춤화가 제공되면 *SSCp*로 분류된다. 개인화 수준의 서비스 맞춤화와 구체 상황을 반영하는 서비스 맞춤화는 *SSCC*로 분류된다.

서비스 제공자와 수혜자의 구체적 상호작용이 있으나, 그 상호작용은 단발성이고, 일시적인 거래에 기반한 서비스가 있는 경우, *SSPc*수준의 상호작용으로 분류한다. 서비스의 거의 모든 행위가 거래기반 상호작용으로 진행되는 경우, *SSPC*수준으로 분류한다. 지속적인 관계기반의 상호작용들이 있는 경우 *SSCp*로 분류한다. 고객이 주도적으로 리드하는 서비스는 *SSCC*서비스이다.

산업 간 융합 다양화 관점에서 *SSPP*서비스는 제조기업의 제품 관련 부서가 여전히 해당 서비스의 담당 조직이 되게 되며 산업간의 연계성도 매우 낮다. 더욱 고객지향적인 서비스가 될수록, 부서 간 협력 및 산업간 협력이 필요하게 된다. 고객지원 서비스가 이종 산업 간의 연계와 융합으로 증진되게 되면 *SSCp* 또는 *SSCC* 서비스가 된다. 즉, 보다 고객지원 성격이 강화될수록 제품-서비스 에코시스템이 확장되고 이종산업간의 새로운 비즈니스 기회가 만들어질 수 있게 된다.

서비스 컨셉 명(Service Concept Labels)

위의 5등급으로의 평가와 함께, 각 서비스 컨셉은 해당 서비스의 핵심 행위 관련 키워드로 명명된다. 슈즈 구매 서비스의 경우 (그림 4-9)에 보이듯, Shoes Looks, Shoes Now, Shoes Album, Shoes Coordi, Shoes Plan, Private Fitting 등 6개의 서비스 컨셉이 디자인되었다. 현재 시스템상에서 서비스 컨셉 라벨은 파란색으로 표시된 키워드 1개 포함 2 단어로 구성되어 표시된다. 키워드가 서비스 컨셉의 시맨틱 유사성 비교에 이용된다. Shoes Looks의 경우 *Looks*가 키워드로 선택된 것이다. 서비스 컨셉은 서비스 유닛 수준인데, 이는 서비스 요소들로 구성되어 있다. 서비스 요소들은 관련자들의 구체 행위들로 구성되는데, 이 들 행위들로 서비스 블루프린트를 작성한다. 제품-서비스 시스템 표현 프레임워크 소프트웨어의 서비스 컨셉들은 서비스 블루프린트 소프트웨어 시스템의 행위들과 시스템상 연결된다. 이들 행위들은 상황기반 행위모델링(Context-based Activity Modeling; CBAM) 방법으로 행위자, 행위동사, 행위대상, 도구 및 상황 등의 행위요소로 표현되고, 상황은 목적 상황, 관련구조물 상황, 물리적 상황, 심리적 상황 등의 상황요소로 표현되어 아주 상세한 정보 체계로 구체적으로 표현되어 디자인된다(Kim & Lee, 2011). CBAM은 저자가 개발한 서비스디자인 방법론의 핵심으로 2018년 저서 비즈니스 이노베이션 서비스 디자인에서 상세히 소개되었다(김용세, 2018). 본 저서의 제5장에서 CBAM방법이 간략히 리뷰되고, 구체적으로 맞춤화 서비스디자인에 이용되는 방법이 소개된다.

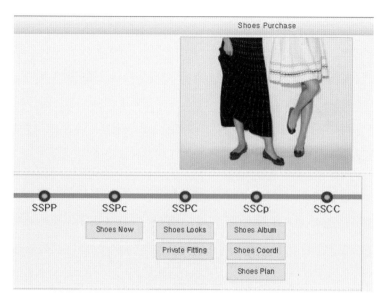

그림 4-9 슈즈 구매 사례 서비스 공간

슈즈 구매 서비스 사례의 서비스 컨셉 평가

슈즈 구매 서비스 사례의 서비스 컨셉들을 설명하고, 이들의 서비스 공간에서 5등급을 이용한 이들의 평가에 대해 설명해보자. 슈즈 구매 서비스 사례는 제2장에서 서비스디자인씽킹 구체 설명에 이용되었고, 제6장에서 서비스 공간을 이용하는 서비스화 가이드 전략을 설명할 때 또 핵심사례로 이용될 것이다.

슈즈 구매 고객의 여정 중 핵심이 되는 터치포인트는 신어볼 만큼 관심이 가는 슈즈를 찾는 것, 그리고 어떤 슈즈를 살지 또는 아예 아무것도 사지 않을 지에 대한 의사결정을 하는 순간이다. 이를 지원하기 위해 Shoes Looks 서비스 컨셉이 디자인되었다. 고객은 슈즈를 신은 자신의 전신 모습을 앞에서, 뒤에서 그리고 클로즈업 된 슈즈를 자연스럽게 보고자 한다. 뒷모습을 보기 위해 고개를 돌린 자세에서가 아니라. 슈즈를 자세히 보기 위해 몸을 굽히거나 발을 들지 않고서. 앞, 뒤, 클로즈업 위치 등에 놓은 3개의 카메라로 사진을 찍어 이들을 거울 옆에 비치된 스크린을 통해 보여줌으로써 이 핵심 터치포인트에서의 고객 경험이 개선될 수 있다. 신어본 사진을 저장하여, 고객은 전에 신어본 모습을 가져와 여러 개 슈즈 착용을 비교할 수 있다. 지금 신고 있는 파란 슈즈 모습과 아까 신어본 빨간 슈즈 모습을 나란히 놓고 비교할 수 있고, 빨간 슈즈 신은 모습과 까만 슈즈 신은 모습을 나란히 비교하여 볼 수 있다. 여러 슈즈에 대한 고객의 평가를 기록해 놓을 수도 있다. 지금 수행하고 있는 구매 의사 결정 능력을 증진시키는 이 서비스 컨셉은 구체 슈즈 제품에 대한 연계성이 있는 서비스 컨셉으로서 서비스 공간에서 $SSPC$로 평가된다.

Shoes Looks 서비스에서 만들어진 사진 데이터를 통해, 다른 서비스 컨셉들도 가능해졌다. Shoes Looks 서비스는 구매 정보와 연계하여 고객이 특정한 슈즈를 구매하는 과정에서 구매하지는 않았지만 관심을 보인 슈즈들에 대한 정보도 포함한다. 이는 고객의 선호도를 이해하는 데에 중요한 정보로 이용될 수 있다. Shoes Looks 등 슈즈 구매 지원 서비스는 2018년 특허로 등록되었다(김용세 외, 2018b).

서비스 공간 평가

Shoes Coordi 서비스는 코디네이션 정보 서비스로서 고객이 관심을 갖고 시착하는 슈즈에 관련된 패션 코디네이션 정보를 제공하는 서비스이다. 특정한 슈즈 사용 관련 고객의 능력 증진일 뿐만 아니라, 일반적 슈즈 연계 패션에 관련한 고객능력 증진이다. 제품 관련성이 낮게는 있는 고객역량증진으로서 $SSCp$서비스이다.

Shoes Plan 서비스는 고객이 구매하였거나 관심을 보인 슈즈와 비슷한 새 슈즈의 마케팅 플랜을 고객에게 알려주는 서비스이다. 이 서비스 컨셉은 구매 및 시착 등으로 축적된 상호작용 정보로 드러난 고객의 선호도를 반영하는 맞춤화 서비스로서 $SSCp$에 해당된다. 이 서비스는 여러 차례에 걸친 구매와 시착으로 얻어지는 정보를 반영함으로 특정 슈즈 한 컬레의 제품생애주기를 넘어서는 고객 여정 중에서의 터치포인트들을 반영하는 서비스이다. 따라서 이 서비스는 관계기반의 상호작용이 고객과 생성됨을 의미한다.

Shoes Album 서비스는 Shoes Looks 서비스의 데이터 중 고객이 선택한 사진 등 고객의 구매 및 시착 관련 기록을 관리하여 제공하는 서비스이다. 이 서비스는 고객과의 관계기반 상호작용을 구축하고 고객의 슈즈 구매 의사결정 능력 및 슈즈 관련 다양한 능력을 증진시킨다. 또한 구매시, 시착시 및 기타 고객이 원하는 여유 시간에 고객이 자유롭게 접속 이용하는 서비스로서 *SSCp*로 평가된다.

Private Fitting 서비스는 고객의 시착을 위한 프라이빗한 공간을 간략하게 제공하는 서비스이다. 고객 중에는 남성 점원 앞에서 맨발을 드러내는 것을 불편해하는 고객 등이 있는데, 이들에게 맞춤화된 물리적 공간을 제공하는 서비스이다. 특정 슈즈에 대한 의존성은 없는 서비스로서, *SSPC*에 해당한다. Shoes Now는 고객의 주문된 특정 슈즈의 배송 상황을 알려주는 서비스로서 *SSPc*에 해당한다.

비즈니스 모델 공간(Business Model Space)

새로운 제품-서비스 시스템 컨셉과 비즈니스 모델은 서로 연계되어 디자인된다. Osterwalder의 비즈니스 모델 캔버스(Osterwalder & Pigneur, 2010)에서 고객 세그먼트, 고객 관계, 채널, 수익원, 비용구조, 핵심 자원, 핵심 파트너, 핵심 행위 등 9개의 관점으로 비즈니스 모델을 표현한다. 제품-서비스 시스템 오퍼링 자체인 가치 제공 관점을 제외한 이들 각 관점에 대해, MSSF 과제 연구팀은 대표적 비즈니스 모델 전략들을 아래와 같이 제시하였다(Lee *et al.*, 2011). 기존 제품 및 서비스 사례들에 이용된 비즈니스 모델 전략들을 조사하여 이들 대표 전략들을 발췌한 것이다. 이들 관련 설명은 저자의 저서 비즈니스 이노베이션 서비스 디자인에서 찾을 수 있다(김용세, 2018):

- **Customer Segments**: 2-Sided Targeting, Environmental Targeting, Geographical Expansion, Long Tail Targeting, Low-Price Targeting, Niche Targeting, Premium Targeting, Segment Expansion, Public Interest Targeting

- **Customer Relationships**: Blockbuster Marketing, Community, Customer Participation, Customization, Education, Life Cycle Care, Membership, Network Effect, Reward, Social Network, Upgrade

- **Channels**: Bundling/Channel Sharing, Delivery, Disintermediation, Experience Shop, Franchise, Intermediation, Internet, Road Shop, Sales Person, Shop in Shop, Traditional, Home shopping/Catalog

- **Revenue** Streams: Ad-based, Commission, Donation, Freemium, Loyalty, Pay as You Want, Pay per Unit, Pay per Use, Razor Blade, Subscription, Subsidiary

- **Cost Structure**: Cost Effectiveness, Cost Efficiency, No-frill, Structural Innovation

- **Key Resources**: Adding New Resources, Alliance, Brand leverage, Crowdsourcing, Merge & Acquisition, Open Innovation, Outsourcing, Adding New Resources, Platform Utilization, Recycle

- **Key Partners**: Cross Promotion, Cross Servicing, Design Collaboration, Joint Distribution, R&D Contract, Shared Investment, Subcontractor Network/Solution Network, Internal Network

- **Key Activities**: Added Service, Economics of Scale, Economics of Scope, Lean Manufacturing, No Frill, Peer to Peer (P2P), Responsiveness, Self Service, Service Productization, Standardization, Vertical Integration

비즈니스 모델 공간은 (그림 4-10), (그림 4-11) 등에 보이듯이, 이들 비즈니스 모델 전략들을 빨간색으로 표시하고, 관련 구체 코멘트를 키워드 형식으로 추가하여 파란색으로 표시하는 방법으로 비즈니스 모델 전략을 표현한다. 커피 샵에서 고객의 특정 행위에 따라, 가장 선호하는 조명조건을 제공해주는 조명 맞춤화 서비스 사례를 보자(김용세, 안은경 외, 2016). (그림 4-10)에 있는 조명 맞춤화 사례의 경우 고객이 커피샵에서 특정한 행위을 수행할 때, 축적된 경험 평가에 기반하여, 조명 맞춤화 서비스가 제공된다. 자신들의 수행 작업에 딱 맞는 조명조건을 제공받고자 원하는 니치 고객을 대상으로 하는 *Niche Targeting* 전략과 맞춤화라는 가치를 Co-Create하기 위해 자신의 경험을 평가하는 기여를 기꺼이 제공하는 프리미엄 고객을 대상으로 하는 *Premium Targeting*이 고객 세그먼트 전략으로 적용되었다. 고객 관계 전략에는 고객 참여가 맞춤화의 핵심이므로 *Customer Participation*과 *Customization*이 적용된다. 고객이 멤버십을 갖고 고객의 평가 데이터를 축적하고 맞춤화가 이 데이터에 기반하므로 *Membership Strategy*도 고객 관리 관점의 전략이 된다. 새로운 커피샵 프랜차이즈를 신설하는 대신, 조명맞춤화 서비스가 제공되는 자리를 기존의 커피샵 프랜차이즈들과의 파트너링을 통해 제공하는 *Shop in Shop* 전략이 채널 전략에 이용된다. 따라서 파트너 전략도 *Joint Distribution*이 된다. 자원 관점에서는 조명회사의 기술적 자원을 최대한 활용하는 *Brand Leverage* 전략이 채택된다. 수익 전략으로는 커피값 이외에 조명 맞춤화 사용료를 *Subscription* 또는 *Pay per Use* 방식으로 받는 전략이다.

슈즈 구매 서비스 사례의 비즈니스 모델 공간을 (그림 4-11)에서 보자. 제공 서비스는 구매 생애주기 단계, 배송 단계, 재구매 등 생애주기 여러 단계를 다룬다. 따라서, *Life Cycle Care* 고객 관리 전략이 해당된다. 슈즈 판매에 의한 수익 이외에 직접적인 서비스 기반 수익은 없는 사례이므로, 수익 전략은 여전히 슈즈의 *Pay per Unit* 전략만이 유지된다. 제공되는 서비스를 위해, 서비스 시스템 개발, 운영을 담당하는 IT 기업, 배송 기업, 여러 슈즈 생산 공장 등과의 협력이 진행되므로 *Subcontract Network* 전략이 연관된다. 핵심 행위 관점의 전략은 6개의 서비스 유닛을 제공하는 *Added Service* 전략이 채택된 셈이다. 비즈니스 모델 공간의 유사성 비교는 8개의 비즈니스 모델 관점 중 어느 관점들이 얼마만큼 강조되었는지와 두 비즈니스 공간 간의 공통되게 적용된 비즈니스 모델 전략이 얼마나 되는지 등으로 이루어질 수 있다.

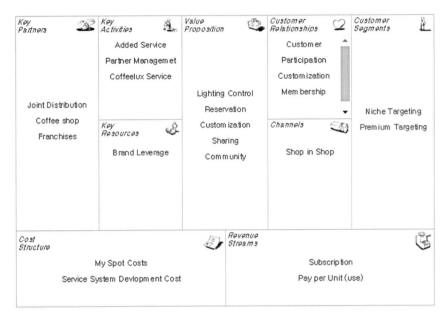

그림 4-10 스마트 조명 사례 비즈니스 모델 공간

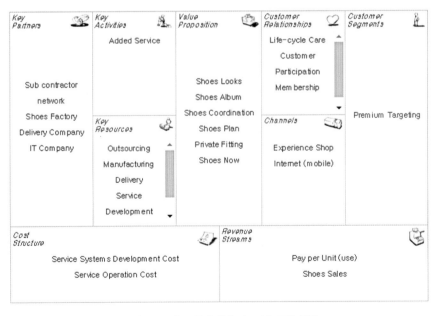

그림 4-11 슈즈 구매 사례 비즈니스 모델 공간

상호작용 공간(Interaction Space)

서비스는 행위자들간의 상호작용을 수반한다. 어떤 서비스 상호작용은 물리적 터치포인트를 연계하기도 한다. 상호작용 공간은 이들을 표현한다. 행위자 공간에 표현되는 관계자들 간의 가치 교환 정보 이상의 인간-인간 상호작용과 인간-터치포인트 상호작용 정보를 표현한다. 이를 위해 서비스 수혜자, 제공자, 터치포인트 등 3종류의 객체를 정의한다. 이들은 그래프의 노드로 표시된다. 서비스 수혜자는 원형 노드로, 서비스 제공자는 삼각형 노드로, 터치포인트는 사각형 노드로 표시한다. 객체의 분류뿐 아니라 터치포인트를 포함한 객체의 특성 등이 해당 노드에 정보로 추가될 수 있다. 서비스 제공자 및 수혜자는 사용자 모델링 방법으로, 터치포인트들은 이들의 기능(Function), 구조(Structure), 성질(Behavior) 등 특성으로 정보가 추가될 수 있다. 객체들 간의 상호작용을 방향성 및 속성이 부여된 에지로 표현한다. 또한 터치포인트는 기존 제품 등 물리적 터치포인트는 큰 사각형으로, 서비스 시스템 터치포인트는 작은 사각형으로 구분하여 표시한다. 서비스 시스템 터치포인트는 일반적으로 제품-서비스 시스템의 성격을 갖으므로 제품 요소와 서비스 요소를 함께 갖게 된다. 이렇게 상호작용의 구체 내용이 체계적으로 표현된다. 행위자 공간에서와 마찬가지로, 메인 서비스 수혜자 노드를 지정할 수 있다.

슈즈 구매 서비스 사례의 상호작용 공간이 (그림 4-12)에서 보여지는데, 슈즈구매 고객이 노란 원형 노드로 표시된 메인 서비스 수혜자이고, 분홍색 삼각형 노드로 표시된 판매원, 슈즈 회사, IT 회사, 배송 회사, 제화공장 1, 2 등이 서비스 제공자들이다. 고객은 슈즈라는 제품을 통해, 또한 매장이라는 서비스 시스템 터치포인트를 통해 판매원과 상호작용을 수행한다. 새로운 서비스 컨셉들 중 일부는 매장에서 이루어지는 고객과 MyShoes Looks, MyShoes Coordi, Private Fitting Zone 등의 서비스 시스템과의 상호작용으로 진행된다. 슈즈 주문 후 MyShoes Now 서비스 터치포인트와의 상호작용으로 고객은 주문 슈즈의 배송 과정의 상태를 파악할 수 있다. 또한 고객은 멤버십 가입 이후 지속적으로 MyShoes Plan 및 MyShoes

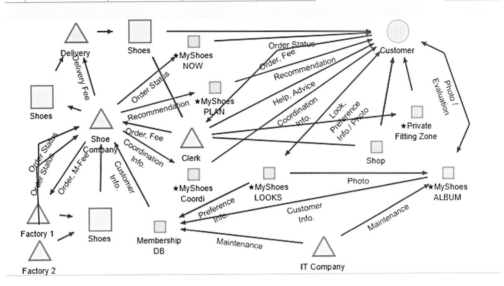

그림 4-12 슈즈 구매 사례 상호작용 공간

Album 등의 서비스 터치포인트와 상호작용을 한다. 이는 매장 안에서도 진행되지만, 주로 매장 밖에서도 제공되는 서비스이다. 슈즈 제조기업은 고객 데이터베이스를 매개로 서비스제공 IT기업과 상호작용을 진행하고, 또한 판매원, 배송회사, 제화공장 등과 상호작용을 한다. MyShoes Coordi, MyShoes Plan 및 MyShoes Now 등의 정보는 멤버십 데이터베이스에 관리되는 고객정보에 기반하여 슈즈제조기업이 지속적으로 관리, 갱신한다.

슈즈 구매 서비스의 상호작용 공간 그래프를 통해 보면, 고객 노드는 9개의 노드에 연결되어 있다. 이 중, As-Is에서부터 연결된 노드는 판매원, 슈즈 및 매장이었다. 6개의 새로운 서비스 컨셉들을 통해 고객과의 접점 터치포인트가 늘어난 것이다. 고객의 매장에서의 구매 경험이 MyShoes Looks를 통해서 정보로 획득되고, MyShoes Album을 통하여서는 매장 밖에서도 고객과의 상호작용을 지속하게 되고 이들 상호작용 정보는 고객 데이터베이스에 축적된다. 그리고 고객 데이터베이스 정보에 기반하여 슈즈 제조사가 직접 가공하여 제공하는 정보에 기반한 서비스로 MyShoes Coordi 및 MyShoes Plan이 만들어졌다. 고객 경험 관점에서 보면, 슈즈 제품, 매장, 판매원 등과의 물리적 상호작용에 기반한 경험에서, 새롭게 Private Fitting Zone이라는 물리적 접점 1개와 5개의 디지털 상호작용을 다루는 접점들이 추가되는 전환이 일어난 것이다. 그 전환된 상호작용의 구체 내용이 상호작용 공간에 표현된다. 터치포인트의 채널 특성으로 MyShoes Looks는 태블릿을, MyShoes Album은 스마트폰 등을 대표적 채널로 지정하는 등의 구체 정보도 상호작용 공간에 표현될 수 있다.

시간 공간(Time Space)

다양한 가치들이 제품-서비스 시스템을 통한 서비스와 서비스 수혜자의 상호작용으로 실현된다. 시간 공간은 과연 이들 가치 창출 상호작용이 시간 상 언제 일어나는지를 다룬다. 어떤 서비스는 불연속적으로 분리된 시간에 따로 따로 가치를 제공한다. 반대로 어떤 서비스의 경우는 가치 제공이 지속적으로 진행된다. 이 두 양극 사이에, 특정한 때에 가치가 제공되는 서비스도 있고 필요한 때, 즉 요청될 때 가치가 제공되는 서비스도 있다(Tan & McAloone, 2006).

(그림 4-13)에 있는 몇 가지 제품-서비스 시스템들의 시간 공간을 예로 보자. 슈즈 구매 서비스 사례의 경우, 슈즈 룩스 서비스는 고객이 구매 거래를 진행할 때 제공되고, 슈즈 나우 서비스는 슈즈 주문 거래가 있을 때 제공된다. 슈즈 코디, 슈즈 앨범, 슈즈 플랜 서비스 등은 필요할 때, 즉 고객이 원할 때, 제공된다. 카메라가 부착된 소형 모바일 로봇이 집안에서 어린 아이를 따라다니면서 사진 또는 동영상을 엄마나 아빠에게 계속 보내주는 아이보기 로봇 사례의 경우를 보자(김용세, 조승미, 2016). 사용자가 설정해 놓으면, 마치 감시 장비처럼 계속해서 아이보여주기 서비스가 제공된다. 조명 맞춤화 사례(김용세, 안은경 외, 2016)의 경우, 맞춤화 서비스는 고객이 해당 조명 서비스 시스템이 있는 커피샵을 찾아갈 때 제공되는 서비스이다. 즉, 필요할 때 제공되는 서비스이다. 자전거 세정제 서비스 사례의 경우(김용세, 윤세

환, 최은미 외, 2016), 세척 교육 등이 제공되는 <u>세척 캠프</u> 서비스 및 <u>세척장 공간 제</u>
<u>공</u> 서비스 등이 제공된다. 이 들 서비스는 매일 제공되지 않고, 어느 정도의 간격을
두고 때때로 제공된다. 세척 습관을 만들어가는 것을 지원하는 <u>세척 다이어리</u> 서
비스는 사용자가 원할 때 제공된다.

그림 4-13 제품-서비스 시스템 사례의 시간 공간

3. 제품-서비스 시스템 프레임워크를 통한 서비스화 프로세스 가이드

앞에서 설명한 8개의 공간으로 구성된 표현 프레임워크는 제품-서비스 시스템 들의 특성을 표현한다. 제품-서비스 시스템들을 특정 공간의 관점에서 비교할 수도 있고, 몇 개의 공간을 혼합해서 비교할 수도 있다. 또한 아래 (그림 4-14)에서 일반적으로 보이듯이 서비스화 과정을 가이드할 수 있다.

우선 서비스화가 진행될 제품이 어떤 제품인지를 이해한다. 이어서 고객공간을 통해, 고객의 특성에 대한 이해와 해당 제품이 고객의 어떤 행위들에 이용되는지 등의 조사를 진행한다. 이들 고객에게 이들 행위들에 중요하게 연계된 가치들이 어떤 가치들인가를 찾아, 이 가치들을 드라이브하기 위한 새로운 제품-서비스 시스템을 디자인해야 하는 것이다. 제품과 해당 행위들에 연계된 핵심 고객 가치를 찾아 가치공간에 표현한다. 그리고 관련자들 및 이들간의 관계를 조사하여 행위자 공간에 표현한다. 이들 가치를 드라이브하는 서비스 제공자, 수혜자 등 관련 행위자들의 행위를 새로이 디자인하고, 이들 서비스 컨셉을 서비스 공간의 서비스 수준으로 평가하여 표현한다. 각 서비스 컨셉별로 적절한 비즈니스 모델 전략을 결정하여 비즈니스 모델 공간을 이용하여 비즈니스 모델을 결정짓는다. 또한 서비스 수혜자와 제공자 간의 상호작용, 사용자와 서비스 터치포인트와의 상호작용 등을 상호작용 공간에 표시한다. 각 서비스 컨셉이 얼마나 자주 제공되는지에 관한 구체 내용을 시간 공간을 통해 표현한다.

이런 식으로 새로운 서비스 행위, 비즈니스 모델, 상호작용 등을 디자인하는 서비스화 프로세스가 진행된다. 제품에서 시작하여 서비스화 과정이 진행되는데, 이들 새로운 서비스 행위들이 종종 새로운 제품 성격의 터치포인트를 필요로 하게 된다. 이들을 필요 제품 요소(Product Element)라고 부른다. 예를 들면, 슈즈 구매 서비스의 경우 프라이빗 핏팅 존 서비스는 슈즈 시착을 위한 작은 프라이빗 공간을 만들 제품 요소로 작은 울타리를 만들었다. 이 울타리가 프라이빗 핏팅 존 서비스의 제품 요소이다. 서비스 행위가 먼저 디자인되고, 이들 새로운 행위가 자연스럽게 유발되게 하는 제품-요소가 상황기반 행위모델링 및 행위유발성(Affordance) 등을 고려하여 이후에 디자인된다. 행위유발성 증진 제품 요소 디자인 방법은(Kim, 2015) 저자 비즈니스 이노베이션 서비스 디자인 저서에 설명되어 있다(김용세, 2018).

(그림 4-14)에서 제시한 전반적인 틀에서, 제품-서비스 시스템 프레임워크 각 공간의 가이드를 받아, 제품-서비스 시스템이 디자인된다(Kim et al., 2012; Kim, 2016). 이 진행과정은 기반적인 것이고, 실제로는 여러 차례의 순환과정을 거치게 된다. 이렇게 프레임워크가 서비스화 과정에서 제품-서비스 시스템의 핵심 특성들이 제대로 고려되게 하는 기본 가이드 역할을 하는 것이다.

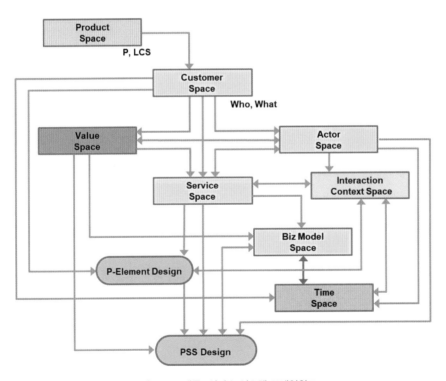

그림 4-14 제품−서비스 시스템 프레임워크

4. 제품-서비스 시스템 사례

8개의 공간으로 구성된 제품-서비스 시스템 프레임워크는 산업통상자원부의 제조업의 서비스화 지원 프레임워크(MSSF) 과제를 통해 개발되었다. 지식경제부의 제품-서비스 시스템 디자인 기술(PSSD) 과제에서 개발된 체계적인 제품-서비스 시스템 디자인 방법과 지원 도구를 이용하여, MSSF 프로젝트 팀은 소규모 벤처기업, 중소기업, 대기업 등 15개 제조기업의 서비스화 프로젝트를 수행했다. 이들 기업의 제품은 세정용 화학 제품에서, 패션 슈즈, 공기청정기 등 아주 다양했다. 이들 서비스화 프로젝트 대상 기업 및 제품을 〈그림 4-15〉와 함께 간단히 소개한다:

(a) 가구 DIY(Furniture DIY): 소규모 가구 제조기업의 DIY 서비스(Kim *et al.*, 2015c)

(b) 스마트 조명(Smart Lighting): LED 제조 중견기업의 커피숍 스마트 조명 맞춤화 서비스(김용세, 안은경 외, 2016)

(c) 육아 로봇(Child Care Robot): 서비스 로봇 벤처 기업의 맞벌이 부부를 위한 아이 보기 서비스(김용세, 조승미, 2016)

(d) 자세보조기구(Posture Assistive Devices): 아동 자세 보조기구 제조 벤처기업의 자세보조기구 서비스(김용세, 임명준 외, 2016)

(e) 공기청정기(Air Purifier): 가정 생활 제품 제조 대기업의 IoT센서를 대상으로한 고객과 서비스 제공자의 상호작용 관점 중심의 공기청정기 서비스

(f) 헬쓰 정보(Health Information): 벤처기업의 체력 측정 기능에 기반한 건강정보 관리시스템 서비스(김용세, 이철진 외, 2016)

(g) 밴 리모델링(Van Customization): 맞춤화 리모델링 제조 중견기업의 밴 리모델링 서비스(홍유석 외, 2016)

(h) 안경 구매(Glasses Purchase): 200개 이상의 매장을 보유한 안경 판매 기업의 안경 구매 경험 서비스(김용세, 조우현, 이준서 외, 2016)

(i) 슈즈 구매(Shoes Purchase): 여성용 신발 제조 전문 중소기업의 슈즈 구매 경험

서비스(김용세, 조우현, 윤세환 외, 2016)

(j) 난방 텐트(Heating Tent): 벤쳐기업의 난방 텐트 서비스(이성혜, 민지연 외, 2016)

(k) 유치원 앨범(Kindergarten Album): 벤쳐기업의 유치원 앨범 서비스화(이성혜, 최
유리 외, 2016)

(l) 캐릭터 블루투스(Animation Bluetooth Service): 캐릭터 및 공연 제품 제조기업
의 블루투스 기반 상호작용 서비스(김용세, 조우현, 이준서 외, 2016)

(m) 자전거 세정제(Bicycle Cleanser): 시장에 새로 진입하는 세정용 화학 제품 제조
기업의 자전거 세정제 지원 서비스(김용세, 윤세환, 최은미 외, 2016)

(n) 카시트(Car Seat): 글로벌 자동자 제조기업의 카시트 벤쳐 사업팀의 새로운 Car
Life 경험 서비스(김용세, 윤세환, 이준서 외, 2016)

(o) 샤워기(Shower Device): 샤워기 제조 중소기업의 인샤워 힐링 서비스(김용세, 조
우현, 최은미 외, 2016)

각 사례의 서비스 컨셉들의 서비스 공간 평가를 보여주는 (그림 4-15)에서 15개 사
례의 서비스 공간들이 함께 비교되고 있다. 일반적으로 제품-서비스 시스템들은
3-6개 정도의 서비스 컨셉들로 구성되는데, 이들 각각의 서비스컨셉이 제품의존도,
고객역량증진, 맞춤화수준, 고객서비스상호작용, 산업간융합다양화 등의 관점에서
서비스 공간의 *SSPP, SSPc, SSPC, SSCp* 및 *SSCC* 등의 5개 수준으로 평가된다. 각
서비스 컨셉의 평가가 각각 이루어지고, 제품-서비스 시스템 단위의 서비스 공간
평가는 이들 서비스 컨셉들의 평가를 종합하여 이루어진다.

신택스 관점에서는 5개 각 등급에 몇 개의 서비스 컨셉들이 평가되었는지로 비교
될 수 있다. 특정 제품-서비스 시스템의 대부분의 서비스 컨셉들이 *SSCC*에 분류
되면, 전반적 서비스 특성도 고객지원 서비스로 간주되는 것이다. (그림 4-15) 오른
쪽 윗부분의 카시트 사례와 유치원 앨범 사례는 모두 15개 사례 중 가장 고객지원
서비스의 성격이 강한 사례이다. 왼쪽 맨 아래에 있는 안경 구매 사례는 카시트 사
례보다 덜 고객지원 서비스 성격이지만, 왼쪽 위에 있는 캐릭터 블루투스 사례보다
더 고객지원 서비스 성격이다.

그림 4-15 15개 제품-서비스 시스템 사례

또한 무게중심의 특성이 고려된다. 캐릭터 블루투스 사례는 무게 중심이 *SSPC*에 있다. 15개 사례 중 가장 제품지원 중심의 서비스이다. 카시트 사례와 유치원 앨범 사례 둘 다, 무게중심이 *SSCp*에 있어, 가장 고객지원 중심의 서비스이다. 왼쪽 맨 위의 캐릭터 블루투스 사례에서 내려오면서, 그리고 다시 오른쪽 아래의 헬쓰정보 사례로 갔다가 위로 올라가면서 맨 위의 카시트 사례와 유치원 앨범 사례로 가면서 점점 고객지원 서비스의 성격이 강해지는 것이다. 슈즈 구매 사례와 안경 구매 사례는 *SSCp*에 서비스 컨셉 2가지, *SSPC*에 2가지, *SSPc*에 1개 등 구조 관점에서 완전히 동일하다.

앞에서 설명한 것처럼, 시맨틱 관점은 서비스 컨셉 명의 키워드로 표현된다. 시맨틱 유사성 평가에서는 키워드 들의 WordNet 상에서의 근접 정도가 고려된다. 다음 절에서 예시로 몇 개의 공간에서의 구체적 유사성 비교를 설명할 것이다.

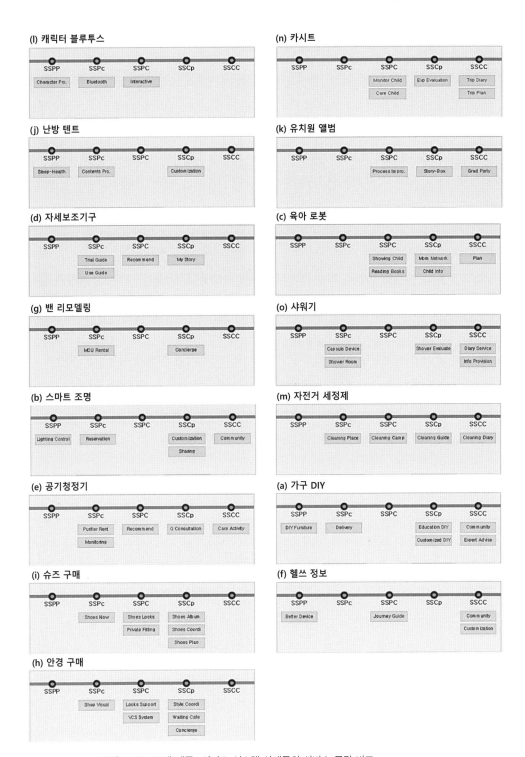

그림 4-16 15개 제품-서비스 시스템 사례들의 서비스 공간 비교

5. 제품-서비스 시스템 사례 비교

앞에서 제품-서비스 시스템 각 표현 공간 이슈를 다루면서 제품-서비스 시스템을 디자인하는 시각에서 제품-서비스 시스템 프레임워크를 설명했다. 제품-서비스 시스템들을 비교하는 데 있어서, 이들 전반적 관점에서의 비교는 쉽지 않다. 반면에, 특정한 공간 관점에서는 구체적인 비교가 가능하다. 제품-서비스 시스템 디자이너들이 직관적인 비교를 할 수도 있고, 유사성 평가 알고리즘을 이용한 객관적인 비교도 가능하다. 몇 개의 공간을 혼합하여 유사성을 평가하는 것도 가능하다.

비교 평가의 목적은 제품-서비스 시스템 사례들이 각 공간 관점에서 어떻게 유사하고 상이한지를 이해하고, 비교를 통해 제품-서비스 시스템의 특성을 파악하고 이러한 유사한 사례들 및 상이한 사례들을 새로운 제품-서비스 시스템 디자인에 이용하려는 것이다. 현재 해결해야 하는 문제와 유사한 이전의 사례들을 찾아서, 그 해결책을 현재 문제의 요구사항에 맞게 전환하여 문제를 해결하는 방법인 사례기반추론(Case-based Reasoning)(Kolodner, 1992)을 제품-서비스 시스템 디자인에 이용하려는 것이다.

제품 공간 비교

제품 공간 비교를 이용해서, 제품-서비스 시스템을 새로 디자인해야하는 제품과 비슷한 제품을 다른 제품-서비스 시스템들을 찾는다. 제품 공간의 UNSPSC 하위 공간을 이용하여 계층적 분류를 통해 제품-서비스 시스템의 제품 공간 유사성 비교가 가능하다. UNSPSC는 5단계까지 계층적 구조로 되어있다. 5단계 끝까지 동일한 경우 두 제품-서비스 시스템이 유사성 점수가 1이 된다. 즉, 동일하다고 평가된다. (그림 4-17)에 15개 사례의 제품 공간 유사성을 보여준다. 이들 중 카시트 사례와 가구 DIY 사례가 유사성 0.83으로서 가장 유사한 경우이다. 이 들 사례는 3단계까지 동일하게 분류된 경우이다. 카시트는 3단계까지 Accommodation

Furniture로서 가구 DIY 사례의 가구와 동일하게 분류되고, 4단계에서 영유아 가구로 다르게 분류된 경우이다. 2단계까지 동일하게 분류된 경우의 예로는 안경 구매 사례의 안경, 자세 보조기구, 헬쓰정보 사례의 체력측정기기 등이 의료 관련 제품으로 2단계까지 동일하게 분류된 유사성 0.66 경우이다. UNSPSC의 계층적 구조를 이용하는 구체적 유사성 평가 알고리즘은 별도의 논문에서 구체 설명된다 (Ahn *et al*., 2020).

Product-Service	Glasses Pur	Kindergarte	Posture As	Child Care	Heating Ten	Car Seat	Bicycle Cle	Shower Dev	Animation E	Shoes Purc	Van Custom	Health Infor	Air Purifier	Smart Light	Furniture DIY
Glasses Purchas	1.00														
Kindergarten Alb	0.38	1.00													
Posture Assistive	0.66	0.38	1.00												
Child Care Robo	0.00	0.00	0.00	1.00											
Heating Tent	0.38	0.38	0.38	0.00	1.00										
Car Seat	0.38	0.38	0.38	0.00	0.38	1.00									
Bicycle Cleanser	0.00	0.00	0.00	0.00	0.00	0.00	1.00								
Shower Device	0.00	0.00	0.00	0.00	0.00	0.00	0.00	1.00							
Animation Blueto	0.38	0.66	0.38	0.00	0.38	0.38	0.00	0.00	1.00						
Shoes Purchase	0.38	0.38	0.38	0.00	0.38	0.38	0.00	0.00	0.38	1.00					
Van Customizatio	0.00	0.00	0.00	0.38	0.00	0.00	0.00	0.00	0.00	0.00	1.00				
Health Informatio	0.66	0.38	0.66	0.00	0.38	0.38	0.00	0.00	0.38	0.38	0.00	1.00			
Air Purifier	0.38	0.38	0.38	0.00	0.38	0.38	0.00	0.00	0.38	0.38	0.00	0.38	1.00		
Smart Lighting	0.00	0.00	0.00	0.00	0.00	0.00	0.00	0.38	0.00	0.00	0.00	0.00	0.00	1.00	
Furniture DIY	0.38	0.38	0.38	0.00	0.38	0.83	0.00	0.00	0.38	0.38	0.00	0.38	0.38	0.00	1.00

그림 4-17 제품 공간 유사성 비교

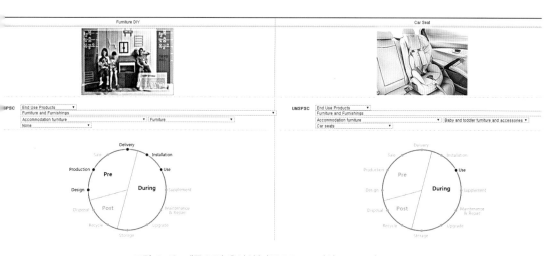

그림 4-18 제품 공간 유사성(가구 DIY vs 카시트: 0.83)

가치 공간 비교

제품-서비스 시스템의 E3 가치는 (그림 4-6) 및 (그림 4-19)에서 보듯 트리 구조로 표현된다. 고객을 포함한 여러 관련자들에 대한 조사연구를 통해 파악된 가치 주제들을 E3 트리의 해당 브랜치에 배치한다. 경험가치 중, 기능적 가치와 일부 사회적 가치는 외재적 가치이다. 정서적 가치는 능동적, 반응적 모두 대표적인 내재적 가치이고, 자기 자신에 대한 일부 사회적 가치와 학습적 가치도 내재적 가치이다. 유사성 평가 시에, 어떤 가치 유형에 얼마나 많은 가치 주제가 파악되었는지 등의 신택스 관점이 고려된다. 또한 가치 주제 어휘들 간의 WordNet상의 거리를 이용한 시맨틱 관점도 반영된다.

(그림 4-19)에 슈즈 구매 사례와 안경 구매 사례의 가치 공간이 비교되어 보여진다. (그림 4-17)에서 보인 바와 같이, 두 사례의 제품 공간 유사성은 0.38로 낮은 편인데, 이 두 사례의 가치 트리 구조는 (그림 4-19)에서 보듯 비슷하다. 경제적, 환경적, 능동적, 반응적 정서, 내재적 사회 가치 등의 해당 가치 주제 수는 동일하다. 기능적 가치, 외재적 사회 가치, 능동적 정서 가치, 반응적 정서 가치 등은 상대적으로 많은 가치 주제들을 갖고 있다. 이런 식으로 두 사례의 가치 트리는 신택스 구조적으로 유사하다. 두 사례 모두 경제적 가치 브랜치에서 유일 주제로 비용 이슈를 다룬다. 기능적 가치 브랜치에서 전문성, 선택 등이 공통된다. 친절, 자랑, 압박, 소통 등이 외재적 사회 관점에 두 사례에서 모두 다루어진다. 능동적 정서에서는 걱정, 주저, 당황 등이 공통으로 나온다. 반응적 정서에서는 스타일이 공통적으로 나오고, 동일하지는 않지만 아주 비슷한 사랑스러움과 예쁨이 각각 나온다. 이처럼 시맨틱 관점에서도 많은 유사성이 있다. 결국 두 사례의 유사성은 0.75로 아주 높다. (그림 4-20)에 15사례들의 가치 공간 유사성 평가가 보여진다.

그림 4-19 안경 구매 사례와 슈즈 구매 사례 가치 공간(및 영문버전)

Product-Service	Glasses Pur	Kindergarte	Posture Ass	Child Care F	Heating Ten	Car Seat	Bicycle Clea	Shower Dev	Animation E	Shoes Purc	Van Custom	Health Infor	Air Purifier	Smart Light	Furniture DIY
Glasses Purchas	1.00														
Kindergarten Alb	0.55	1.00													
Posture Assistive	0.67	0.56	1.00												
Child Care Robo	0.68	0.53	0.63	1.00											
Heating Tent	0.54	0.41	0.58	0.53	1.00										
Car Seat	0.63	0.65	0.60	0.61	0.45	1.00									
Bicycle Cleanser	0.62	0.46	0.59	0.58	0.62	0.51	1.00								
Shower Device	0.61	0.50	0.60	0.58	0.62	0.54	0.67	1.00							
Animation Blueto	0.59	0.42	0.56	0.61	0.60	0.51	0.63	0.65	1.00						
Shoes Purchase	0.75	0.54	0.64	0.69	0.51	0.61	0.55	0.62	0.59	1.00					
Van Customizatio	0.50	0.59	0.52	0.51	0.37	0.40	0.43	0.47	0.45	0.53	1.00				
Health Informatio	0.60	0.43	0.62	0.58	0.61	0.54	0.65	0.66	0.65	0.58	0.42	1.00			
Air Purifier	0.63	0.45	0.57	0.64	0.61	0.54	0.63	0.69	0.63	0.68	0.42	0.65	1.00		
Smart Lighting	0.66	0.47	0.56	0.59	0.61	0.56	0.63	0.70	0.64	0.66	0.44	0.64	0.70	1.00	
Furniture DIY	0.62	0.64	0.63	0.61	0.51	0.67	0.57	0.59	0.57	0.61	0.50	0.59	0.53	0.56	1.00

그림 4-20 가치 공간 유사성 비교

서비스 공간 비교

제품-서비스 시스템의 서비스 컨셉들은 5등급으로 서비스 공간에서 평가된다. 제품-서비스 시스템의 서비스 공간 비교는 제품지원 서비스에서 고객지원 서비스까지 중 전반적 중점이 서로 얼마나 비슷한지, 또는 다른지로 이루어진다. 가치공간에서와 같이, 유사성 평가에 신택스 관점과 WordNet을 이용한 시맨틱 관점이 함께 반영된다.

(그림 4-16)에서 15개의 사례가 왼쪽 위의 가장 제품지원 중심의 서비스에서 아래로 내려오고, 다시 오른쪽으로 위로 올라가며 가장 고객지원 중심인 사례까지 함께 보여주었다. 카시트 사례는 *SSCC*에 2개 서비스 컨셉, *SSCp*에 1개 서비스 컨셉, 그리고 *SSPC*에 2개 서비스 컨셉이 위치하고, 유치원 앨범 사례는 *SSCC*, *SSCp* 및 *SSPC*에 서비스 컨셉 1개씩 위치하여 가장 고객지원 성향이 높은 사례들이었다.

15개 사례의 서비스 공간 유사성 평가는 (그림 4-21)에 보여진다. 슈즈 구매 사례와 안경 구매 사례가 유사성 0.88로 가장 유사한 사례들이다. 두 사례의 서비스 공간의 신택스 특성은 똑같다(그림 4-22). 두 사례 모두 *Looks*와 *Coordi* 등을 서비스 컨셉 명에 키워드로 포함하므로 시맨틱 특성도 매우 유사하다. 따라서, 이 두 사례의 서비스 공간 유사성이 높게 나온 것이다. 이 두 사례는 거의 같은 시간에 시행된 서비스화 사례들이다. 그런데 만일 어느 하나가 먼저 수행되었다면, 선행된 사례의 서비스 컨셉들이 후에 수행된 사례의 서비스 컨셉 디자인에 힌트로 이용되었을 수 있다. 가치 공간에서의 두 사례의 유사성이 0.75로 매우 높았던 점을 주목해 보면, 결국 목표 가치가 비슷했던 이 두 사례의 경우, 결과로 얻어진 서비스 공간 유사성 역시 높게 나온 것을 알 수 있다.

다시 말해, 제품-서비스 시스템을 디자인할 때, 유사한 선행 사례를 찾아, 이 들 사례의 서비스 컨셉들의 유사 추론(Analogical Reasoning)을 이용하는 디자인 전략을 이용할 수 있는 것이다. 제2장에서 다룬 Seeing–Imagining–Drawing의 순환으로 진행되는 서비스 디자인 씽킹 과정 중 대표적 Imagining 방법이 Transformation

인 것을 상기해보자. 유사추론 이용 디자인 방법이 체계적인 서비스 상상하기 방법의 하나인 것이다. 제2장에서 간략히 소개한 계층적 가치 매핑 방법도 가치 공간이 유사하게 나온 사례 들간에 이용될 수 있다.

(그림 4-21)에서 보듯, 밴 리모델링 사례와 헬쓰정보 사례의 서비스 공간 유사성이 0.26으로 아주 낮다. (그림 4-23)에서 보듯 이들 사례 사이에는 같은 서비스 공간 수준의 서비스 컨셉이 서로 아예 없다. 그러나, 서비스 공간의 유사성 평가 방법에 두 사례의 서비스 공간 상의 무게 중심 간의 거리를 이용한 평가 부분도 포함하고 있어서(Ahn *et al.*, 2020) 이들의 유사성이 0이 아닌 것이다. 카시트 사례와 캐릭터 블루투스 사례의 서비스 공간 유사성은 0.27인데, 이 두 경우는 무게 중심은 많이 떨어져 있지만, 두 사례 모두 *SSPC* 서비스 컨셉을 포함한다.

Product-Service	Glasses Pur	Kindergarte	Posture As	Child Care	Heating Ten	Car Seat	Bicycle Cle	Shower Dev	Animation E	Shoes Purc	Van Custom	Health Infor	Air Purifier	Smart Light	Furniture DI
Glasses Purchas	1.00														
Kindergarten Alb	0.59	1.00													
Posture Assistive	0.66	0.65	1.00												
Child Care Robo	0.69	0.75	0.54	1.00											
Heating Tent	0.45	0.41	0.56	0.35	1.00										
Car Seat	0.57	0.66	0.47	0.68	0.28	1.00									
Bicycle Cleanser	0.61	0.67	0.65	0.63	0.44	0.62	1.00								
Shower Device	0.63	0.63	0.56	0.65	0.37	0.73	0.74	1.00							
Animation Blueto	0.43	0.39	0.54	0.33	0.64	0.27	0.42	0.35	1.00						
Shoes Purchase	0.88	0.62	0.64	0.69	0.45	0.57	0.61	0.64	0.43	1.00					
Van Customizatic	0.58	0.44	0.66	0.41	0.70	0.32	0.49	0.40	0.56	0.55	1.00				
Health Informatio	0.41	0.65	0.43	0.56	0.36	0.61	0.56	0.54	0.48	0.42	0.26	1.00			
Air Purifier	0.61	0.62	0.75	0.63	0.44	0.61	0.71	0.70	0.42	0.60	0.51	0.51	1.00		
Smart Lighting	0.54	0.54	0.48	0.56	0.60	0.48	0.59	0.57	0.38	0.54	0.49	0.54	0.60	1.00	
Furniture DIY	0.57	0.54	0.45	0.55	0.50	0.58	0.55	0.62	0.31	0.56	0.43	0.52	0.55	0.73	1.00

그림 4-21 서비스 공간 유사성 비교

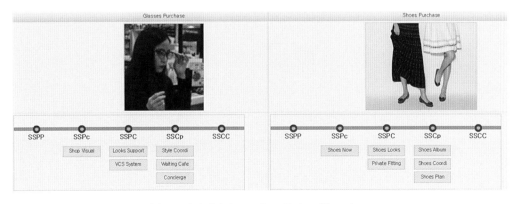

그림 4-22 서비스 공간 유사성 슈즈 구매 vs 안경 구매(0.88)

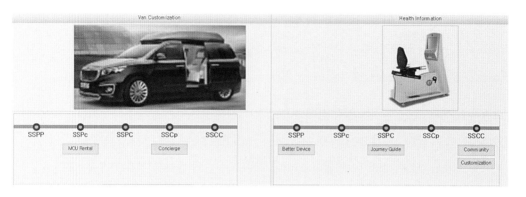

그림 4-23 서비스 공간 유사성 밴 리모델링 vs 헬쓰정보 사례(0.26)

6. 제품-서비스 시스템 프레임워크의 의미 및 역할

제4장에서는 제품, 고객, 가치, 행위자, 서비스, 비즈니스 모델, 상호작용, 시간 등 8개의 공간으로 구성된 제품-서비스 시스템의 프레임워크를 소개하였다. 이 프레임워크를 이용하여 여러 다른 제품-서비스 시스템들을 분류하고 비교하는 것이 가능하다. 다양한 제품-서비스 시스템들이 서로 어떻게 다른지를 이해할 수 있다.

제품-서비스 시스템 비교 분류의 혜택

서비스화 전략 수립

제조기업이 서비스화 전략을 수립하는 데 있어서, 당해 기업의 제품-서비스 시스템들을 분석하고 비교한다. 특히 다양한 제품 포트폴리오를 갖고 있고 많은 제품-서비스 시스템들을 갖고 있는 기업들인 경우, 이전의 제품-서비스 시스템 디자인 사례들과 비즈니스 컨텍스트와 트렌드를 반영하여 새로운 제품-서비스 시스템 디자인 방향을 잡는 것이 전략적으로 중요하다. 본 장에서 소개한 이 프레임워크를 이용하여 폭넓고 체계적인 비교를 할 수 있다. 이런 기업들은 프레임워크에 기반한 제품-서비스 시스템 저장소를 자체적으로 보유하여서 서비스화 전략과 제품-서비스 시스템 디자인 방향의 계획을 지속적으로 수행할 수 있다.

제조업 서비스화 정책을 수립하고 진흥을 도모하는 정부 부처 및 기관 들에게도 제품-서비스 시스템의 특성을 표현하고 체계적으로 비교하는 프레임워크가 핵심적 기여를 할 수 있다. 여러 다양한 제품-서비스 시스템과 서비스화 사례의 특성들로부터 비즈니스 경향을 파악하고 서비스화 지원 전략과 계획을 수립할 수 있다.

유사한 선행 사례를 통한 제품-서비스 시스템 디자인 지원

서비스화 전문가와 컨설팅 회사들도 그들이 수행한 서비스화 및 제품-서비스 시스템 디자인 사례들을 이 프레임워크를 통해 표현하여 저장하고 새로운 서비스화와 제품-서비스 시스템 디자인 작업에 이용할 수 있다. 예를 들면, 새로운 서비스화 프로젝트의 제품 공간, 고객 공간, 가치 공간 등의 내용 작업을 먼저 수행하고, 제품 공간 비교를 통해, 비슷한 제품을 다룬 선행 제품-서비스 시스템 사례들을 찾는다. 이들 비슷한 제품을 다룬 선행 사례에서 새 프로젝트를 위한 통찰력을 끌어낼 수 있다. 제품 공간의 생애주기 하위 공간을 통해, 해당 생애주기 단계 관련 다른 서비스화 사례의 분석으로 새 프로젝트에 적용할 인싸이트를 얻어낼 수도 있다. 또 새로운 생애주기 단계를 새롭게 공략하는 전략으로 새로운 비즈니스 기회를 창출할 수도 있다.

또한 가치 공간이 비슷한 이전 사례들로부터, 현재 프로젝트의 목표가치와 유사한 가치를 드라이브하기 위해 선행 사례들에서 디자인된 서비스 행위들을 찾을 수 있다. MSSF 프로젝트에서 수행된 슈즈 구매 사례와 안경 구매 사례의 경우 가치 공간이 매우 비슷하고, 서비스 공간도 매우 유사한 점을 앞서 언급했다. 실제로 이 두 사례는 거의 동시에 수행되어, 어느 한 사례가 다른 사례를 가이드하지는 않았지만, 만일 두 사례의 수행이 시간 간격을 두고 진행되었다면, 선행 사례를 통해 이후의 사례가 많은 도움을 받았을 수 있다.

8개 공간별로 다른 사례들 간의 유사성이 평가될 수 있으며, 복수의 공간을 혼합하여 유사성 평가도 가능하다. 유사성 평가를 이용하여, Analogical Reasoning 방법으로 새로운 제품-서비스 시스템을 디자인하는 것이 가능하다. 예를 들어, 상호작용 공간에서 유사한 사례를 찾아, 이 사례의 상호작용 터치포인트의 구체 정보로부터, 새로 진행하는 사례의 서비스 상호작용 터치포인트 구체 개발의 힌트를 얻어낼 수 있다.

제품-서비스 시스템 디자인 가이드

이 프레임워크가 제품-서비스 시스템 디자인 프로세스를 가이드한다. 제품-서비스 시스템 프레임워크의 각 공간과 이들 사이의 연계성을 다루어 제품-서비스 시스템 디자인 프로세스가 진행된다. 유사한 사례들을 이용하여 핵심 서비스 컨셉 디자인이 수행된다. 각 공간 간의 연계가 디자인 작업을 가이드한다. 서비스 기반 매출을 확장시키기 위해서 어떤 생애주기 단계를 확장할 것인지 관련한 정보를 제품 공간이 지원할 수 있다.

고객 공간의 고객 세그먼트 하위 공간 정보를 이용하여, 고객 세그먼트의 특성을 반영하는 맞춤화 및 고객층 확장과 침투 등의 서비스화 전략을 세울 수 있다. 고객 공간의 핵심 행위 하위 공간을 통해 해당 제품과 새로 만들어지는 서비스에 대해 고객이 어디에 중점을 두는가에 대한 전반적 상황의 성격을 특정지우는 것을 지원한다. 가치 공간은 서비스 행위가 드라이브하기 위해 디자인되는 서비스화 목표들을 표현한다. 새로운 제품-서비스 시스템의 목표 가치 주제들과 유사한 가치 주제들을 드라이브하기 위해 다른 사례에서 디자인된 서비스 컨셉과 행위들을 소스로 하는 유사추론을 통해 새로운 서비스 컨셉과 행위들이 디자인 될 수 있다.

구체적으로 현재의 상태를 고려하여 서비스화 수준을 높이기 위해 어떤 종류의 서비스 컨셉을 착상해야 할지를 서비스 공간이 가이드할 수 있다. 예를 들어 제조기업이 현재 제품지원 서비스를 제공한다고 하면, 약간의 고객지원 서비스 관점을 추가하는 서비스로 차기 서비스 컨셉 목표를 설정할 수 있다. 또한 서비스 공간의 관점들 중 상호작용 관점과 맞춤화 관점을 향상시키는 방향에 타겟팅할 수 있다. 그리고는 제품-서비스 시스템 사례 저장소에서 이러한 특성을 갖고있는 서비스 컨셉들을 찾아볼 수 있다. 서비스 상호작용을 $SSPC$ 수준에서 $SSCp$ 수준으로 향상시키는 전략을 세웠다면, 제품-서비스 시스템 저장소에서 $SSCp$ 수준의 서비스 컨셉을 갖고 있는 사례를 찾아서, 이들 사례의 특정한 서비스 행위들을 소스로 참조하여 새로운 서비스 상호작용으로 전환하여 디자인할 수 있다. 이들 검색된 사례 들의 상호작용 공간에 표현된 구체 상호작용 내용을 스터디하는 것이다. 서비스 공간이 새 제품-서비스 시스템의 핵심 서비스 특징을 나타내고 해당 제품-서비스 시스템의 서비스 고도화 수준과 관점에서의 강조점과 자리매김을 정하는 것이다.

비즈니스 모델 공간이 각 비즈니스 모델 관점별 비즈니스 전략을 제시한다. 서비스 컨셉과 비즈니스 모델 전략 간의 연계가 서비스 컨셉의 선정여부에 중요한 역할을 하고, 이런 수많은 순환과정이 반복되며 서비스화 과정이 진행되는 것이다. 행위자 공간을 통해 새 제품-서비스 시스템의 에코시스템에서 어떻게 협력 파트너들을 확장할지가 결정되는 지원을 받는다. 어떤 터치포인트와 서비스 전달과정을 통해 이들 행위자들 간의 가치창출 관계가 어떻게 형성되고 유지되는지 등이 상호작용 공간과 시간 공간에서 다루어진다. 이런 식으로 프레임워크가 제품-서비스 시스템 디자인을 가이드한다.

프레임워크의 특장점

본 프레임워크는 서비스화의 제시 조건 관점이라 할 수 있는 제품, 고객, 행위자, 가치 공간 등과 제품-서비스 시스템 디자인의 결과 관점이라 할 수 있는 서비스, 비즈니스 모델, 상호작용, 시간 공간 등 포괄적인 시각을 다 아우른다. 비즈니스 모델 공간에는 빨간색으로 표시되는 비즈니스 모델 각 관점별 비즈니스 모델 전략뿐 아니라 각 사례에서 이들 전략이 적용된 성격을 설명하는 시맨틱 정보를 파란색 키워드로 제공한다(그림 4-10, 그림 4-11 참조). 따라서 과연 특정 전략이 채택되었는지 아닌지에 대한 신택스 정보와 함께 제공되어 다른 제품-서비스 시스템 사례들 간의 구체적이고 상황을 반영하는 의미 있는 비교가 가능하다.

본 프레임워크는 분류 평가의 기능뿐 아니라, 제품-서비스 시스템의 상세한 특성들을 포괄적으로 열거하는 기능을 제공한다. 이들 상세한 특성들이 소프트웨어 시스템으로 제시되며 서비스 블루프린트 등 소프트웨어 기반 제품-서비스 시스템 디자인 지원도구(Kim et al., 2013; Kim et al., 2018; 김용세, 2018) 등과 링크되어 있다. (그림 4-2), (그림 4-6), (그림 4-7), (그림 4-8) 및 (그림 4-9) 등에서 보는 것처럼 각 공간의 특성들이 기술되고 검토될 수 있다.

본 프레임워크는 대략적인 비교와 상세한 비교를 모두 다 가능하게 한다. (그림 4-3), (그림 4-4) 및 (그림 4-5) 등에서 보듯 두 제품-서비스 시스템이 각 공간에서 나란히 비교되어 제시되므로 사용자가 각 특징들을 직관적으로 이해하고 비교할 수 있다. 서비스 공간의 경우, 각 사례별로 서비스 컨셉들의 평가를 검토하고, 비교할 수 있다. 서비스 공간의 얼마나 많은 서비스 컨셉들이 5개의 등급별로 분포되어 있는지를 확인할 수도 있고, 제품지원 서비스와 고객지원 서비스 관점에서의 상대적인 중점을 확인할 수 있다. 또한 서비스 공간의 관점별로 점진적인 서비스 개선 방향을 파악하는 것도 지원한다.

본 프레임워크는 제품-서비스 시스템들의 비교에 있어서, 정성적인 비교와 정략적인 비교를 모두 제공한다. 제품-서비스 시스템 디자이너들의 직관적인 비교 평가도 지원하고, 컴퓨터 기반 표현 체계이므로, 객관적인 평가 알고리즘을 이용한 정량적인 객관적 비교도 지원한다. 또한 대부분의 공간이 계층적인 표현체계를 이용하고, 신택스 정보와 시맨틱 정보를 포함한다는 장점을 갖고 있다. 유사성 평가 알고리즘(Ahn et al., 2020)은 본 저서에서는 설명하지 않지만, 유사성 평가 방법의 구체 알고리즘들이 이러한 특성을 반영하여 효과적인 유사성 평가를 제공한다. 알고리즘에 기반한 정량적인 유사성 평가가 제공되므로 수백 개의 제품-서비스 시스템들의 유사성과 차별성들을 순식간에 확인할 수 있다. (그림 4-18), (그림 4-20) 및 (그림 4-21)에 보는 것처럼 여러 사례들의 Pairwise 비교가 가능하다. 사용자가 해당 비교 테이블에서 각 Pair에 해당하는 셀을 클릭하면 (그림 4-18), (그림 4-19), (그림 4-22) 및 (그림 4-23)에서 보듯 이 두 사례를 나란히 비교하여 보여준다. 여러 가지 다양하고 복잡한 조회들도 가능하다.

제품-서비스 시스템 프레임워크의 중요성

많은 제조기업들이 디지털 트랜스포메이션 시대의 메가트렌드에 대비하는 비즈니스 이노베이션을 이루기 위해 당해 기업 제품의 강점에 연계하여 새로운 서비스를 디자인하여 제품-서비스 시스템을 개발한다. 당해 기업의 비즈니스 컨텍스트와 고객들의 니즈에 따라 이런 서비스화 프로세스와 제품-서비스 시스템들은 각기 다

다르다. 산업통상자원부의 제조업 서비스화 지원 프레임워크 과제를 통하여, 여러 서비스화 사례들을 비교하고, 제품-서비스 시스템 디자인 프로세스를 지원하기 위해 제품, 고객, 가치, 행위자, 서비스, 비즈니스 모델, 상호작용, 시간 등 8개의 공간으로 구성된 제품-서비스 시스템 프레임워크를 개발하였다. 이 프레임워크를 이용하여 제품-서비스 시스템 저장소를 개발하였고, 제품, 가치, 서비스 공간의 유사성 평가 등 15개의 제조기업의 서비스화 사례를 비교하였다.

이 프레임워크는 상위개념의 특성뿐 아니라 이에 연계된 구체 디테일 정보도 제공한다. 제품 정보와 고객, 관련자 및 이들의 추구 가치 정보를 포함한 비즈니스 컨텍스트 정보를 다루고, 서비스 컨셉, 비즈니스 모델 전략, 상호작용 정보 등을 포함한 새로이 디자인된 제품-서비스 시스템 특성 정보를 제공한다. 서비스화 사례들의 대략의 비교와 상세한 비교분석을 모두 지원하며, 유사성 평가 알고리즘에 기반한 정략적인 제품-서비스 시스템의 비교를 제공한다. 이 프레임워크는 제조기업의 서비스화 전략의 평가를 입체적으로 지원할 뿐 아니라, 제품-서비스 시스템 개발 방향을 파악하여 미래 서비스화 전략을 수립하는 데 핵심적 지원을 한다.

Systematic Design for Personalized Customization Services
Using Experience Evaluations

경험평가기반
고객경험 맞춤화 서비스 디자인

1. 고객경험과 경험평가

4차 산업혁명

제1장에서 언급한 것처럼, 글로벌 컨설팅 기업 Capgemini는 Industry4.0의 기업성장의 핵심요소로, 스마트 제품과 스마트 서비스로 구성되는 스마트 솔루션과 고객과의 협력에 의한 이노베이션, 그리고 After-Sales In-Use 서비스에 기반한 수익창출 등을 꼽았다(Capgemini, 2014). 국내에서 강조하는 스마트 팩토리 등은 효율 증진 요소인 것이다. 디지털 트랜스포메이션 전략에는 서비스에 기반한 매출 창출이 중요한 자리를 차지한다. 제품-서비스 시스템을 통한 서비스화가 디지털 트랜스포메이션 시대의 비즈니스 이노베이션 전략으로 많은 주목을 받고 있는 이유이다.

4차 산업혁명의 혁명적인 측면은 바로 고객의 참여가 쉬워지고 급속히 늘어난다는 점이다. 4차 산업혁명의 저자 Schwab(2016)에 따르면 기업에 대한 고객들의 기대는 이제 고객 경험으로 재정의되고 있으며, 고객 세그먼트의 기준도 고객 참여 의지에 기반하게 바뀌고 있다. 프리미엄 가격을 기꺼이 지불할 의지가 있는 고객을 핵심 타겟으로 하는 프리미엄 고객 타겟팅 전략이 디지털 트랜스포메이션 시대에서는 더 많은 혜택을 위해 참여와 연루를 기꺼이 하는 고객들에 대한 타겟팅으로 전환될 수 있는 것이다. 디지털 트랜스포메이션의 핵심으로 고객 경험 관리와 서비스 기반 매출 전략을 꼽게 되는 것이다.

고객경험

20여년전 Pine과 Gilmore가 주창한 경험경제(Experience Economy)가 이제 현실로 다가와 고객경험 디자인과 관리가 비즈니스 경쟁력의 핵심 사항으로 떠오르고 있다(Schmitt, 2011; Teixeira *et al.*, 2012; Klaus, 2014). 고객 경험은 기업과 그 기업의 제품 및 서비스를 접하며 고객이 감각하고, 느끼고, 생각하고, 행동하며, 관계짓는 모든 것이라 할 수 있다.

고객 경험은 여러 터치포인트와 채널을 통해 고객이 접하는 감성적, 정서적, 인지적, 물리적, 사회적 반응을 모두 포함한다. 이러한 고객 경험은 특정 사건으로부터 크게 영향받을 수 있고, 앞서의 경험들이 향후의 경험에 영향을 주며, 계속 변화하고, 진화한다. 특정 기업의 특정 제품이나 서비스를 새롭게 발견하고, 관련 정보를 탐색하고, 구매 과정을 거쳐, 필요하면 도움을 요청하기도 하며 이를 사용하고, 사용 경험에 대한 의견을 다른 고객 또는 잠재 고객들에게 공유하는 등 고객이 거치게 되는 일련의 여정 중의 고객 경험 과정은 계속 다이나믹하게 변하며 순환된다. 고객 경험은 고객이 직접 참여하여 만들어내는 것이다(Verhoef *et al.*, 2009; Zomerdijk & Voss, 2010; Lemon & Verhoef, 2016).

고객 경험은 상황(Context)의 영향을 많이 받는다. 1990년 초반 Bitner 등은 시간, 장소 등 물리적 환경 관점의 상황을 다뤘고, 이어 참여자들의 영향을 고려하는 시각도 있다(Edvardsson *et al.*, 2005). 이러한 상황도 계속 변화한다는 시각이 중요하다(Zomerdijk & Voss, 2010; Lemon & Verhoef, 2016). 저자는 2011년에 상황기반 행위모델링(Context-based Activity Modeling; CBAM)이라는 사람의 행위를 구체적이고, 정형적으로 모델링하는 방법을 개발하였다(Kim & Lee, 2011; 김용세, 2018). 서비스는 기본적으로 타인의 가치를 위해 수행하는 인간 행위이므로(Kotler & Armstrong, 1999), 서비스를 구체적이고 상세하게 디자인하기 위해 개발한 행위 표현 방법이다. CBAM 방법에서는 행위를 행위동사, 행위자(Actor), 대상물(Object), 도구(Tool) 및 상황(Context) 등 행위요소(Activity Element)들로 표현하며, 상황은 다시, 목적상황(Goal Context), 관련구조물상황(Relevant Structure), 물리적상황(Physical Context), 심리적상황(Psychological Context) 등 상황요소(Context Element)들로 표현된다. CBAM방법은 상황을 체계적으로 또한 풍부하고 구체적으로 표현하는 프레임워크 역할을 한다. 예를 들면, 행위자 행위요소는 능동적 행위자, 피동적 행위자, 제3자 행위자 등으로 또다시 체계적으로 표현된다. 고객 경험이 고객 행위 모델링과 연계되면, 고객 경험의 상황정보를 아주 풍부하게 표현하는 것이 가능하게 된다.

경험 평가

고객의 경험에 대한 이해를 높이고, 경험 서비스를 평가하기 위해, 경험이 평가 측정되어야 한다. 1990년대 초 Bitner교수팀은 고객의 행태를 관찰하고, 만족감을 느끼게 한 특정한 사건이 무엇이었는지를 묻는 방식을 이용하였다. 이런 방식이 경험 평가의 한 방법이지만 만족감을 준 사건만으로는 경험을 평가하기에 부족하다. 제품사용 경험, 결과에 대한 평가, 감동의 순간, 마음의 평화 등의 항목으로 구성된 서베이를 이용하는 방법도 있다(Klaus & Maklan, 2012). 이들 서베이의 구체 항목은 제품 선택 및 다양성 여부, 결과가 쉽고 빠른지 등 단순한 설문과 문제 대처, 사정 고려 등 주로 맞춤화 케어 관련, 지속적 형성되는 관계 등에 관련된 설문이다. 경험가치 관점에서 보면, 이들 서베이 항목 등은 빠르고, 쉽고, 선택하는 등 단순 기능적 경험 가치, 전문성, 맞춤화 등 고도의 기능적 경험 가치, 그리고 케어해주는 사회적 경험 가치 등을 포함한 이성적 경험을 주로 다룬 것이다.

그런데 경험이란 경험이 진행될 때 그 가치가 발현되는 것으로 사후에 진행되어 기억에 의존하는 서베이는 절대로 실제 경험을 그때의 느낌 그대로 제대로 평가할 수 없다. 경험의 폭이 넓어지고, 중요성이 부각되어가며, 현장성 있는 평가가 필요하다. 일화의 형식으로 셀프 리포트하는 경험 샘플링(Experience Sampling) 방법이 의미 있는 경험 평가 방법이 된다(Csikszentmihalyi *et al.*, 1977; Hektner *et al.*, 2007). 일반적인 경험 샘플링 방법에서는 미리 정해놓은 시간에 또는 랜덤하게 요청을 받았을 때 참여자가 셀프 리포트하거나 또는 구조화된 질문에 대한 답변을 보내는 식으로 진행된다. 이 방법의 특별한 특징은 경험이 진행되는 자연스런 환경에서 이루어지는 실질 경험에 대한 응답으로서, 생태학적인 타당성(Ecological Validity)이 보장되는 평가 방법으로 인정되고 있다(Scollon *et al.*, 2003).

경험 샘플링 방법에 상황 정보를 연계하여 개선된 방법인 상황반영 경험 샘플링 및 분석(Context-specific Experience Sampling and Analysis; CESA) 방법을 저자가 2011년 개발하였다(Kim *et al.*, 2011b; 김용세, 2018). CESA방법을 이용하면, 사용자의 주관적인 경험 평가와 물리적 상황 정보가 연계된다. 고객 경험이 디지털 형식으로 평가되고 저장되어, 경험 평가 데이터를 활용한 디지털 서비스의 맞춤화가 가능하게 된다.

성공적인 고객 경험 디자인과 관리의 핵심은 고객 경험가치를 파악하고 이해하는 것이다. 제2장에서 소개한 바와 같이, 경제적, 환경적, 경험적 가치 등 E3 가치, 특히 기능적, 사회적, 정서적, 학습적 가치를 포함하는 경험적 가치를 모델링하는 과정이 제품-서비스 시스템 디자인 과정의 첫 단계 공감하기의 핵심이 된다.

제품-서비스 시스템 디자인 관련 동향

제품-서비스 시스템 디자인이 처음 소개되던 2000년대 초반에는 경제적 가치에 추가하여 환경적 가치를 제공하는 것이 주요 관심사였다(Goedkoop *et al.*, 1999; Tukker, 2004). 제품-서비스 시스템 분야 개발 초기에는 대체로 소비자 지향적인 B2C 제품-서비스 시스템 방법들은 많이 출현하지 않았으나(Rexfelt & Ornäs, 2009), 최근 들어 경험 가치를 강조하는 제품-서비스 시스템들이 관심을 받기 시작했다. 서비스 마케팅 분야에서의 연구결과로 고객 경험의 본질과 다양한 특성들에 대한 이해가 점점 쌓아진 현황을 반영하여 이러한 경향이 나타나게 된 것이다.

저자는 경험가치 및 고객 행위를 강조하며, 기능 모델링과 행위 디자인이 융합된 제품-서비스 시스템 디자인 방법을 2010년 시카고에서 개최된 Design and Emotion 학술대회에서 발표했다(Kim *et al.*, 2010). 이때 저자와 만나게 된 TU Delft 대학의 de Bont교수가 주도하여 네덜란드에서 시작된 크리에이티브 인더스트리 대상의 대규모 제품-서비스 시스템 과제인 CRISP 프로젝트에서는 기존에 이미 알려진 서비스 컨셉들을 조합하는 방식이 아니라, 완전히 새롭게 제품-서비스 시스템을 디자인하는 방식을 추구하였다(Gemser et al., 2012; Kuijken, 2013). 제품의 서비스화 관점 뿐 아니라, 서비스의 제품화를 강조하는 제품-서비스 시스템 개념 디자인 방법이 벨기에의 Antwerp 대학에서 개발되었다(Dewit, 2014).

저자는 (1) 관련자들의 다양한 가치를 찾아내고, (2) 이러한 가치를 드라이브하는 서비스 수혜자와 제공자의 행위를 디자인하고, (3) 수혜자와 제공자 간의 서비스 상호작용 그리고 서비스 사용자와 물리적 터치포인트 간의 상호작용을 디자인하고, (4) 서비스의 관련자들의 경험을 평가하고 관리하는 과정의 순환으로 구성된 체계적인 서비스 디자인 방법론을 개발하였다(Kim *et al.*, 2013; 김용세, 2018). 제조 기업의 제품에서 시작되는 서비스화에 이 디자인 프레임워크가 적용되지만, 고객 경험 가치를 제공하기위해 새롭게 서비스 경험 행위가 디자인될 때, 이런 행위를 가능하게 하는 새로운 제품 요소들 또한 새롭게 디자인되는 것이다. 이를 위해 인간의 행위를 자연스럽게 유발하는 메시지인 행위유발성(Affordnace)(김용세, 2018)을 이용하는 제품요소 디자인 방법이 새로이 개발되었다(Kim *et al.*, 2012).

저자의 방법론을 비롯하여, 최근 제품-서비스 시스템 디자인 방법들은 포괄적이고 체계적인 방법으로 발전하였다. 상호작용과 인간 중심의 경험 디자인 시각으로 고객 경험의 특성을 반영하여 고객 경험을 도모함을 주된 디자인 목적으로 하는 제품-서비스 시스템 디자인 방법론들이 나타나게 되었다(Kim *et al.*, 2013; Valencia *et al.*, 2015; Costa *et al.*, 2018; Dewit, 2019). 그러나 B2C 개인 소비자들에게 개인화된 수준의 맞춤화 서비스를 제공하는 구체적이고 체계적인 제품-서비스 시스템 디자인 방법론이 아직 출현하지 않은 상태이었다.

최근 B2C 제품-서비스 시스템을 지원하는 고객 경험과 소비자 행태의 핵심 특징들이 다음과 같이 파악되었다.

- 긴밀한 상호작용과 다양한 고객 참여와 연루를 도모하는 소비자 연계 이슈 (Valencia *et al.*, 2015; Fels *et al.*, 2017)

- 소비자에게 사용에 대한 정보를 피드백하여 주고, 소비자가 직접 관련 컨텐츠를 선택하게 하는 것 등을 포함하여 소비자 평가 및 사용 데이터 이슈(Rexfelt & Ornäs, 2009; Valencia *et al.*, 2015)

- 정서적 관점을 직접적으로 연계시키는 서비스 디자인 틀(Stacey & Tether, 2015)

- 동료 소비자들의 추천 등을 포함하는 커뮤니티 소속감과 소통 이슈(Rexfelt & Ornäs, 2009; Valencia *et al.*, 2015)

- 개인의 선호도를 반영하는 맞춤화 및 개인화 이슈(Rexfelt & Ornäs, 2009; Coelho & Henseler, 2009; Gemser *et al.*, 2012; Zine *et al.*, 2014; Fels *et al.*, 2017).

즉 밀접한 소비자 참여를 포함하고, 소비자 간의 소통이 활성화되고 소비자 평가와 사용 데이터 정보를 활용하고, 정서적 관점을 구체적으로 연계하는 요소를 포함하는 개인 맞춤화 서비스가 바람직한 고객 경험 서비스라는 것이다.

그렇지만 아직 이들 경험 특징들을 구체적으로 지원하는 체계화된 제품-서비스 시스템 디자인방법은 개발되지 못한 현황이었다. 저자는 제품-서비스 시스템의 생애 주기 중 사용 단계에서 소비자가 Co-Create하는 소비자 경험에 대한 디지털화된 평가 데이터를 시스템의 다양한 부품들로부터 획득되는 여러 상황 정보와 연동하여 이용하는 개인 맞춤화 고객 경험 디자인 방법을 개발하였다. 이는 최근 *International Journal of Product Development*에 SD Thinkers의 홍연구 박사와 함께 발표한 논문(Kim & Hong, 2019)으로 소개되었다. 이번 장에서는 기반이 되는 CBAM방법과 CESA방법을 간략히 소개하고, 사용자의 주도적 참여로 축적되는 상황 반영 경험 평가 데이터에 기반한 개인화 서비스 디자인 방법을 구체적으로 설명한다. 그리고 경험 평가 기반의 개인화 수준의 맞춤화 서비스 디자인 방법의 검증으로 스마트 서비스 경험 디자인 사례를 구체적으로 소개한다. 이어서, 디지털 트랜스포메이션 시대의 스마트 서비스 맞춤화 플랫폼을 여는 이 방법의 의미에 대한 토론으로 마무리하게 된다.

2. 상황기반 행위모델링(Context-Based Activity Modeling)

행위는 (그림 5-1)에서 보는 CBAM 방법으로 구체적으로 상세하게 표현된다(Kim & Lee, 2011; 김용세, 2018; Kim & Hong, 2019). 행위 표현의 핵심은 행위동사(Action Verb)이다. 행위 대상(Object)은 행위의 대상이다. 행위는 당해 행위의 주관 관련자인 능동적 행위자(Active Actor)에 의해 수행된다. 어떤 경우에는 수동적 행위자 및 제3자 행위자도 있기도 하다. 행위 수행에 도구(Tool)가 이용될 수도 있다. 행위대상과 도구는 제품, 서비스 또는 제품-서비스 시스템의 형태를 갖게 되는데, 이들은 기능(Function), 성질(Behavior), 구조(Structure) 요소를 갖는다(Gero, 1990; Umeda et al., 1990; 김용세, 2018, 92쪽). 정적 특성, 동적 특성 및 평가 결과(Assessment) 등 행위자의 특성 등이 사용자 모델링 방법에서와 같이 행위자를 구체적으로 수식한다(Chen & Mizoguchi, 1999; 김용세, 2018, 53쪽). 정적특성에는 성별, 나이, 직업, 인지적 특성, 물리적 특성 등이 포함되고, 동적 특성에는 감정 상태와 같이 수시로 변하는 특성이 포함된다. 평가 결과는 행위자의 지적 수준, 경험 평가 등을 포함한다. 이러한 행위자 모델링이 개인 맞춤화를 제공하는 스마트 경험 서비스에서 핵심적인 역할을 한다는 점을 주목해야 한다. CBAM 방법을 통해, 행위는 행위자, 행위동사, 행위대상, 도구 및 상황이라는 행위요소(Activity Element)들로 표현된다.

행위표현은 상황이라는 행위요소로 더욱 상세하게 표현된다. ISO의 Usability 표준의 상황 정의(ISO, 2006)를 일부 수정하여, 상황을 목적 상황(Goal Context), 관련 구조물 상황(Relevant Structure), 물리적인 상황(Physical Context), 심리적인 상황(Psychological Context) 등의 상황요소(Context Element)로 표현한다. 관련구조물은 행위대상과 행위동사에 연관된 구조물들을 포함한다. 물리적 상황은 시간, 장소, 날씨 등 행위가 수행되는 물리적 환경 특성들이다. 이런 물리적 상황 정보는 스마트폰 및 다양한 IoT 센서들로부터 얻어질 수 있음을 주목할 수 있다. 심리적 상황에는 감성, 동기, 사회적 상황 등이 포함된다. 사회적 상황은 예를 들어 해당 행위가 공개적으로 진행되는지 프라이빗하게 진행되는지 그리고 홀로 수행되는지 다른 사람들과 함께 수행되는 등의 정보를 포함한다. 따라서 행위는 "어떤 목적과 물리적, 심리적 상황에서 능동행위자가 (피동적 행위자에게)(도구를 이용하여) 관련구조물과 연계된 행위대상에 대해 어떤 행위를 하는지"로 구체적으로 표현되는 것이다. 이렇게 상세하고 풍부한 행위 표현 체계가 인간 중심의 경험 디자인을 하는 데 있어서 필요한 경험 이슈를 연계하는 체계적인 밑바탕을 제공하는 것이다.

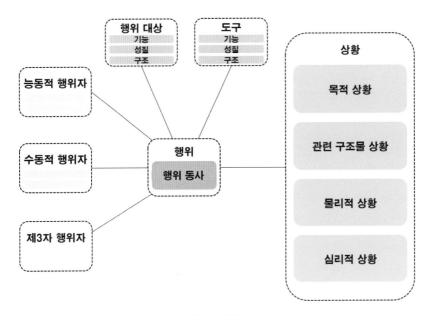

그림 5-1 상황기반 행위모델링(Kim & Lee, 2011)

3. 상황 반영 경험 샘플링 및 분석

경험 디자인에 유용할 만한 장점들에도 불구하고, 경험 샘플링이 경험 디자인 및 리서치에 별로 쓰이지 않고 있다. 종래에 써오던 경험 샘플링 방법은 상황 정보의 객관적 수집 노력 없이 단순히 사용자에게 상황정보 제공을 기대하므로 사용자 입장과 행위를 체계적으로 조사하지 못한다. 사용자의 표현에만 의존하여 상황정보를 수집하는 것이다. 이런 경우 시간 지연 이슈가 있다. 경험 샘플링 방법은 오픈형(Open-Ended)의 질문을 제시하기 때문에, 시간 지연이 또 생기기 쉽다. 따라서 상황 데이터를 제대로 수집하기 위한 객관적 방법을 제시하고, 상황의 영향을 받는 제품 및 서비스에 적용 가능하고, 참여자들이 적절하고 빠르게 응할 수 있는 효율적인 경험 측정을 제공하고, 여러 가지 상황과 환경에 적용 가능하고, 객관적인 데이터를 쉽게 생성할 수 있는 경험 샘플링 프레임워크로서 상황반영 경험 샘플링 및 분석(Context-specific Experience Sampling and Analysis; CESA) 방법을 개발하였다 (Kim et al., 2011b). CESA 프레임워크는 경험 조사 과정, 샘플링, 분석 등으로 구성된다.

경험 조사 과정

경험 조사 과정은 핵심 경험 가치 주제를 뽑아내는 과정이다. 경험 평가와 경험 디자인 과정에 이용할 경험 가치 주제를 찾아내서 상황 반영 평가에 이용한다. 이 과정은 다시 경험 찾아내기(Experience Pooling), 경험 가려내기(Experience Sorting) 및 경험 주제 뽑아내기(Experience Theme Extraction) 등으로 진행된다.

경험 찾아내기는 Generative Tools(Visser et al., 2005), Experience cut-in 분석(Kim et al., 2011b) 등 경험 조사 방법들을 통한 데이터 수집 과정이다. Experience cut-in 분석은 정서적인 경험에 대한 탐구조사를 위해 상황을 반영하여 질문을 하기 위하여, 사용자의 제품 및 서비스 이용 비디오 기록으로부터 잘라낸 사진을 이용하는 인터뷰 방법이다. 잘라낸 사진은 결국 사용자의 실제 상황에서의 경험의 일부, 즉 잘라낸 경험인 것이다. Generative Tools, Cultural Probe, 관찰과 회상 인터뷰 등도 이용된다.

경험 가려내기에서, E3 Value Concept(Cho et al., 2010)의 경험 가치 체계를 이용하여 경험 찾아내기 과정에서 나온 많은 경험 어휘들을 체계적으로 분류한다. 경험 가치 주제어들이 타겟 사용자에게 제시되고, 사용자들은 구체 상황하에서의 사용자의 선호도에 따라, 이들 중 선택한 경험 가치 주제들에 대해 경험 수준을 평가하는 방식으로 경험 평가가 진행될 것이다. 이에 앞서, 서베이 형식으로 경험 가치 주제들이 일차 평가된다. 사용자들이 경험을 만들어가며, 가치 주제들에 대해 경험 수준을 평가하기 때문에 동시에 많은 경험 평가 주제를 사용자에게 제시하지 못한다. 따라서, 평가에 쓰일 가치 주제들을 가려서 뽑아내야 하는 것이다.

경험 샘플링

경험 샘플링은 경험 조사 과정에서 얻어낸 경험 가치 주제 관점에서 경험을 평가하는 것이다. 고객 경험 여정 상의 핵심 터치포인트들에서 각 터치포인트에 적절한 구체적인 경험 가치 주제에 대해, 휴대용 또는 고정된 디바이스 등을 통해 사용자의 경험이 평가된다. 여기서 행위 진행상의 타당성을 보장하면서 빠르게 실시간으로 평가를 진행하는 것이 중요하다. CESA 방법에서는 여러 디바이스 및 센서들을 통해 얻어지는 물리적 상황 정보가 경험 평가에 연동된다. 예를 들어, 사무 조명 사례의 경우, 사무 작업 경험이 평가되는 그 시각의 조명 환경의 색온도 및 조도 정보가 획득되어 함께 기록된다. 이런 식으로 사용자의 경험 데이터가 상황데이터와 연계되는 것이다. 특히 경험 중의 사용자의 별다른 관여 없이, 물리적 상황 데이터가 자동으로 획득되어, 경험 평가에 연계된다. 물론 사용자는 사전에 물리적 상황 데이터의 연동 수준 및 경험 평가 빈도 등을 사용자의 의도에 따라 설정하게 된다. 정량적, 정성적 경험 분석이 이어 진행된다. 경험 샘플링 결과, 샘플링 시점의 해당 물리적 상황 정보 및 기타 상황 정보 등을 종합하여 분석이 진행된다.

서비스 프로토타이핑의 경험 평가

CESA를 이용한 경험 평가는 서비스 디자인 프로토타이핑 경험에 대한 주관적 셀프리포트로서 서비스 디자인 과정에 이용된다. 예를 들어 (그림 5-2)에서 보듯, 소규모 가구 회사의 서비스화 사례에서 진행된 행복맞춤목공소 DIY 서비스 프로젝트의 경우(Kim *et al*., 2015c; 김용세, 2018), 서비스 여정 중의 각 참여 가족의 경험이 재미, 친숙함, 뿌듯함, 학습, 맞춤화 등의 경험가치주제를 이용하여 가족의 어머니를 통해 평가되었다. 각 터치포인트별로, 경험가치 주제들의 다른 조합이 제시되었고, 참여자들은 이들 중 선택하여 평가하게 된다. 경험평가가 서비스 경험의 Pain 포인트와 Delight 포인트를 찾아내는 데에 중요한 역할을 한다. 또한 순환 반복적으로 진행하는 서비스디자인 과정 중 시행되는 여러 가지 프로토타이핑들을 비교하는 데에도 큰 역할을 한다.

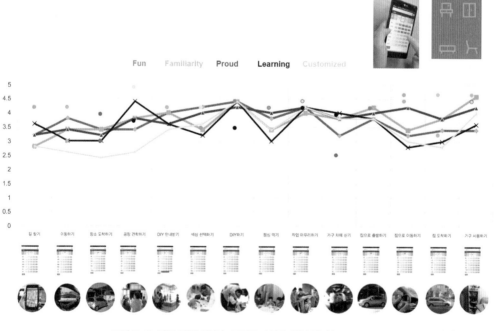

그림 5-2 가구 DIY 서비스 프로토타이핑 경험 평가(Kim *et al*., 2015c, 수정됨)

4. 개인 맞춤화 서비스 디자인

서비스란 서비스 수혜자를 위한 서비스 제공자의 행위이며, 따라서 서비스 디자인은 행위 디자인이다. 행위는 CBAM 방법으로 표현된다. 저자가 개발한 서비스 디자인 방법은 (그림 5-3)에서 보는 것처럼, (1) 관련자들의 다양한 가치를 찾아내고, (2) 이러한 가치를 드라이브하는 서비스 수혜자와 제공자의 행위를 디자인하고, (3) 수혜자와 제공자 간의 서비스 상호작용 그리고 서비스 사용자와 터치포인트 간의 상호작용을 디자인하고, (4) 서비스 관련자들의 경험을 평가하고 관리하는 과정의 순환으로 진행된다(Kim *et al.*, 2013; 김용세, 2018). 경제적, 환경적, 경험적 가치(E3 Value)를 포함한 다양한 가치를 찾아내는 것이 중요하다. 관련자들의 행위는 여러 상황 요소들을 고려하도록 디자인된다. 터치포인트에 신경을 써서 상호작용을 디자인해야 한다. 그리고 고객뿐 아니라 관련자들의 경험을 평가하고 관리하여 순환 과정을 피드백하여 서비스의 디자인이 진화하며 전개되는 것이다. 이러한 전반적인 서비스 디자인 프로세스 상에서, 제품-서비스 시스템을 통한 서비스화 추진을 위해서 서비스 경험이 맞춤화 디자인되는 구체적이고 체계적인 방법을 (그림 5-4)에 보는 바와 같이 소개한다. (그림 5-3)의 가로로 전개된 4단계 서비스 디자인 프로세스가 (그림 5-4)에서는 세로로 전개되며 각 단계의 구체 프로세스가 적용 방법론 및 도구, 결과물들과 함께 정리되어 있다.

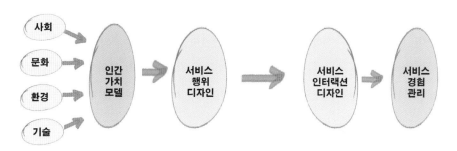

그림 5-3 서비스디자인 프로세스(김용세, 2018)

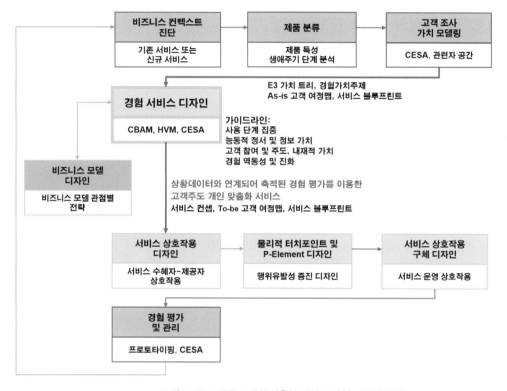

그림 5-4 고객주도 개인 맞춤화 서비스 경험 디자인 방법

비즈니스 컨텍스트 진단

제조기업 비즈니스 이노베이션을 위해 제품-서비스 시스템의 새로운 서비스를 디자인할 때 우선 해당 제조기업의 비즈니스 컨텍스트를 진단한다. 해당회사의 제품들이 서비스화를 추진하기에 적절한지를 진단하기 위해 제품 포트폴리오를 분석한다. 해당회사의 조직 측면을 살펴보고 경제적, 기술적, 조직 문화 등의 관점에서 장단점을 파악한다. 해당 업계의 기존 서비스화 방향에 참여했을 때 의미있는 매출 창출이 가능하다면, 당장 새로운 서비스를 디자인하지 않아도 될 것이다. 고객들이 새로운 서비스 경험을 바라고 있다면, 제품 사용 단계에 연계된 새로운 서비스와 경험을 디자인 하는 것이 바람직하다. 진단 방법의 구체 내용은 앞서 발표한

비즈니스 이노베이션 서비스 디자인(김용세, 2018)에서 소개하였다. 이 장에서는 진단 결과 기존의 서비스 영역에 진입하지 않고, 새로운 서비스를 디자인하는 방향이 결정되었음을 가정한다.

제품 분류 및 관련 생애주기 단계

새로운 서비스가 디자인될 대상 제품의 특성을 자세히 조사한다. 제4장에서 앞서 설명한 제품-서비스 시스템 표현 프레임워크(Kim, 2020a) 중 제품 공간 제품의 분류와 생애주기 단계를 표현한다. 해당 제품의 분류를 통해, 이 제품이 속한 제품군의 주요 트렌드와 성질을 조사한다. 또한 당해 제조기업이 이 제품의 어떤 생애주기 단계에 연계된 비즈니스를 수행하는지도 제품 공간 분석을 통해 확인한다. 아직까지의 고객 경험에 대한 마케팅 분야 연구에서는(Lemon & Verhoef, 2016), 고객 여정을 구매 전, 구매 및 구매 후 단계로 나누는 구매에 중점을 두어 제품 생애주기를 다루어 왔다. 그러나 저자는 제품의 사용 단계의 생애주기 및 그에 연관된 고객관여 행위에 중점을 두어야 한다고 생각한다. 현재 해당회사가 제품과 연계된 어떤 생애주기에서 비즈니스를 수행하는지에 대한 파악은 새로운 서비스를 통해 어떤 다른 생애주기로 비즈니스 범위를 확장할지를 연구하는 데 중요한 역할을 한다. 이제는 구매-판매 단계 이후의 고객 경험을 다루는 서비스가 많이 디자인될 수 있음을 주목해야 한다.

고객조사 및 가치 모델링

제4장에서 설명하였듯이, 제품-서비스 시스템 표현 프레임워크의 고객 공간(Actor Space)은 고객 세그먼트의 특성과 당해 제품이 고객의 어떤 행위에 연계되었는지를 보여준다(Kim, 2020a). 현재의 고객 경험을 이해하기 위해 As-Is 저니 맵과 서비스 블루프린트를 만들고, 핵심 행위들을 CBAM 방법으로 모델링한다.

고객 리서치의 중요과정으로, 경험 조사 과정이 수행된다. 여러 가지 공감하기 (Empathize)조사 방법을 이용하여, 고객여정의 각 터치포인트에서 고객이 감각하고, 느끼고, 생각하는 구체적인 속성(Attribute)들을 통해 경험가치주제들을 파악하여, E3 Value Tree를 작성하여 가치공간(Value Space)를 구성한다. 이들 핵심 가치들을 드라이브하는 서비스들을 디자인하게 위한 작업인 것이다. 이 과정에서 행위의 생태학적 타당성을 보장하고, 상황 정보를 연계하여 고객 경험을 이해하기 위해 CESA 방법이 이용된다. 고객뿐 아니라 다른 관련자들의 경험도 고려하여야 한다. 관련자들과 이들간의 가치 제공 관계를 행위자 공간(Actor Space)에 표현한다. 이렇게, 고객 경험과 관련 이슈들을 이해하는 노력이 진행되며 서비스 디자인 과정이 순환적으로 수행되게 된다.

경험 서비스 디자인

이어 새로운 서비스 행위가 디자인 된다. 전략적 디자인 가이드와 2장에서 소개한 체계적인 서비스 상상하기 방법을 아래와 같이 제시하고, 구체적인 개인맞춤화 서비스 디자인과정을 소개한다.

상황기반 행위 모델링(Context-based Activity Model)

핵심 행위들을 Context-based Activity Model(CBAM)방법으로 모델링하고, 문제가 되는 고객 경험을 만드는 Pain 포인트의 행위들을 심층 조사한다. 이런 행위들의 행위요소들이 문제를 극복하는 방법을 제시할 수 있다. 예를 들면, 도구 행위요소 관련, 문제가 되는 행위에 현재 도구가 사용되고 있는지? 다른 도구가 이용될 수는 없는지? 같은 의문점을 제기할 수 있다. 행위자의 경험가치를 개선하기 위해 물리적 상황 요소의 일부를 변화시킬 수 있을지? 현재의 행위자를 행위자 공간에 있는 다른 관련자로 교체하는 것은 어떨지? 관련구조물 중 특정 사물을 깊이 연계시켜서 목표 경험 가치를 개선할 수 있을지? 등등 행위요소들과 상황요소들을 이용하여 많은 종류의 What if? 질문을 체계적으로 던져볼 수 있는 것이다.

계층적 가치 맵(Hierarchical Value Map)

행위는 CBAM방법으로 표현되고, 행위와 경험가치 주제와의 관련성은 계층적 가치 맵(Hierarchical Value Map; HVM)(김용세, 2018)의 긍정적, 부정적 속성을 통해 표현된다. 긍정적 속성은 가치 주제를 증진시키는 하위 구체 속성, 부정적 속성은 가치 주제를 감소시키는 하위 구체 속성이다. 예를 들면, 의류 판매 매장의 서비스 디자인 사례에서, 능동적 정서 가치인 재미의 경우 다양한 옷의 선택은 긍정적인 속성이고, 판매자의 성가신 태도는 부정적인 속성이 되는 것이다. 이제 재미라는 가치 주제가 새로운 서비스 디자인 작업의 목표 가치라고 가정해보면, 의류 매장의 재미라는 긍정적 속성이 새로운 서비스 행위 디자인 프로젝트에 이용될 수 있다. HVM 저장소를 이용하여 소스 속성과 행위를 찾아 이를 타겟 속성과 행위로 전환시키는 유사 추론 과정을 필요로 한다.

가이드라인

(1) 고객 지원 서비스 지향

제품 지원 서비스에서 고객 지원 서비스까지 *SSPP, SSPc, SSPC, SSCp* 및 *SSCC* 등 5개 점진적 수준으로 구성된 서비스 공간을 이용하는 서비스 컨셉 평가와 서비스화 전략 가이드가 제6장에서 상세히 소개된다. 고객경험을 개선하기 위한 기본적인 서비스 디자인 가이드는 고객 지원 서비스로 점진적으로 발전시키는 것이다. 제6장에서 구체적으로 소개된 가이드를 반영하여 고객 경험 서비스를 디자인하게 되며, 특히 이번 장에서는 서비스 공간 관점 중 하나인 맞춤화 관점에 특화하여 설명한다. 또한 맞춤화에 연계하여 고객 역량 증진 관점과 상호작용 관점 서비스 컨셉 디자인 이슈도 일부 설명한다.

(2) 사용 단계 집중

제품 서비스화로서, 사용 생애주기 단계와 사용에 연계된 경험 가치에 주목해야 한다. CBAM을 이용하여, 사용 행위의 목적 상황 및 심리적 상황을 통해, 핵심 경험 가치를 파악할 수 있다. 고객의 제품 사용에 도구 및 관련구조물이 연관되기도 한다. 이런 도구 및 관련구조물에 연계하여 서비스 기회를 확장할 수 있다. 서비스 공간 관점에서 보면, 사용 단계에서의 고객 역량 증진 및 행태의 변화를 공략하는 서비스를 만드는 전략도 의미 있고, 사용의 맞춤화 및 개인화 기회를 추구하여야 한다. 사용 단계에서의 사용자 주도 이슈와 관계기반의 적극적 상호작용 등도 도모 해야 한다. 사용 단계를 중심으로, 사용 전 및 사용 후 단계도 다루어서 경험 가치 와 비즈니스 기회의 확충을 기해야 한다.

(3) 능동적 정서 및 정보 가치

공감하기 사용자 조사 및 경험 샘플링 과정을 통해 다양한 경험가치들이 발견되 고, 걸러지고, 뽑아내져, E3 가치 체계로 분류 구조화된다. 일부 가치는 제품 요소 에 연관된 것들이고, 어떤 가치는 서비스 요소에 연관된 것들이다. 고객 경험은 인 지적이고, 정서적이고, 행태적이고, 감각적이고, 사회적인 부분들을 다 포함하는 데, 최근 연구들은 정서적인 측면을 강조하고 있다(Verhoef & Lemon, 2015; Stacey & Tether, 2015). 특히 강하고 오래 지속되는 영향력을 갖는 능동적인 정서(Active Emotion) 가치들(Scherer, 2004; Scherer, 2005)이 타겟이 되어야 한다. 또한 정보와 연관된 학습적 가치들도 점점 중요해진다. 정보기술의 발전으로, 고객들은 새로운 경험을 접하게 된다. IoT 센서들로부터 물리적 상황에 대한 많은 데이터와 풍부한 정보들이 제공될 수 있으며, 스마트폰 등 스마트한 개인 디바이스에 연계되어 구체 적인 상황을 반영한 맞춤화가 가능해지고 있다.

(4) 고객 참여 및 고객 주도

경험은 고객 자신이 만들어내는 것이다. 따라서 고객과 서비스 제공자 등 기타 관 련자들이 그때 그때의 상황을 적절히 반영하는 행위를 통해서 경험 가치를 발현하 도록 경험이 디자인되어야 한다. 경험은 고객이 참여하고 연루하도록 디자인되어야 하는 것이다. 그런데 고객 연루(Customer Engagement) 행위는 여러 터치포인트에 서 각각 다른 수준의 고객 참여로 행해진다. 서비스 제공자들과 함께 하는 고객연 루도 의미 있지만, 타 고객들과 함께 하는 고객 참여, 특히 고객 스스로 주도하여 Co-Create하는 경험이 가장 중요하나.

(5) 내적 동기

자기결정이론(self-determination theory)에 따르면, 능력연계성(competence), 자율성(autonomy), 관계성(relatedness) 등 세 가지 인간 본연의 심리적 욕구가 조합되어 내적 동기가 증진된다고 한다(Ryan & Deci, 2000). 이들 욕구를 만족하도록 고객 경험이 디자인된다면, 고객은 자기 스스로의 내적 동기와 주도적인 자세로 자기효능감과 자랑 등의 사회적 가치와 뿌듯함, 성취감, 콘트롤 할 수 있다는 능동적 정서 가치를 발현하며 더욱 적극적인 경험을 만들어내게 된다. 그리고 게임에 중독되어 빠져 들듯이, 이런 가치들이 고객의 지속적인 사용과 충성심을 유발하는 것이다.

(6) 경험의 진화

고객 경험이 만들어지고 경험 가치가 발현되는 과정은 지속적으로 순환되며 그때그때 다이나믹하게 변하는 것이다(Lemon & Verhoef, 2016). 고객 여정 상 앞선 터치포인트에서의 경험들이 이후의 터치포인트에서의 경험에 영향을 주는 것이고, 과거의 경험이 미래의 경험에 영향을 주는 것이다(Verhoef *et al.*, 2009). 따라서 앞선 경험들이 축적되어 가며 시간이 흐름에 따라 고객 가치가 개선되도록 경험을 디자인해야 한다. 바뀌는 관련 상황을 반영하며 새로운 경험을 다이나믹하게 맞춤화하는데에 앞선 고객경험에 대한 상황반영 경험평가(CESA)가 중요한 역할을 하게 된다.

고객주도 개인맞춤화서비스 디자인과정

고객 경험의 본질적 특성에 대한 이해를 바탕으로 하고, CBAM 및 CESA 구체 방법들을 이용하는, 경험 디자인 방법을 아래와 같이 새로이 소개한다. 경험은 상황의 영향을 많이 받는다는 점을 주목하자. 특정한 행위에 대해, 일부 행위 요소 및 상황 요소는 바뀔 수 있고 컨트롤이 가능한 반면, 어떤 행위 요소와 상황 요소는 제약조건으로서 변할 수 없게 되는 것이다. 바뀔 수 있고 컨트롤 가능한 상황들이 선택가능상황(Controllable Context)이 되고, 제약조건으로 변할 수 없는 상황들이 제약상황(Constraint Context)이 된다.

- 서비스화 대상 제품 또는 관련 제품의 핵심 사용 행위를 찾아낸다.

- 경험 조사 및 샘플링 과정을 통해, 목표 경험 가치 주제를 찾아낸다.

- 경험 가치 주제를 이용하여 고객의 주관적 경험 평가를 실시하여, 관련 상황 정보와 함께 경험 평가 데이터를 축적한다.

- 고객이 주도적으로 지정한 상황 정보에 기반하여, 해당 상황을 반영하는 맞춤화 서비스를 제공한다. 맞춤화 서비스의 핵심은 지정된 제약 상황(Constraining Context)하에서 축적된 고객 평가들 중에서 아직까지 가장 좋은 고객 평가를 받았던 때의 선택가능상황(Controllable Context)을 찾아서 제공하는 것이다.

- 고객이 지속적으로 능력을 증진시키고 경험 행태를 개선하도록, 동료 고객과의 소통 및 스스로 되돌아보는 고객 참여 서비스를 제공한다.

개인 맞춤화 서비스 과정을 (그림 5-5)으로 설명한다. 소비자가 수행한 주관적 경험 평가정보가 상황정보와 연계하여 저장 축적된다(보라색 표시 부분). 사용자가 제약 행위요소와 상황요소를 지정하고, 목표 가치주제와 선택가능 행위요소 또는 상황요소를 지정하면, 이들에 매칭되는 (핑크색으로 표시된) 경험평가 데이터들이 검색되어 불려온다. 이들 중 고객이 지정한 목표 경험가치주제에 대해 가장 우수한 평가 결과를 받았던 때의 (하늘색으로 표시된) 선택가능 정보를 제공한다. 이렇게 디자인 된 개인 맞춤화 서비스 컨셉들로 To-Be 져니맵과 서비스블루프린트가 작성되어, 서비스 공간에 대한 작업이 진행된다.

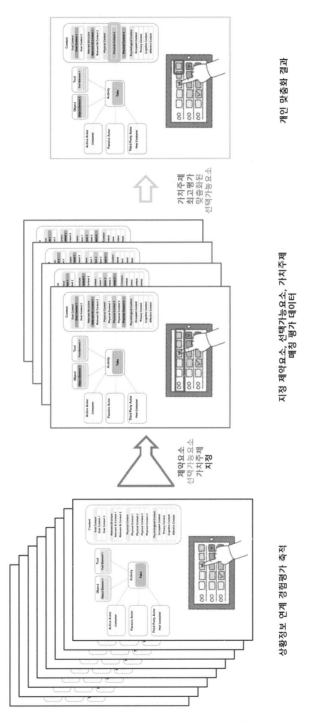

그림 5-5 상황정보 연계 경험평가 이용 고객주도 개인 맞춤화 서비스 방법

177

비즈니스 모델 디자인

비즈니스 모델 캔버스의 비즈니스 모델 관점(Aspect)들을 이용하여, 각 관점 별로 비즈니스 모델 전략이 선택된다(김용세, 2018). 새로운 서비스 유닛이 디자인되어 감에 따라, 서비스화를 통한 비즈니스 이노베이션이 실현되고 지속되도록 그에 해당하는 비즈니스 모델 전략이 디자인된다. 이렇게 비즈니스 모델 공간과 서비스 공간이 연계된다(Kim, 2020a).

물리적 터치포인트 및 새로운 제품 요소 디자인

서비스화 디자인의 핵심은 경험 서비스 디자인이다. 그러나 서비스 경험의 특성에 따라 새로운 제품 요소가 새롭게 디자인되기도 한다. 물론 제품 요소 디자인은 각 서비스 행위를 자연스럽게 유도하는 행위유발성에 따라 행위유발 특징형상에 기반하여 물리적 구조를 디자인하는 방법(Kim, 2015)을 이용하여 서비스 중심적으로 진행된다. 행위유발 특징형상에 기반한 디자인 방법은 저자의 저서 비즈니스 이노베이션 서비스 디자인(김용세, 2018)에 상세하게 설명되어 있다. 경우에 따라서는 해당 제조기업의 기존 제품을 이용하는 디지털서비스화가 쉽지 않을 때 이렇게 새로이 디자인되는 제품 요소에 디지털 테크놀리지를 연계하는 방식으로 디지털 트랜스포메이션을 견인하는 전략이 제시된다. 이 부분은 제6장에서 구체적으로 논의할 것이다.

서비스 인터랙션 디자인

새로운 서비스 및 제품 요소들이 디자인되고 관련자들의 관계가 확장됨에 따라, 인간-제품, 인간-서비스 및 인간-인간 상호작용(Kim & Hong, 2012) 등 많은 새로운 상호작용들 또한 디자인된다. 많은 상호작용이 일어날수록, 고객 경험을 증진시키고 고객 관계 관리를 잘할 수 있는 기회가 늘어나는 것이다. 이때에도, 언제 또 얼마나 자주 고객 참여를 할 지를 선택하는 컨트롤은 고객에게 주어져야 한다.

경험 평가 및 관리

새로운 서비스 경험이 디자인되면, 고객 경험을 검증하고, 서비스 제공자들의 경험도 개선되는지 등을 점검하기 위한 서비스 프로토타이핑이 순환적으로 진행된다. 사실, 경험 평가는 새로운 경험 서비스가 실행된 이후에도 죽 계속 진행되어야 한다. 계속되는 경험 평가 피드백을 반영 도모하며, 고객 경험이 보다 많이 맞춤화된 경험 가치를 제공하도록 진화하며 변화해야 한다. 이는 고객 주도 개인 맞춤화 서비스를 제공하는 데 중요한 핵심이 되는 것이다. 이렇게 (그림 5-4)에서 제시한 4단계의 순환 진화적 서비스디자인 프로세스가 진행되는 것이다.

5. 고객 경험 디자인 사례

경험 개인 맞춤화 서비스 디자인 사례: 인샤워힐링 서비스

경험 개인 맞춤화 서비스 디자인 방법이 소개되었으니, 이의 검증 사례의 하나로 샤워기 제품-서비스 시스템 디자인 사례를 소개한다. 제 6 장에서 사례를 추가로 소개할 것이다. 이 서비스화 사례는 산업통상자원부의 제조업의 서비스화 지원 프레임워크 과제의 일환으로 진행된 15개 사례 중 하나이다. 상황정보와 함께 얻어진 고객 주도의 경험평가를 이용하는 개인 맞춤화 서비스를 제공하는 스마트 제품-서비스 시스템이 디자인된 사례이다. 디자인 팀은 저자와 서비스디자인 전공 대학원생, 산학협력전담 연구원, 서울대 산업공학과 교수 및 박사과정 대학원생 등으로 구성되었다(김용세, 조우현, 최은미 외, 2016). CESA 방법을 이용하여 관련 제품과 태블릿을 연결하여 상황 데이터와 경험 평가를 연계하는 디지털 시스템의 구현은 제조업 서비스화 지원 프레임워크 소프트웨어 시스템들을 개발한 소프트웨어 기업이 담당하였다.

샤워기뿐 아니라 수전, 변기, 비데 등 욕실 제품 전반을 생산하는 상대적으로 규모가 큰 경쟁기업들과 달리 협력 샤워기 제조업체는 샤워기 만을 제조한다. 따라서 경쟁 기업들이 서비스화의 한 전략으로 추구하는 욕실 리모델링 서비스 등은 해당 회사의 비즈니스 컨텍스트 상 서비스화 전략으로 적절하지 않다. 따라서, 샤워기 관련한 새로운 서비스 컨셉의 디자인이 필요한 경우이다.

샤워 행위 및 가치에 대한 조사연구

제품-서비스 시스템 표현 프레임워크의 고객공간의 행위 하위공간에서 보면, 샤워는 매일같이 수행하는 퍼스널 케어 필수 행위이다. CBAM 관점에서 보면, 이 행위는 도구로서 샤워기가 이용되고, 비누, 샴푸 등 구매 소비 제품이 함께 이용되는 행위로 모델링 된다.

샤워 사용자들의 샤워 경험에 대한 조사를 통해, 최근에는 힐링, 뷰티, 헬쓰 등의 다양한 경험가치를 추구하는 경향이 나타나기 시작했음을 알게 되었다. 샤워 비누 등 샤워 관련 글로벌 트렌드로서 나만의 칵테일 비누가 판매되고 프랑스 프로방스 지역의 비누회사들이 한가지 바 타입의 비누를 50 여종 이상의 다른 향으로 만드는 등 다양한 맞춤화 경향을 파악하였다. 또한 최근 섬유유연제 시장의 동향으로, 여러 가지 다른 향을 갖는 작은 사이즈의 캡슐 섬유 유연제가 등장하여, 여러 라이프 스타일 상황에 맞추어서 섬유유연제를 골라서 사용하는 맞춤화 경향이 출현하였다.

그리고 특히 최근 향 및 테라피 목적의 샤워 캡슐의 등장에 주목하게 되었다. 본 서비스화 프로젝트가 진행되는 시점에 프랑스에서 6 가지의 다른 향의 샤워 캡슐들을 전담 샤워기 커넥터에 연결하여 맞춤화 캡슐 샤워를 하는 제품이 새로이 출시된다는 정보를 접하게 되었다. 같은 시기에 국내에서도 5 가지 다른 향의 캡슐들로 구성된 샤워 캡슐 제품이 출시되었다. 이 캡슐은 프랑스 제품에 비해 크기가 작으며, 샤워기 연결 커넥터도 다른 구조의 제품이다. 조사해보니 생활가전제품 국내 대기업인 F사도 또 다른 구조의 샤워기 커넥터 특허를 보유하고 있었다. 향후 여러 샤워 캡슐 제조사들이 다양한 향과 테라피 특성의 여러 가지 샤워 캡슐들이 생산하고, 사용자들은 여러 회사의 다양한 종류의 샤워 캡슐을 개인의 라이프 스타일 선호도와 다양한 컨텍스트에 맞추어서 그때 그때 골라서 사용하는 샤워 경험을 예측할 수 있다.

샤워 행위는 모든 사람이 아주 자주 하는 행위이고, 계속 늘어나는 고객 세그먼트에게 샤워는 필수 행위를 넘어서 개인의 선호도와 힐링, 헬쓰, 뷰티에 대한 욕구를 반영하는 행위가 되었다. 여러 다른 향의 비누들이 쓰여진다는 오랜 기간 동안 지속된 트렌드가 바로 샤워 사용자들의 깊은 개인화와 다양한 상황을 반영해야 하는 니즈의 테스티모니얼이 되는 것이다. 특히, 샤워기 제조기업에는 샤워기에 연결된 커넥터를 이용해 캡슐을 통과하는 물로 샤워하는 퍼퓸 샤워 캡슐이 깊은 인사이트를 줄 수 있는 것이다. 이렇게 샤워기 제품-서비스 시스템의 관련자 공간은 샤워 캡슐 제조기업들을 포함하고 확장된다.

경험 서비스 디자인

이제 곧 글로벌하게 여러 기업들이 여러 가지 향과 테라피의 아주 다양한 샤워 캡슐들을 만들고 사용자들은 자신에게 개인화된 라이프 스타일 선호도와 변화무쌍한 컨텍스트에 맞추어 여러 캡슐을 골라가며 샤워하게 될 것이다. 여기서 맞춤화니즈를 드라이브하는 주요 원동력은 인간은 다 다르다는 능동적 행위자의 다양성과 목적 상황 및 물리적 상황 등을 포함해서 샤워 상황의 미세한 구체성이다. 많은다른 고객들은 엄청나게 변화무쌍한 상황에 따라 다양한 퍼퓸샤워캡슐을 원할 것이다. 보다 좋은 혜택을 위해 스스로 기꺼이 참여하고 관여하고자 하는 특성을 지닌 디지털 트랜스포메이션 시대의 프리미엄 고객들은 보다 나은 샤워 경험을 위해 여러 종류의 캡슐을 이용한 샤워 경험을 관리하고, 샤워캡슐 구매를 계획하고자 한다.

인샤워 경험 평가 서비스

샤워 사용자는 시간, 날씨 등 특정한 물리적 상황에 특정한 목적의 구체 상황에서어떤 회사의 특정한 퍼퓸 캡슐로 샤워할 때 자신의 샤워 경험이 얼마나 좋았는지를 주관적으로 평가하고자 하고, 이후에도 그때 그 상황에서 어떻게 경험했었는지를 알고자 한다. 이렇게 능동적 정서 가치와 정보 가치가 합쳐진다. 특히 중요한 점이, 퍼퓸 캡슐 샤워를 하며, 정서적 경험이 상황 데이터에 연계되어 실시간으로 평가된다는 것이다. CESA를 통해 이런 실시간 상황 반영 경험 평가가 가능하다. 목적 상황으로 샤워 테마를, 관련구조물 상황으로 향과 메이커 등 퍼퓸 캡슐 정보를, 그리고 물리적 상황으로 날짜, 시간, 장소, 날씨 등 환경상황 등을 상황정보로 함께연계하여 경험 평가 데이터를 저장하면서 사용자가 샤워 중에 특정한 캡슐샤워 경험을 평가하는 서비스를 인샤워 경험 평가 서비스 유닛으로 명명한다. 캡슐 샤워의CBAM 표현을 (그림 5-6)에서 보여준다. 이렇듯 미래의 새로운 고객 경험을 상상하여 창출하는 창의적인 경험 디자인 과정이 CBAM 와 CESA 방법을 통해 가능하게 된다.

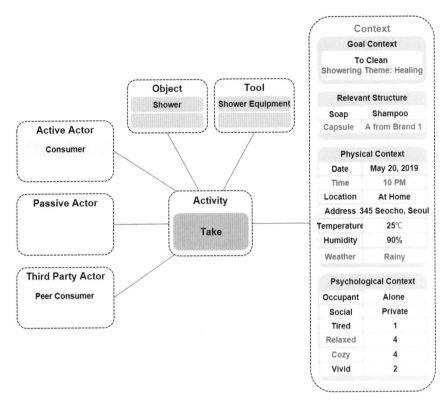

그림 5-6 샤워하기(Take a Shower) 행위 상황기반 행위모델링

소비습관을 핵심 정서적 경험으로 전환시킨 고객경험 디자인

서비스 공간 평가체계를 이용한 가이드라인(제6장)을 적용하여, 다양한 상황에 맞춰 딱 맞는 퍼퓸 캡슐을 선택하여, 사용자의 힐링, 헬쓰, 뷰티를 증진시키는 맞춤화 서비스가 디자인되게 된다. 서비스 상호작용은 관계 형성에 기반하고 소비자에 의해 주도되게 해야 한다. 샤워는 매일 매일 하는 습관적 행위인데, 감정이 발현되는 것을 기꺼이 받아들이려 하는 프리미엄 고객에게는, 경험 평가에 스스로 참여하여 개인화된 경험 서비스를 만끽하며 긍정적인 정서적 경험 가치가 얻어지게 되는 것이다. 감정 연구의 대가인 Scherer에 의하면 인간의 감정은 몇 단계 심리적 과정을 거쳐 발현되는데, 생리적인 자극 이후의 첫 단계가 감정 발현을 스스로 적합하다

고 받아들이는 적합성 체크(Relevance Check)이다(Scherer, 2004; Scherer, 2005). 의식적으로 그리고 습관적으로 이 단계를 거쳐 감정이 온전하게 발현되는 것이다. 정서적 경험 가치를 발현시키는 경험 디자인에는 이러한 Relevance Check을 자연스럽게 유도하는 터치포인트들을 만들어 넣어야 한다.

제약상황과 선택가능상황

경험은 다이나믹하게 진화하므로, 상황정보와 함께 이전의 경험 평가 데이터가 축적되면 향후의 경험을 발전시킬 수 있게 된다. 샤워 테마나 시간 날씨 등을 제약상황으로 하고, 캡슐을 선택가능상황으로 하면, 축적된 경험 평가를 바탕으로 맞춤화된 캡슐을 선택할 수 있다. (그림 5-6)의 예를 들면, 비 오는 밤에 Relaxed되고 Cozy한 샤워를 사용자가 경험하고자 한다면, 그동안의 축적된 경험평가로부터, 가장 적절한 캡슐을 찾아줄 수 있다. 사용자가 지정한 테마 정보와 함께 캡슐 센서 같은 IoT 센서 및 평가용 태블릿 등으로부터 다른 상황 정보가 획득되고, CESA방법에 의해, Relaxed와 Cozy를 평가 가치 주제로 한 경험 평가가 얻어진다. 구현된 서비스 시스템에서는, 샤워 테마를 반영하여 선별된 경험 가치 주제가 경험평가에 이용된다.

인샤워 다이어리 서비스 컨셉

고객 참여를 더욱 더 많이 이끌어내서, 고객 경험을 개선하기 위해 인샤워 다이어리 서비스 컨셉을 만들었다. 샤워 후, 인샤워 경험 평가 데이터를 가져와서 다이어리 코멘트 글을 작성하며, 그들의 경험을 되돌아보고 공유하게 하는 것이다. 이렇게 하여, 앞서 설명한 능력연계성, 자율성, 관계성 등 경험 서비스 요소를 곁들여 고객의 내적 동기를 고양시키는 것이다.

인샤워 힐링 경험 여정맵

(그림 5-7)에 보여지는 인샤워 힐링 경험 여정맵은 인샤워 경험 평가가 각각 진행된 두 가지의 다른 캡슐 샤워가 애프터 샤워 평가와 <u>다이어리</u> 서비스와 함께 진행된 사례이다. 예를 들어, 퇴근 후 힐링을 위해 A캡슐로 힐링 샤워를 시작하고 그 경험을 평가하고, 샴푸와 비누 샤워에 이어, 곧 남자친구를 만나는 일정을 위해 또 다른 B 퍼퓸 캡슐로 마무리하며 또 경험 평가를 하고, 그리고 애프터 샤워 평가에 이어 다이어리를 이용해 샤워 경험을 되돌아보고 친구들에게 경험을 공유하는 여정을 보여준다고 할 수 있다.

그림 5-7 인샤워 힐링 서비스 져니맵

인샤워 힐링 제품-서비스 시스템

인샤워 경험평가 및 인샤워 힐링 다이어리 서비스 컨셉을 핵심으로 인샤워 힐링 제품-서비스 시스템이 디자인되었다. 아래 (그림 5-8)에서 보는 5개의 서비스 컨셉들로 구성되었다. 이들 서비스 컨셉들로 인해 B2B 사업만 해오던 샤워기 제조기업은 구독 매출을 올리는 새로운 B2C 서비스 비즈니스를 시작할 수 있게 되는 것이다.

캡슐 샤워 디바이스

여러 제조사들이 다른 향과 테라피의 샤워 캡슐들을 만들게 되면, 다른 크기의 다양한 캡슐들을 샤워기에 연결하는 새로운 캡슐 샤워 디바이스가 디자인되어야 한다. 당해 제조기업은 다양한 물 흐름 연결장치 관련 전문성을 보유하고 있어, 다른 크기의 캡슐을 연결할 수 있는 디바이스가 설계되었다. 물론 핵심 기반 설계 컨셉은 저자가 가이드를 해 줬다. 이 디바이스에 캡슐 제조 브랜드 및 향 특성 등 캡슐 제품 정보를 인식할 센서 기능 및 2개의 다른 캡슐을 장착하고, 2개 중 선택적으로 작동시키는 기능이 탑재되었다. 이 디바이스에 (그림 5-8)의 왼쪽 윗부분에서 보듯 사용 전, 후의 샤워 캡슐들을 보관하고 비치해 두는 기능의 부속 구조물도 함께 디자인되었다. 이 디바이스는 새로운 서비스 행위를 가능하게 하도록 새롭게 디자인된 제품 요소이다. 샤워 캡슐들은 대부분 사용자인 여성 소비자의 취향과 뷰티 제품 특성을 반영하여 좋은 시각적 감성 가치를 제공하고 향 및 테라피 특성을 반영 구분하게 하는 다양한 색상 등으로 만들어진다. 따라서 이 새로운 디바이스와 함께 욕실의 미적 감성 가치를 높이는 감각적 경험 증진에도 한몫을 하게 된다.

인샤워 경험 평가

사용자는 구체적인 니즈에 맞는 샤워 테마를 지정하고, 선택한 캡슐을 디바이스에 삽입한다. 특정 캡슐을 이용한 캡슐 샤워를 하면서, (그림 5-9)에서 보이듯이 디바이스 옆에 부착된 태블릿 터치스크린을 이용하여 지정 테마별로 선별되어 제시되는 경험가치주제에 대해 실시간으로 샤워경험을 평가한다. 사용자의 주관적 경험 평가는 날짜, 시간, 날씨 등 물리적 상황 정보, 구체 캡슐 명, 브랜드 등 관련구조물

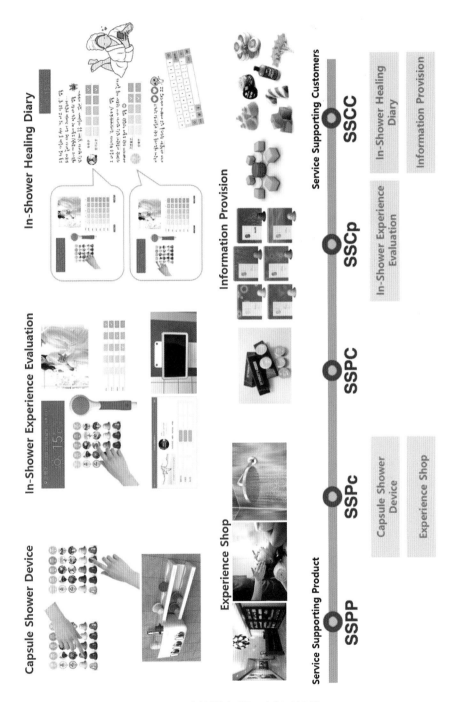

그림 5-8 인샤워힐링 제품-서비스 시스템

인샤워 경험평가하기

애프터 샤워 경험평가하기

그림 5-9 인샤워 힐링 서비스 프로토타이핑

상황 정보, 샤워 테마인 목적 상황 정보 등과 함께 (그림 5-8) 가운데 윗부분에서 보이듯 샤워 정보로 저장된다. 같은 방법으로 다른 캡슐을 이용한 다른 테마 샤워가 진행될 수 있다. 샤워를 마친 직후, 샤워부스를 나가기 전 애프터 샤워 평가를 또 할 수도 있다. 이렇게 사용자는 그녀의 물리적인 캡슐 샤워 경험을 디지털 형태로 전환시켜 저장하게 된다. 이들 행위는 사용자의 주도하에 수행되는 Co-Creative 행위인 것이다.

인샤워 힐링 다이어리

프리미엄 고객들은 경험가치를 Co-Create할 뿐 아니라, 스스로 경험을 되돌아보고 동료 고객 및 프랜드들에게 공유하고자 한다. 인샤워 힐링 다이어리 서비스는 축적된 인샤워 및 애프터 샤워 평가 데이터와 관련 상황 정보를 제공하여 이들 고객이 되돌아보고 공유하는 행태를 기를수 있게 한다. (그림 5-8)의 오른쪽 윗부분에 보이듯, 다른 캡슐을 이용한 두 경험의 인샤워 평가 데이터가 포함된 샤워 정보를 가져와 컴퓨터 또는 스마트폰을 이용하여 다이어리 코맨트를 남기는 것을 그림의 오른쪽 윗부분에서 볼 수 있다. 고객이 주도하여 행태의 변화를 만들게 하는 것이다.

인샤워힐링 정보제공 서비스

(그림 5-8) 오른쪽 가운데 부분에 보이듯 프리미엄 사용자의 샤워 경험과 캡슐 구매 플랜을 개선하도록, 인샤워힐링 정보제공 서비스가 디자인되었다. 예를 들어, 비오는 날 밤에 힐링목적의 샤워를 하고자 하는 사용자에게 샤워 테마 목적 상황과 시간, 날씨 등 물리적 상황을 제약 상황으로 하고, 관련구조물 상황인 캡슐 종류를 선택 가능 상황으로 하여 사용할 캡슐을 추천하는 것이 가능하다. 또한 다양한 사용자의 샤워 경험 정보와 사용 캡슐 정보를 수집하여, 캡슐 및 샤워 용품 제조기업들에 제공하는 소위 데이터 비즈니스의 플랫폼 역할을 가능하게 한다. 이는 Reverse Supply Chain(Parry *et al.*, 2016)이라 불리는 새로운 트렌드 수립에 기여하며, 다양한 기업들을 연계할 수 있다.

인샤워힐링 체험 서비스

인샤워 힐링 서비스는 아주 기발하고 전망이 밝지만, 비즈니스 모델의 채널 관점의 전략인 Experience Shop 전략을 통해 여러 잠재 고객에게 노출되어야 한다. (그림 5-8)의 왼쪽 중간 부분에 보이는 것처럼, 스킨 테라피 샵, 호텔, 헬쓰 및 뷰티 서비스 비즈니스들과의 협력을 통해 Experience Shop 개발 확산이 촉진되고 관련자 공간이 확장되어야 한다. 체험 서비스를 통해, 협력 파트너들의 특성과 함께 다양한 사용자의 경험 평가 데이터를 수집할 수도 있게 되어 인샤워 힐링 서비스 비즈니스의 대상 고객 타겟팅에도 중요하고, 앞서 언급한 데이터 비즈니스 플랫폼 전략에도 도움을 줄 수 있다. 이들 다섯 개의 서비스 컨셉들에 대한 서비스 공간 평가는 제6장에서 구체적으로 설명할 것이다.

6. 디지털 트렌스포메이션 시대의 스마트 맞춤화 서비스 플랫폼

이번 장에서는 축적된 고객 경험 평가에 기반한 경험 개인 맞춤화 서비스 디자인 방법을 소개하였다. 고객 주관적인 경험 평가와 구체적인 상황 정보를 연계하는 실시간 고객 경험 샘플링 방법인 CESA를 활용한 것이다. 최근 서비스 마케팅 및 서비스 디자인 분야의 연구를 통해 고객 경험에 있어서의 구체 상황을 반영해야 한다는 이슈와 중요성이 밝혀져 오고 있다. 이번 장에서 소개한 개인맞춤화 서비스 방법은 특히 CBAM의 일부 상황요소를 제약상황으로 하고, 또다른 상황요소를 선택가능상황로 하여 맞춤화하는 방법으로 풍부한 상황 정보를 구체적으로 다루는 체계적인 프레임워크를 제시한 것이다.

소개된 개인맞춤화 서비스는 고객 경험 평가가 서비스 제공의 핵심 역할을 하는 것으로 고도화된 Co-Create 방식의 고객 주도 서비스이다. 기본적으로 모든 고객 경험은 고객이 Co-Create하여 쌓아가는 것인데(Bolton et al., 2014), 고객이 주도하고 적극적으로 참여할수록 더 많은 가치를 제공한다(Zomerdijk & Voss, 2010; Torres et al., 2018). 소비자가 기꺼이 연루되고자 할 때, 더 좋은 경험을 하게 되는 것이다. 경험은 다이나믹하게 진화하는 것이므로, 경험 행태를 만들어 가는 지속적인 고객 참여의 증가와 함께 경험 평가를 계속 축적하는 것이 이 경험 디자인의 바람직한 부분인 것이다.

이런 점 들에서, 소개한 경험 서비스 디자인 방법은 이 장의 시작 부분에서 언급한 B2C 고객경험 주요 증진 요소 중 하나인 고객 참여 연계 이슈를 직접적으로 지원하는 서비스이다. 정서 관련 심리학대가인 Scherer의 능동적 감정 발현 관점에서 보면(Scherer, 2004; Scherer, 2005), 정서적 경험은 적합성 체크(Relevance Check)와 능력 체크(Capacity Check)가 진행되며 만들어지는 것이다. 경험 등으로부터 정서적 가치가 발현되는 것이 과연 적합하고 수용 가능한 연계성이 있는지를 확인하고, 과연 정서적 가치를 발현하고 표출하는 것이 가능하다는 주관적 관점이 확인되어 정서적 가치가 만들어진다는 것이다. 고객이 서비스 행위를 주도할 때, 적합성 체크가 당연히 이루어지는 것이고, 정서적 경험이 제대로 발현되는 것이다. 뿐만 아니라, CBAM 프레임워크는 목적 상황과 심리적 상황을 명백하게 표현하고 CESA 방법을 통해 정서적 경험가치를 명백히 평가한다. 따라서, 최근 B2C 경험 서비스 디자인의 바람직한 요구사항(Stacey & Tether, 2015)으로 대두된 명백히 드러나는 감정 연계라는 희망사항이 비로서 실현된 아주 획기적인 경험 디자인 방법인 것이다.

저자가 제시하는 경험디자인의 가이드는 행태적 고객 능력 증진을 포함하고 고객지원 서비스로 점점 전환하는 것이다. 여러 터치포인트와 다양한 채널에서의 고객 참여를 증진시키고 고객의 상호작용과 고객의 주도를 증진시키는 것이 좋은 전략이다. 인샤워 힐링 서비스는 이런 커뮤니티 소속감을 증진시키는 고객경험 서비스이다. 소개된 개인맞춤화 서비스 디자인 방법은 고객경험 평가를 토대로 하며 디지털 형식으로 수집되고 축적된 사용 정보 데이터를 만들어가는 방법이다. 이렇듯 본 장에서 소개된 경험 서비스 방법은 고객경험의 핵심적인 특성을 구체적으로 지원하는 체계적인 제품-서비스 시스템 디자인 방법이다.

이 경험 개인맞춤화 서비스 디자인 방법은 대표적인 체계적 서비스 상상하기 방법이다. 서비스디자인씽킹 과정을 Seeing-Imagining-Drawing의 Visual Thinking으로 설명한 제2장에서 언급한 바와 같이, 구체적인 Knowledge와 Schema에 기반하여 Drawing과 Seeing을 연계한 Imagining 방법이다. CBAM이 핵심 Schema로서, 고객 행위를 행위요소와 상황요소들로 구체적으로 표현하는 체계를 제공하고, 또한 개인맞춤화의 기반체계인 제약요소와 선택가능요소를 유연하게 지정하는 것을 가능하게 한다. CESA는 IoT센서, 스마트 디바이스등을 이용하여 획득하는 물리적상황정보를 연계하여 실시간으로 고객의 경험을 직접 주관적으로 평가하여 디지털 정보로 저장하는 Schema를 제공한다. 고객은 공감하기 단계에서만이 아니라, 고객 경험을 지속적으로 수행하며 경험이 진화하는 사용단계에서 Experience-Evaluate-Engage 순환과정을 직접 주도하여 경험에 대한 Knowledge를 구축하는 핵심역할을 한다. 즉, 사용하고 경험하기의 Drawing을 직접 수행하고, 이를 Reflect하고 평가하는 Seeing을 주도적으로 진행한다.

이렇게 고객이 수행하는 Drawing과 Seeing을 연계하여, 고객의 선호도와 상황에 맞게 행위요소를 제시하여 줌으로써, 고객의 경험행위를 지속적으로 전환, 개선시켜주는 서비스가 제공되는 해결책을 만들어낸 것이다. 이 체계적인 맞춤화 서비스가 적용될 범위도 특정 분야에 제한되지 않는 일반적인 맞춤화 서비스로써 계속해서 구체 맞춤화 서비스가 디자인되는 기반 디자인 방법론이라 점도 중요하다. 고객이 Experience-Evaluate-Engage의 순환으로 진행되는 고객경험 진화의 주도적 역할을 하는 디지털 트랜스포메이션 시대의 핵심이 되는 체계적 서비스 상상하기 방법이다.

이번 장에서 설명한 경험 서비스 디자인 사례는 샤워 행위에 대한 것으로, 매일 매일 습관적으로 수행하는 경험에 대한 것이다. 이 행위는 아주 자주 수행되는 동시에, 힐링, 헬쓰, 뷰티 등 성취 가치의 의미가 높다. 따라서 고객의 이성적 의도를 불러일으키는 경험이다. 이렇듯 자주 많이 수행하는 동시에 고객의 구매 및 관리 의지가 결합된, 이성적 의도와 습관적 소비가 밸런스를 이루는 경우가 경험 서비스 디자인의 좋은 타겟 행위가 된다. 이렇게 사용 단계에서의 서비스에 기반한 매출을 창출하는 좋은 비즈니스 이노베이션 기회를 만들어낸 사례이다.

성공적인 고객경험 서비스를 만들기 위해서는 고객경험에 대한 이해가 결국 아주 중요하다. 다양한 특성을 가진 고객이 특정한 상황에서 특정한 작업을 수행하는 경험을 개인맞춤화하기 위해, 주관적인 고객의 경험평가를 실시간으로 물리적 상황정보와 함께 수집하여 축적하는 CESA방법이 핵심적 역할을 한다. 구체 상황정보와 함께 디지털 형식으로 축적되는 경험 평가 데이터를 통해 개인화된 서비스 맞춤화를 제공하는 구체적인 스마트 제품-서비스 시스템 사례를 소개하였다. 이번 제5장에 소개된 고객경험 디자인 방법으로 디지털 트랜스포메이션 시대의 스마트 맞춤화 서비스 플랫폼의 문호가 열렸다고 할 수 있다.

Service Design Strategies for Customer Experiences

고객경험기반
서비스화 전략 가이드

1. 서비스화 전략

제품-서비스 시스템

제품-서비스 시스템은 제품 요소, 서비스 요소, 관련자들의 관계, 데이터 및 인프라 등이 융합되어, 고객과 제품/서비스 제공자들이 함께 가치를 Co-Create하는 시스템이다. 제품-서비스 시스템은 제품에 새로운 서비스를 부가하여 만들 수도 있고, 서비스 제공을 위해 제품 요소를 추가하여 만들 수도 있다. 제품-서비스 시스템은 제조 기업들에게 제품 판매 이외에 경험가치에 기반한 사용 서비스 등 매출 창출 창구를 다변화하여 비즈니스 이노베이션을 도모하는 기회를 제시한다. 서비스화 (Vandermerwe & Rada, 1988; Baines & Lightfoot, 2013; Fischer *et al.*, 2012)는 고객 경험 서비스, 운영 서비스, 재활용 및 폐기 서비스 등 제품 생애 주기 상의 다양한 서비스(Rabetino *et al.*, 2015) 등으로 다양한 가치를 제공한다. 점점 다양한 서비스 가 새롭게 창출되고, 서비스의 중요성이 확장되고 있다.

디지털화

새로운 디지털 기술의 개발로, 4차 산업혁명이란 표현과 더불어 찾아온 디지털 트 랜스포메이션이 세계의 수많은 기업들의 메가 트렌드 이슈가 되었다(Schwab, 2016). 디지털 혁명으로 인해 소비자의 행태가 바뀌어 가고 있다(Verhoef *et al.*, 2019). 소비 자들 간의 또 소비자와 제품 서비스 제공자들간의 소통이 쉬워지고 계속 늘어나고 있다. 디지털 트랜스포메이션 시대의 프리미엄 고객이란 더 많은 혜택을 위해 기꺼 이 참여하고 관여하는 고객들인 것이다. 디지털 트랜스포메이션 시대에서의 고객 의 여정은 터치포인트들이 점점 더 늘어나고 있고, 기업은 비즈니스 모델 이노베이 션을 위한 여러 가지 전략을 추구하고 있다.

디지털 서비스화

디지털화로 인해 서비스화가 더욱 촉진되고 있다. 사용자와 제품에 대한 인식, 위치 정보, 타임 스탬핑, 사용시간 등 집중도 기록, 온도, 속도 등 작업 운영 조건의 모니터링 등의 디지털 기술들이 현재 디지털 능력(Digital Capability)으로 이용되고 있다. 디지털 기술에 기반하여, 제품 사용 모니터링 및 예측, 원격 컨트롤 등 보다 더 포괄적인 능력들이 개발되고 있으며, 최적화, 자율작동 등의 고도화된 능력들도 계획되고 있다(Ardolino *et al.*, 2018). 서비스화 수준과 디지털화 수준의 관점에서 제조기업의 비즈니스 컨텍스트에 맞게 적절한 전략이 수립되도록 지원하는 프레임워크들도 개발되고 있다. 디지털 서비스화를 위한 기업 조직 관점의 전환도 진행되고 있다(Kohtamaki *et al.*, 2019; Sklyar *et al.*, 2019).

경험경제로의 전환

디지털 트랜스포메이션의 핵심 과제로 고객경험 관리와 서비스 기반 매출 전략 수립 등을 들 수 있다. 일부 기업에서는 고객 상호작용이 디지털화 되고 있지만, 대다수의 기업은 여전히 고객과 제품의 물리적 상호작용에 의한 핵심 가치 창출 과정에 의지해야 한다. 따라서 디지털 트랜스포메이션의 핵심 챌린지는 제품 중심의 가치 제공에 디지털 서비스를 연계하는 것이다. 다시 말해, 어떻게 제품 중심의 가치를 고객지원 서비스를 통해 Co-Create되는 경험가치로 전환시키느냐 하는 것이다. 이렇게 하여 20년전부터 Pine과 Gilmore(1998)가 주창해온 경험경제(Experience Economy)가 구현되어 가고 있다.

고객 경험

이젠 비즈니스 경쟁력의 필수 사항으로 고객경험 디자인과 관리가 떠오르고 있다(Schmitt, 2011; Teixeira *et al.*, 2012; Klaus, 2014). 글로벌하게는 고객 경험의 본질과 특성에 대한 학계 및 산업계에서의 이해가 계속 발전하고 있는 반면, 국내의 학계와 산업계는 여전히 극히 일부 금융업 관련한 고객 경험에 대한 이해 이외에는 발전이 더딘 현황이다.

경험 마케팅에 관한 연구문헌들의 리뷰(Gentile *et al.*, 2007)에서 정리하여 보면 (Schmitt, 2011), 경험은 고객과 제품, 기업 또는 관련 기관 등 간의 일련의 상호작용에 의해 생겨나게 되어 고객입장에서의 반응을 야기하여 만들어진다. 이들 경험은 철저히 개인적인 것이며, 감성적이고, 정서적이고, 인지적이고, 이성적이고, 심지어는 스피릿츄얼하다. 또한 고객의 참여와 연루가 필수적이다. 고객접점인 여러 터치 포인트들에서 제공되는 상호작용으로부터 얻어지는 자극 등이 고객의 기대치 관점에서 비교되어 경험이 평가된다.

고객경험은 고객이 제품 및 서비스 뿐 아니라 기업과의 다양한 모든 접촉에서 받게 되는 감성적, 정서적, 인지적, 물리적, 사회적인 반응이며, 여러 접점과 채널을 포함하고 있고, 계속 변화하고 진화한다(Verhoef *et al.*, 2009). 고객 경험은 고객 참여와 밀접히 연관되고, 고객의 경험 과정은 다이나믹하게 순환한다(Zomerdijk & Voss, 2010; Lemon & Verhoef, 2016).

또한 고객경험은 상황의 영향을 크게 받는다. 고객 경험에 영향을 주는 상황으로 시간, 공간 등의 물리적 환경, 연관된 관련자들이 있고, 상황도 계속 변한다. 저자의 상황기반 행위 모델링(Context-based Activity Modeling; CBAM) 방법(Kim & Lee, 2011)에서는 인간의 행위를 행위자, 목표대상, 도구, 행위동사 및 상황 등의 행위요소로 표현하고, 상황은 또다시 목적상황, 관련 구조물 상황, 물리적 상황 및 심리적 상황 등의 상황요소로 표현한다. 이와 같은 정형적이고, 체계적인 상황의 표현 체계가 구체적이고, 상세한 인간 행위에 기반한 서비스 디자인에 활용된다.

제품-서비스 시스템 디자인 방법

제품-서비스 시스템 디자인이 처음 소개되던 2000년대 초반에는 경제적 가치에 추가하여 환경적 가치를 제공하는 것이 주요 관심사였다(Goedkoop *et al.*, 1999; Tukker, 2004). 이후 서비스의 사회 문화적 관점을 강조하는 경향이 제품-서비스 시스템 디자인에 나타났다(Morelli, 2003; Morelli, 2006). 제품-서비스 시스템의 기능과 관련자들의 행위와 상호작용의 디자인이 주요 내용이 되었다(Morelli, 2006; Maussang *et al.*, 2007). 기계 및 설비 제조기업의 경제적 이슈를 강조하는 소위 산업형 제품-서비스 시스템(Industrial Product-Service Systems) 분야(Meier *et al.*, 2011)에서는 제품 지원 서비스를 주로 다루었다. 제품-서비스 시스템 분야 개발 초기에는 대체로 소비자 지향적인 B2C 제품-서비스 시스템 방법들은 많이 출현하지 않았으나(Rexfelt & Ornäs, 2009), 최근 들어 경험 가치를 강조하는 제품-서비스 시스템들이 관심을 받기 시작했다. 고객 경험의 본질과 다양한 특성들에 대한 이해가 점점 쌓아진 현황을 반영하여 이러한 경향이 나타나게 된 것이다. 2010년 이후, 저자의 PSSD과제 연구팀, 네덜란드 TU Delft의 CRISP 프로젝트 팀 등을 중심으로 경험 가치와 고객 행위를 구체적으로 강조하는 제품-서비스 시스템 디자인 방법론들이 만들어지기 시작하였다(Kim *et al.*, 2010; Gemser *et al.*, 2012; Dewit, 2014).

제품-서비스 시스템 디자인 방법들은 최근 포괄적이고 체계적인 방법으로 발전하였다. 저자의 PSSD과제 팀은 (1) 관련자들의 다양한 가치를 찾아내고, (2) 이러한 가치를 드라이브하는 서비스 수혜자와 제공자의 행위를 디자인하고, (3) 수혜자와 제공자간의 서비스 상호작용 그리고 서비스 사용자와 물리적 터치포인트 간의 상호작용을 디자인하고, (4) 서비스 관련자들의 경험을 평가하고 관리하는 과정의 순환으로 구성된 체계적인 서비스 디자인 방법론을 개발하였다(Kim *et al.*, 2013; 김용세, 2018).

상호작용과 인간 중심의 경험 디자인 시각으로 고객 경험의 특성을 반영하여 고객 경험을 도모함을 주된 디자인 목적으로 하는 제품-서비스 시스템 디자인 방법론들이 저자의 PSSD과제 팀을 비롯하여, TU Delft CRISP 팀, Porto University 팀 등의 연구진에 의해 최근 개발되었다(Kim *et al.*, 2013; Valencia *et al.*, 2015; Costa *et al.*, 2018; Dewit, 2019).

아주 최근 고객 참여, 고객 경험의 평가, 정서적 이슈, 개인 선호도 및 사용 데이터를 반영하는 맞춤화 등 최근 연구에서 파악된 고객 경험 및 소비자 행태의 핵심 특징을 구체적으로 반영하고 공략하는 개인 맞춤화 서비스를 제공하는 제품-서비스 시스템을 디자인하는 체계적인 방법이 저자에 의해 개발되었다(Kim & Hong, 2019). 이 방법은 제5장에서 구체적으로 소개되었다.

제품-서비스 시스템 표현 프레임워크

많은 제조기업들은 비즈니스 이노베이션을 이루기 위해 자사 제품의 장점에 기반하여 새로운 서비스를 디자인하여 제품-서비스 시스템들을 개발한다. 서비스화 프로세스와 결과로 만들어진 제품-서비스 시스템은 해당 기업의 비즈니스 컨텍스트와 고객 니즈에 따라 다 다르다. 앞의 제4장에서 상세히 설명한 바와 같이, 다양한 제품-서비스 시스템들의 특성을 표현하기 위해 제품, 고객, 가치, 관련자, 서비스, 비즈니스 모델, 상호작용 그리고 시간 등 8개의 공간 등으로 구성된 프레임워크가 산업통상자원부의 제조업의 서비스화 지원 프레임워크 개발 과제에서 개발되었다.

이 프레임워크는 다양한 제품-서비스 시스템들을 분류하고, 비교하며 각 제품-서비스 시스템들이 어떤 부분이 어떻게 다른지 이해하는 것을 지원한다. 또한 이 프레임워크는 상위개념의 특성뿐 아니라, 구체적 연계 디테일까지 제시한다. 이 프레임워크는 제조기업의 제품 및 비즈니스 컨텍스트, 고객 및 관련자 정보, 그들이 추구하는 가치 등을 포함 폭넓은 정보를 갖고 있다. 또한 서비스 컨셉, 비즈니스 모델 전략, 상호작용 정보 등 결과 제품-서비스 시스템 디자인의 특성들도 표현한다. 따라서 제품-서비스 시스템들의 대략의 비교와 구체 비교를 동시에 가능하게 한다. 제품-서비스 시스템의 특성들이 컴퓨터 시스템에 기반한 디지털 표현으로 모델링되므로 유사성 평가 알고리즘을 이용하여 정량적인 비교도 제공한다. 이 프레임워크는 각 표현 공간이 (그림 6-1)과 같이 제품-서비스 시스템이 핵심적으로 가져야 할 특성들을 서비스화 과정에서 가이드하는 역할을 하여 제품-서비스 시스템 디자인과 서비스화 프로세스를 지원한다(Kim, 2020a).

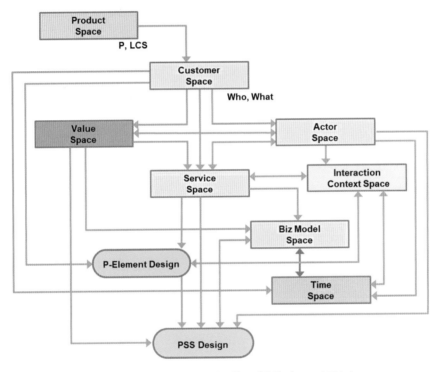

그림 6-1 제품-서비스 시스템 표현 프레임워크(Kim, 2020a)

서비스공간 평가를 통한 고객경험기반 서비스화 전략 가이드

이 프레임워크는 제품-서비스 시스템의 다양한 특성을 충분히 상세하게 표현하고 있어, 세세한 비교와 평가를 가능하게 한다. 또한 서비스화 전략과 제품-서비스 시스템 디자인 프로세스도 지원한다. 이 8개 공간의 특성으로 이전의 제품-서비스 시스템 디자인 결과가 저장되고, 새로운 제품-서비스 시스템의 새로운 디자인 과정에

검색되어 참조된다. 또한 새로운 서비스화 노력의 전략과 방법을 제시한다. 프레임 워크 공간들이 서비스화 과정에서 제대로 고려되어야 하는 핵심 특성들에 대한 기반 가이드를 제공하는 것이다.

이들 8개의 공간으로 구성된 제품서비스 시스템 표현 프레임워크가 다양한 제품-서비스 시스템의 비교와 분류를 가능하게 한다. 특히 서비스 공간은 핵심 서비스 컨셉들을 제품지원 서비스에서 고객지원 서비스까지 5개 등급으로 분류 평가한다. 이번 제6장에서는 이들 서비스 공간 분류 평가를 통해 서비스 컨셉 디자인을 가이드하는 방법을 제시한다. 제4장에서 소개한 것처럼, 서비스 공간 평가는 제품의존도, 고객역량증진, 맞춤화수준, 고객서비스상호작용, 산업간융합다양화 등의 관점에서 수립되었다(Kim, 2020b). 서비스 컨셉 디자인 가이드가 이들 관점에서 제시된다. 또한 현재 서비스의 상태를 평가 반영하여, 차기 서비스화 컨셉 및 향후 진행 경로를 제시한다.

우선 서비스 공간 평가 방법을 간단히 리뷰한 후, 서비스 컨셉 디자인 기반 가이드를 제시한다. 이어 제조업 서비스화 지원 프레임워크(MSSF) 프로젝트에서 진행한 6개의 서비스화 사례를 각 서비스 유닛의 서비스 공간 평가를 중심으로 설명하고 고객 경험과 디지털 트랜스포메이션 전략의 시각에서 이들을 비교한다. 각 제조 기업의 제품 및 디지털 테크놀리지 관점에서의 발전 수준과 고객경험 가치의 특성 등을 반영하여 디지털 트랜스포메이션 시대의 고객경험기반 서비스화 전략을 어떻게 수립해야 할지에 대한 시사점을 제시한다.

2. 제품-서비스 시스템 표현 프레임워크 서비스공간

제4장에서 5단계로 구성된 서비스 공간을 제시하였다. 제품지원 서비스(Service Supporting Products, *SSPP*), 주 제품지원 보조 고객지원 서비스(Service Supporting mainly Products and partially customers, *SSPc*), 제품/고객 반반 지원 서비스(Service Supporting Products and Customers about half and half, *SSPC*), 주 고객지원 보조 제품지원 서비스(Service Supporting mainly Customers and partially products, *SSCp*), 고객지원 서비스(Services Supporting Customers, *SSCC*) 등 5단계이다.

대부분의 제품-서비스 시스템들은 4-5 가지의 서비스 컨셉들로 구성되어 있다. 따라서 제품-서비스 시스템을 구성하는 각각의 서비스 컨셉들을 *SSPP*, *SSPc*, *SSPC*, *SSCp*, *SSCC* 등의 분류로 평가하여 제품-서비스 시스템의 서비스 공간을 표현한다. 제4장에서 설명한 바와 같이, 서비스공간의 평가체계는 제품의존도, 고객역량 증진, 맞춤화수준, 고객서비스상호작용, 산업간융합다양화 등의 관점에서 수립되었다(Kim, 2020b). 서비스 공간 평가 기준은 다음 (표 6-1)에서 보는 바와 같이 정리된다.

제품이 기능을 제대로 수행하게 하거나, 이들을 일부 지원하거나, 판매 등의 접근성 등을 간단하게 지원하는 서비스는 *SSPP*서비스이다. 이들은 특정 제품에 매우 의존적이다. 하드웨어 위주 방식으로 제품을 보호하거나 제어하는 서비스도 *SSPP*이다. 배송 및 예약 등은 좀 더 고객지원 관점이 있어 *SSPc*로 분류된다. 제품 사용 공간을 제공하거나 단순 대여 같은 접근성 지원 등도 *SSPc*서비스이다. 서비스의 초점이 제품으로부터 프로세스로 옮겨가게 되면, 제품 의존도가 낮아지고, 고객 지향성이 증진되는 방향으로 서비스 공간 평가가 변하게 된다. 제품 사용에 관련된 경험을 증진하는 서비스는 *SSPC* 서비스이고, 제품에 연계된 프로세스 관련 경험을 증진하는 서비스는 *SSCp*이고 제품 연계에 국한되지 않고, 제품 고객의 프로세스 관련한 경험 증진은 *SSCC*가 된다.

고객역량증진 관점에서는, 전형적인 제품 사용가이드 및 제품 헬프데스크 등은 *SSPc*서비스이다. 제품 사용 교육 및 제품 선택 추천 서비스 등은 *SSPC*이다. 프로세스 교육 서비스는 단순한 제품 사용을 넘어 제품 관련한 고객의 역량을 증진시키는 서비스로서 *SSCp*이다. 고객의 행태 변화를 유도하는 서비스들은 *SSCC*서비스이다. 제품의존성과 고객역량 측면은 서로 반대되는 관계를 갖는다.

개인화 수준의 맞춤화는 *SSCC*로 분류되고, 제품 변화에만 의한 맞춤화는 *SSPP*이다. 제품 중심의 서비스에, 예를 들면 *SSPc* 서비스에 맞춤화가 제공되면 그 서비스는 *SSPc* 수준의 맞춤화이다. 맞춤화 수준은 얼만큼의 터치포인트에 맞춤화가 제공되는지에 연계되기도 한다. 상호작용 관점에서는 거래기반의 상호작용보다 지속적인 관계기반의 상호작용이 고객지원 서비스의 성격이 강하다. 고객이 주도적으로 리드하는 상호작용 서비스는 *SSCC*서비스이다.

표 6-1 서비스 공간 평가 기준(Kim, 2020b)

	SSPP	*SSPc*	*SSPC*	*SSCp*	*SSCC*
제품 의존도	· 제품 기능 개선 · 제품 판매 · 제품 보호 · 제품 컨트롤	· 제품관련 토탈솔루션 · 배송 및 기술지원 · 연결 · 서비스 공간 · 단순 렌탈	· 제품 사용관련 경험개선 · 공유서비스	· 제품관련 프로세스 경험개선	· 제품의존도가 거의 없는 서비스제공 · 고객 프로세스 경험개선
고객역량 증진		· 제품관련성 깊은 고객역량 증진 · 사용법 가이드	· 제품관련성 있는 고객역량 증진 · 추천	· 제품관련성 낮은 고객역량 증진 · 교육 · 코디네이션	· 고객 행태 변화
맞춤화	· 제품 포트폴리오를 통한 맞춤화	· 제품 중심의 서비스 부가를 통한 맞춤화	· 일부 서비스 터치포인트에서의 맞춤화	· 여러 서비스 터치포인트에서의 맞춤화	· 상황반영 맞춤화 · 개인화 수준 맞춤화
고객 서비스 상호작용		· 거래기반 고객서비스 상호작용	· 거래기반 고객서비스 확립 및 관계기반 고객서비스 상호작용 지향	· 관계기반 고객서비스 상호작용 구축 · 상호작용 기반 서비스 제공	· 관계기반 고객서비스 확립 · 고객 주도 서비스
산업간의 융합 다양화	· 제품 개선을 위한 산업간의 융합	· 제품 지향 서비스를 위한 산업간 융합	· 다양한 서비스기업과의 전략적 네트워크 구축	· 고객 지향 서비스 확대를 위한 산업간 융합 구축	· 고객 지향 서비스 확대를 위한 산업간 융합 확립

산업간의 연계성에 있어, 더욱 고객 지향적인 서비스가 될수록, 부서간 협력 및 산업간 협력이 필요하게 된다. 즉, 보다 고객지원 성격이 강화될수록 제품-서비스 에코시스템이 확장되고 복잡해지게 된다.

서비스 공간은 제품-서비스 시스템의 핵심 서비스 특성을 보여주고 해당 제품-서비스 시스템의 서비스 고도화 및 강조 스케일을 나타낸다. 또한 맞춤화, 상호작용 진화 방향 등 점진적인 개선 방향을 제시한다.

3. 서비스공간 평가를 이용하는 서비스컨셉 디자인 가이드

제품지원 서비스에서 점차 고객지원 서비스로

서비스화 경향에 있어서, 스페인 ESADE 비즈니스 스쿨 Visnjic 교수(Visnjic *et al.*, 2019)에 따르면, 기업 생애주기 상 비교적 초기 단계에 있는 기술위주 기업들, 그리고 기업간의 경쟁이 치열한 기업들은 기술력을 강조하는 제품지원 서비스들을 제공하는 전략을 택한다고 한다. 반면에, 기업 생애주기 상 후반부 단계의 기업들, 그리고 제품 기술을 넘어선 새로운 경쟁력을 창출하고, 고객층 형성 및 수요에서 변화를 필요로 하는 등 가치창출의 도전성이 높은 기업들은 고객지원 서비스를 제공하는 전략을 추진하는 특성이 있다고 한다.

이와 같이 기본적 서비스화 진화 전략으로 제품지원 서비스에서 점차 고객지원 서비스 방향으로 발전하는 일반적 전략을 들 수 있다. 고객경험을 향상시키는 서비스 디자인 전략으로 *SSCC*를 향해 점진적으로 진화시키는 것이다. 현재 서비스가 *SSPC*수준이라면, 우선 현재의 서비스를 *SSCp*수준으로 발전시키거나 *SSCp*수준의 새로운 서비스를 만드는 것이다. 그리고 다음엔, *SSCC*를 향해 또 진화시키는 것이다.

서비스공간을 이용한 서비스화 기본전략 가이드

구체적으로 현재의 상태를 고려하여 서비스화 수준을 높이기 위해 어떤 종류의 서비스 컨셉을 착상해야 할지를 서비스 공간이 가이드 할 수 있다. 예를 들어 제조기업이 현재 제품지원 서비스를 제공한다고 해보면, 약간의 고객지원 서비스 관점을 추가하는 서비스로 차기 서비스 컨셉 목표를 설정할 수 있다.

경험이란 고객이 Co-Create하고 직접 만들어내는 것이며(Bolton *et al.*, 2014) 고객이 주도하며 관여할수록 많은 가치가 창출되는 것임을(Zomerdijk & Voss, 2010; Torres *et al.*, 2018) 고려하면, 서비스 공간의 관점들 중 상호작용 관점과 맞춤화 관점을 향상시키는 방향에 타겟팅할 수 있다.

그리고는 제품-서비스 시스템 사례 저장소에서 이러한 특성을 갖고있는 서비스 컨셉들을 찾아볼 수 있다. 서비스 상호작용을 *SSPC*수준에서 *SSCp*수준으로 향상시키는 전략을 세웠다면, 제품-서비스 시스템 저장소에서 *SSCp*수준의 서비스 컨셉을 갖고있는 사례를 찾아서, 이들 사례의 특정한 서비스 행위들을 참조하여 새로운 서비스 상호작용을 디자인할 수 있다. 이들 검색된 사례들의 상호작용 정보를 제4장에서 설명한 상호작용 공간(Interaction Space)(Kim, 2020a)에 표현된 구체 상호작용 내용을 통해 스터디하는 것이다.

서비스 공간을 이용하는 체계적 서비스화 컨셉 상상하기 방법은 정리해보면, (1) 고객 경험의 본질 및 특성을 이해하고, (2) 서비스공간 평가를 이용하여 서비스 컨셉 방향 및 수준을 설정하는 전략을 세우고, (3) 제품-서비스 시스템 저장소 및 표현 체계 프레임워크를 이용하여 전략에 따른 구체 서비스 컨셉 내용을 검색, 참조하여, (4) 새로운 고객경험 서비스컨셉을 디자인한다.

경험평가에 기반한 고객경험 맞춤화 서비스

앞서 제5장에서 설명한 경험평가에 기반한 맞춤화 서비스 디자인(Kim & Hong, 2019) 방법을 서비스공간 관점의 서비스컨셉 디자인 가이드로서 설명해보자. 맞춤화 이슈로 보면, 전에 수행한 행위들에 대한 상황반영 경험평가는 아주 중요한 역할을 한다. 축적된 경험 평가를 통해 고객경험은 다이나믹하게 진화하여, 더욱 향상된 맞춤화 경험가치를 제공하게 된다. 이는 경험한 것에 대해 되돌아보기 과정 없이는 진정한 학습이 이루어지지 않는다는 미국의 교육철학자 John Dewey의 학습에 대한 본질적 시각(Rodgers, 2002)과 깊이 연관되었다고 볼 수 있다. 이렇듯이 맞춤화는 고객역량증진과 연계되어 있다. 또한 상호작용이 더 자주 일어날수록, 고객경험을 증진시킬 더 좋은 기회를 많이 얻게 되는 것이다. 물론, 고객주도 측면을 보면 언제, 또 얼마나 자주 고객의 참여가 일어날지를 선택하는 컨트롤은 고객에게 주어져야 한다.

서비스 컨셉 디자인 가이드

서비스 컨셉 디자인 가이드는 아래와 같이 정리요약 제시된다:

제품의존도 가이드

제품의존도를 점차 줄여가는 방향으로 고객지원 서비스를 지향하여 서비스 컨셉을 점진적으로 개선한다. 즉,

- 서비스화를 시작하는 초기 단계에서는 우선 제품 사용을 지원하는 서비스를 제공한다.
- 사용관련 서비스 이후, 제품에 구체적으로 연관된 프로세스를 지원하는 서비스를 제공하고, 더 발전시킨다.
- 고객의 업무 프로세스 등 일반적 가치 증진 프로세스를 지원하는 수준까지 발전시킨다.

고객역량증진 가이드

고객 능력 증진에 있어, 점점더 핵심 능력 증진으로 발전시키며 고객주도의 행태 변화, 개선 수준까지 발전시킨다.

- 제품 사용 가이드에서 시작하여, 이를 제품 추천 수준으로 전환시키고, 또 교육으로 발전시킨다.
- 고객이 스스로 경험을 되돌아보고, 동료 고객들과 소통하는 등의 고객 참여 서비스를 점진적으로 확장 제공하여 고객의 역량을 증진시키고, 행태의 개선과 변화를 도모하는 수준으로 발전시킨다.
- 더욱 더 많은 터치포인트에서의 고객 참여를 제공한다.
- 서비스 제공자들과 상호작용하는 다양한 참여교류 기회를 제공하고, 동료 고객

들과의 참여교류를 증진시킨다. 특히 고객 주도의 Co-Creation 참여를 제공하는 것이 가장 바람직하다.

맞춤화 가이드

맞춤화하는 경험가치는 사람은 다 다르다는 사실에 기반하여 본질적으로 추구되는 가치이다. 서비스 지배 논리의 배경으로 제품보다 서비스가 맞춤화를 구현하기에 더 효율적이다. 핵심적 지능화와 스마트화는 서비스 맞춤화가 담당한다.

- 제품 포트폴리오 기반의 맞춤화가 가장 기초적이다.
- 점차적으로 더 많은 터치 포인트에서 서비스 중심 맞춤화를 증가시킨다.
- 풍부한 상황 정보를 활용하는 맞춤화를 개발, 발전시킨다.
- 상황 정보에 연계하여 경험평가를 축적 활용하는 맞춤화 서비스를 개발 발전시킨다.
- 개인 맞춤화 수준으로 맞춤화 서비스를 발전시킨다.

상호작용 가이드

서비스가 발전할수록 상호작용이 증가하고, 상호작용 간의 연계성이 깊어진다.

- 관계 기반의 상호작용을 창출 개발한다.
- 고객 주도와 컨트롤을 도모하여 자기 주도적이고 내적인 동기로 이어지도록 발전시킨다.

분야간 산업간 융합 가이드

일반적으로 서비스가 발전되면서 관련자가 점점 늘어난다.

- 부서간의 협력에서 시작하여, 서비스 에코시스템상의 타기관과의 협력으로 발전시킨다.
- 산업간의 융합으로 발전시켜 파트너 네트워크를 확장 심화시키고 비즈니스 기회를 확장한다.

4. 서비스화 전략 가이드를 위한 서비스화 사례

제조업의 서비스화 지원 프레임워크 과제에서 저자가 직접 수행한 대표적 서비스화 사례들을 수행 순서대로 소개하고, 서비스 공간 관점에서 서비스 컨셉들을 평가해본다. 이를 통해, 3년간 진행된 사례를 통해 발전되어 정립된 서비스화 전략 가이드를 제시한다.

행복맞춤목공소 서비스

소규모 가구 제조기업의 서비스화 프로젝트로 행복맞춤목공소 서비스가 디자인되었다. 해당 기업은 의류 판매장의 의류 가구를 제작하는 기업으로서, 패션 업계의 특성상 겨울과 여름이 성수기이고, 봄과 가을이 비수기인 특성을 갖고 있다. 해당 기업은 의류 가구의 구체 설계, 생산 및 매장에서의 설치 등을 담당하며, 의류 브랜드, 인테리어 디자인 회사, 매장이 입점하는 백화점 등과 협력을 해야 하는 B2B 사업을 주로 해왔다. 기업의 대표는 아직은 경험이 별로 없지만, 가정용 가구 마켓으로의 진출에 관심을 갖고 있었다.

고객 경험 가치 조사

서비스화 팀은 가정용 가구 사용자 및 의류 소비자의 니즈와 요구사항 등을 조사하여, 경제적, 환경적, 경험적 가치 등 E3 가치(Cho et al., 2010; 김용세, 2018)를 다음과 같이 확인하였다. 다양성과 맞춤화 등 기능적 가치, 자랑하고자 하는 사회적 가치, 가구 사용에 있어서의 재미 및 내 가구 제조기업에 대한 신뢰 등의 능동적 정서 가치, 원목 가구의 비쥬얼 품질 등의 감성 가치, 가구 배치 정보 등 학습적 가치 등의 핵심 경험 가치를 소비자들이 추구한다는 것을 찾아내었다. 이어 이러한 가치를 제공하는 행위들 그리고 유사한 제품 및 고객 공간의 기존 제품 및 서비스 사례들에 이용된 서비스 컨셉 등을 스터디하여, (그림 6-2)에서 보듯 6개의 서비스 컨셉을 디자인 하였다.

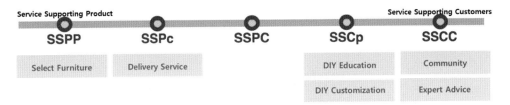

그림 6-2 행복맞춤목공소 서비스 컨셉

고객 관계 형성 전략

핵심 컨셉은 고객과 해당 기업과의 관계를 형성해가는 것이다. 기업이 고객의 가정에 파고 들어가는 것이 더 바람직하지만, 우선 DIY 서비스를 통해 고객을 제조 공장으로 초대하는 서비스 컨셉을 만들었다. 일단 고객과 라포를 형성하고, 그다음 가구 사용정보제공, 체크업, 재배치 등의 서비스로 고객의 가정으로 침투한 후, 맞춤화 가구 주문의 기회를 가질 수 있을 것이라는 전략이다. 가구 고객들이 다양성과 맞춤화를 추구하므로, 개인화된 DIY 경험을 제공하는 새로운 서비스를 만들었다. 모듈화된 DIY 디자인을 통해 고객이 조금씩 다른 DIY 가구를 만들게 하고, 맞춤화된 DIY 교육을 제공하는 것이다. 커뮤니티 서비스를 통해 고객의 참여를 끌어내 고객과의 관계를 강화하고, 도어 투 도어 유지보수 서비스를 통해 고객 관계를 유지하여 결국은 맞춤화 가구 비즈니스의 핵심 자산인 고객의 믿음을 얻어내는 전략이다(Kim *et al.*, 2015c).

서비스 공간 평가

행복맞춤목공소 서비스 유닛들은 〈표 6-2〉에서 서비스공간 관점들인 제품의존도, 고객역량증진, 맞춤화, 상호작용 및 융합 협력 등의 연계 평가항목과 함께 표시하여 보였다. DIY 맞춤화와 DIY 교육 서비스 유닛은 *SSCp*서비스이다. 커뮤니티 서비스 유닛은 고객이 DIY하기 및 DIY 가구 사용 중의 그들의 경험을 되돌아보며 정서적인 참여를 증진해가게 하고, 주변에 자랑하고, 비교하고 구전하는 사회적 가치를 제공하는 중요한 고객주도 서비스 유닛이다. 이 서비스는 *SSCC*로 평가된다. DIY 경험 중에 가구 디자인 및 제조 전문가 함께 작업하는 기회가 좋은 관계형성을 필수로 하는 *SSCC*서비스인 개인화된 전문가 조언 서비스로 이어지게 된다. 온

표 6-2 행복맞춤목공소 서비스공간 평가

	SSPP	SSPc	SSPC	SSCp	SSCC
제품 의존도	• 제품 기능 개선 • 제품 판매 • 제품 보호 • 제품 컨트롤	• 제품관련 토탈솔루션 • 배송 및 기술지원 • 연결 • 서비스 공간 • 단순 렌탈	• 제품 사용관련 경험개선 • 공유서비스	• 제품관련 프로세스 경험개선	• 제품의존도가 거의 없는 서비스제공 • 고객 프로세스 경험개선
고객역량 증진		• 제품관련성 깊은 고객역량 증진 • 사용법 가이드	• 제품관련성 있는 고객역량 증진 • 추천	• 제품관련성 낮은 고객역량 증진 • 교육 • 코디네이션	• 고객 행태 변화
맞춤화	• 제품 포트폴리오를 통한 맞춤화	• 제품 중심의 서비스 부가를 통한 맞춤화	• 일부 서비스 터치포인트에서의 맞춤화	• 여러 서비스 터치포인트에서의 맞춤화	• 상황반영 맞춤화 • 개인화 수준 맞춤화
고객 서비스 상호작용		• 거래기반 고객서비스 상호작용	• 거래기반 고객서비스 확립 및 관계기반 고객서비스 상호작용 지향	• 관계기반 고객서비스 상호작용 구축 • 상호작용 기반 서비스 제공	• 관계기반 고객서비스 확립 • 고객 주도 서비스
산업간의 융합 다양화	• 제품 개선을 위한 산업간의 융합	• 제품 지향 서비스를 위한 산업간 융합	• 다양한 서비스기업과의 전략적 네트워크 구축	• 고객 지향 서비스 확대를 위한 산업간 융합 구축	• 고객 지향 서비스 확대를 위한 산업간 융합 확립

라인 등록 시에 DIY 작업할 가구를 선택하게 하는 서비스는 제품 포트폴리오에 기반한 맞춤화된 선택을 제공하는 일종의 판매 서비스 과정으로 *SSPP*에 해당한다. 필요하면 DIY 가구를 가정에 배송해주는데 배송은 대표적인 *SSPc*이다.

프로토타이핑 경험 평가

행복맞춤목공소 서비스는 (그림 6-3)에서 보듯 등록, DIY가구 선택, 차량을 통한 가족이동, 목공소 가구 공장 도착, 공장 견학, DIY 교육, 색상 선택, DIY 작업, 점심, DIY 마무리 작업, 가구 싣기, 집으로 가져가기, 집에서의 사용 등 16개의 터치포인트로 다섯 가구가 참여하여 프로토타이핑이 진행되었다. 각 터치포인트별로 핵심 경험 가치로부터 선정된 평가 어휘에 기반하여 실시간으로 고객의 경험을 평가하는 상황반영 경험평가(CESA) 방법 (Kim *et al.*, 2011c; 김용세, 2018)을 이용하여 프로타이핑 경험이 평가되었다. 경험평가 결과 (그림 6-4)에 보듯이, 보라색으로 표시된 뿌듯함에 대한 평가는 DIY하기 터치포인트에서부터 높아져서 집에서 사용하기까지 지속적으로 높게 평가된 것을 알 수 있다.

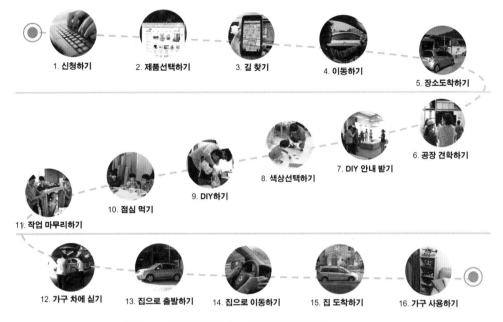

그림 6-3 행복맞춤목공소 프로토타이핑 여정 맵

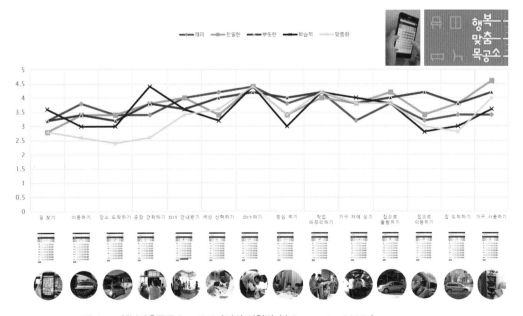

그림 6-4 행복맞춤목공소 프로토타이핑 경험평가(Kim *et al*., 2015c)

조명 맞춤화 서비스

LED조명 제조기업의 서비스화 사례로 조명 맞춤화 서비스가 디자인되었다. 제3
장 제조업 서비스화 프로세스 모델링 설명에서 이 서비스화 사례를 대표적인 예시
로 이용하였다. 해당 기업은 중견 기업으로 LED 전구 및 LED 조명을 조작하는 컨
트롤러 인터페이스를 포함하여 다양한 조명 기구와 시스템을 생산하는 IT기술력
이 높은 제조기업이다. 이들 제품들이 우리의 일상생활에 지대한 영향을 줄 수 있
지만, 이들 LED조명 제품이 과연 얼마나 유의미하게 유용한지를 확신하는 고객이
많지는 않다. 사용자들이 직접 경험을 해봐야 이러한 확신을 갖게 되는 것이다. 따
라서 사용자들이 이런 제품들을 직접 대하는 경험을 만들어 갈 Experience Shop
인 조명 카페를 서비스에 연계하게 되었다.

카페 고객이 추구하는 본질적 가치에 대한 조사

프로젝트 팀은 커피샵 고객의 다양한 행위를 관찰하고, Voice of Customer를 수
집하였다. 카페 사용자들에 대한 공감각하기 조사를 통해, 이들이 카페에서 추구
하는 진정한 가치들을 파악하게 되었다. 맞춤화라는 기능적 가치와 컨트롤이라는
능동적 정서 가치가 재미, 즐거움, 편안함 등의 다른 경험가치들을 이끌 수 있다는
점을 확인하였다. 고객들이 커피샵을 가는 이유는 각 고객 각자 특정한 행위를 수
행하고 경험하기 위해 가게 되는데, 이런 행위들을 위한 커피샵의 환경을 나름 컨
트롤하고 맞춤화하기를 원한다는 점이 조명 제조기업 관점에서 매우 중요한 내용
이었다.

개인화된 맞춤화 조명 서비스의 필요성

인간은 무언가 가치를 성취하기 위해 여러 행위를 다양한 상황에서 수행한다(Kim
& Lee, 2011; 김용세, 2018). 예를 들어, 특정한 구조적 특성을 갖는 공간에서, 특정한
조명 조건 등의 환경에서 책을 읽는다. 이러한 독서 행위에서 정서적인 경험 가치
를 얻게 되는데, 이의 양상이 사람마다 각기 다 다르다. 특히 정서적인 경험은 행위
내용에 따라, 행위자에 따라, 행위 상황에 따라 각각 다르게 발현된다. 똑 같은 조

명 조건하에서도, 사람에 따라 다른 정서적 경험을 갖게 되고, 선호하는 조명 조건도 사람마다 다 다르다(Kim & Hong, 2011; 김용세, 2018, pp. 166-167). 고객마다 다른 다양한 선호도를 개인화된 맞춤화 서비스를 통해 맞춰주게 되는 것이다.

조명 맞춤화 서비스의 서비스 컨셉들

조명 맞춤화 서비스는 5개의 서비스 유닛으로 구성되었고, (그림 6-5)에서 간략한 저니맵을 보여준다. LED조명은 다양한 조도, 색온도, RGB효과 등을 조합하여 엄청나게 많은 조명 조건을 제공한다. 사용자는 특정 행위를 여러 다른 조건에서 수행할 수 있다. 특정한 조명 조건에서 해당 행위를 수행하며, 그 경험을 평가한다. 이런 평가 결과들을 해당 행위 내용 및 조명 조건과 함께 저장한다. 경험 평가가 축적되면, 특정 행위를 수행했을 때 사용자가 아직까지 직접 경험했던 조명 조건들 중에서, 가장 좋았던 조명 조건을 제공받기를 원할 때, 해당 조명 조건을 찾아서 제공해 줄 수 있다. 사용자는 많은 조명 조건들을 시도해보고 평가하여, 좋은 조명 조건 탐색 공간을 넓게 된다. 해당 행위가 아주 중요할 때, 아직까지의 경험한 조건 중 베스트 조명 조건을 찾아 제공할 수 있는 것이다. 이 MySpot 맞춤화 서비스 유닛이 조명 맞춤화 서비스의 핵심 유닛이다. 이 서비스는 사용자와 서비스 시스템과의 상호작용으로 형성된 관계에 기반하는 맞춤화로서 조명 제품이 연계되어 있으므로, *SSCp*로 평가된다.

저니맵(그림 6-5)에서 보듯 사용자는 MySpot 맞춤화 서비스 제공 카페를 찾아, 예약을 하고, MySpot으로 가서, 수행 행위를 지정하고, 조명을 제공 받아 해당 행위를 수행한다. 예를 들어 카페에서 독서를 하는 경우도 있고, 컴퓨터 작업을 하기도 하고, 친구들과 수다를 떨기도 하며, 셀카를 찍기도 한다. 제공 조명 조건에서 해당 행위를 수행하고, 자신의 행위 경험을 주관적으로 평가한다. 그리고는 커뮤니티 서비스를 통해, 사용자는 경험을 되돌아보고 주변에 소통하는가 하면, 자기의 조명 조건을 커뮤니티 서비스의 친구들에게 공유하기도 한다. 수행 행위가 아주 중요할 때, MySpot 맞춤화 서비스를 통해 아직까지의 당해 행위 경험 중 베스트 조명 조건을 찾아 제공받을 수 있다.

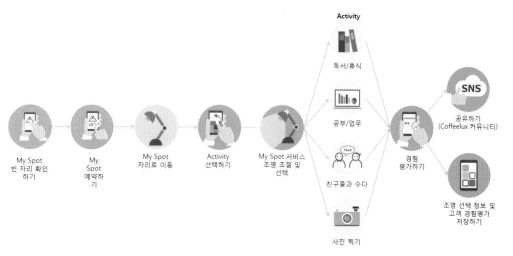

그림 6-5 조명 맞춤화 서비스 여정 맵

경험 평가를 축적하여 가장 바람직한 조명 조건을 찾아 행위를 수행하는 습관을 사용자가 주도적으로 형성해가는 것을 도모하기 위해, 스스로 되돌아보고 참여하는 MySpot 커뮤니티 서비스를 만들었다. 이 서비스는 SSCC서비스이다. 셀카 행위 같은 경우, 여배우 또는 아이돌 걸그룹 멤버 등 유명 연예인의 가장 예뻐 보이는 조명 조건을 공유받는 서비스 등도 커피샵에서의 재미를 제공하는 방법으로 제공할 수 있다. 커뮤니티 서비스의 친구들 사이에, 자신의 선호 조명 조건을 빨리 찾는데 도움이 되도록, 친구들 간에 행위 정보와 선호 조명 조건 들을 공유하는 서비스도 제공한다. 단순한 제품의 공유 서비스는 SSPC로 평가되겠지만, 이 MySpot 공유 서비스는 상황 반영 경험을 공유하므로 SSCp로 평가된다.

조도, 색온도, RGB 조합으로 다양한 조명 조건을 컨트롤하는 기반 기능 제공 서비스는 LED조명을 구성하는 물리적 요소들의 기술적 컨트롤로서 SSPP서비스로 평가된다. 이 서비스의 비즈니스 모델로는 기존의 많은 커피샵 프랜차이즈들과의 파트너링을 통해 가급적 많은 곳에서 편리하게 이 서비스의 이용을 가능하게하자는 의도로 Shop in Shop 채널 전략을 제안했다. 사용자에게 편리한 시간, 장소의 MySpot을 찾아 예약하는 예약서비스를 추가하였다. 이 서비스는 SSPc서비스이다.

조명 맞춤화 서비스 사례의 서비스 컨셉들은 (그림 6-6)에 서비스 공간 평가에 위
치하게 제시하였고, 서비스 공간 관점에 연계하여 (표 6-3)에 정리하였다.

- IoT Service: **Subjective Experience Evaluation + Physical Context Information**
- **Context Data: LED Light Brightness and Color Temperature**

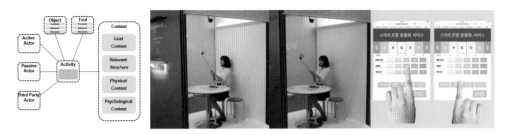

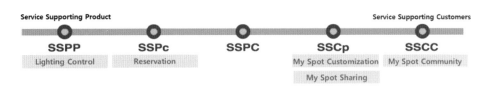

그림 6-6 조명 맞춤화 서비스 컨셉

표 6-3 조명 맞춤화 서비스 서비스공간 평가

	SSPP	*SSPc*	*SSPC*	*SSCp*	*SSCC*
제품 의존도	· 제품 기능 개선 · 제품 판매 · 제품 보호 · 제품 컨트롤	· 제품관련 토탈솔루션 · 배송 및 기술지원 · 연결 · 서비스 공간 · 단순 렌탈	· 제품 사용관련 경험개선 · 공유서비스	· 제품관련 프로세스 경험개선	· 제품의존도가 거의 없는 서비스제공 · 고객 프로세스 경험개선
고객역량 증진		· 제품관련성 깊은 고객역량 증진 · 사용법 가이드	· 제품관련성 있는 고객역량 증진 · 추천	· 제품관련성 낮은 고객역량 증진 · 교육 · 코디네이션	· 고객 행태 변화
맞춤화	· 제품 포트폴리오를 통한 맞춤화	· 제품 중심의 서비스 부가를 통한 맞춤화	· 일부 서비스 터치포인트에서의 맞춤화	· 여러 서비스 터치포인트에서의 맞춤화	· 상황반영 맞춤화 · 개인화 수준 맞춤화
고객 서비스 상호작용		· 거래기반 고객서비스 상호작용	· 거래기반 고객서비스 확립 및 관계기반 고객서비스 상호작용 지향	· 관계기반 고객서비스 상호작용 구축 · 상호작용 기반 서비스 제공	· 관계기반 고객서비스 확립 · 고객 주도 서비스
산업간의 융합 다양화	· 제품 개선을 위한 산업간의 융합	· 제품 지향 서비스를 위한 산업간 융합	· 다양한 서비스기업과의 전략적 네트워크 구축	· 고객 지향 서비스 확대를 위한 산업간 융합 구축	· 고객 지향 서비스 확대를 위한 산업간 융합 확립

확장 프로토타이핑

4일간 150명 이상의 사용자가 참여하는 확장된 프로토타이핑을 (그림 6-6)에서 보듯 LED조명 전시회를 통해 수행하였다. 전시회의 최대규모였던 서비스화 조명기업의 전시장은 10개의 부스로 구성되었는데, 9번째 부스가 무료 커피 제공 서비스였고, 10번째 부스가 MySpot 맞춤화 부스였다. 무료 커피를 받은 후, 5가지의 다른 조명 조건하에서 셀카를 찍고 얼마나 예쁜지, 젊어 보이는지, 자연스러워 보이는지 등 3개의 경험평가 어휘를 통해, 자신의 셀카 촬영을 스스로 평가한 후, 제일 예뻐 보인 조명을 제공해 달라 한 후 다시 한 번 셀카를 찍고, 이를 출력하여 기념품으로 가져가는 경험으로 프로토타이핑이 진행되었다.

주관적 경험 평가 데이터와 물리적 상황 데이터의 연계

이 맞춤화 서비스는 사용자의 주관적 경험 평가 데이터를 조명 조건이라는 물리적 상황 데이터와 연계해 축적하여 제공하는 서비스로서, 특허 등록이 완료되었다 (김용세 외, 2018a). 앞의 행복맞춤목공소에서는 CESA 방법이 프로토타이핑 평가에 사용되었다면, 이 사례는 CESA 방법이 프로토타이핑을 테스트하는 평가로 이용되는 수준을 넘어서, 새로운 서비스를 창출한 케이스이다. 이렇게 여러 종류의 IoT 로부터 획득된 물리적 상황 데이터와 경험 평가를 연계하여 다양한 개인 맞춤화 서비스가 디자인된 것이다. 제5장에서 구체 설명한 경험평가 기반 개인화 서비스 디자인 방법이 구체적으로 적용된 첫번째 서비스화 사례이다.

슈즈 구매 경험 서비스

여성 슈즈 제조기업과 진행한 서비스화 과제로서, 슈즈 구매 경험 서비스가 디자인 되었다. 해당기업은 독특한 페미닌 캐릭터의 여성화를 디자인하여 판매하는 국내 기업이다. 주된 판매 채널이 오프라인 매장이다. 따라서 고객 구매 터치포인트에서 고객 경험을 보다 적극적으로 관리하는데 관심과 필요성을 인식하게 되었다.

서비스화 팀은 고객의 구매 경험 전반을 이해하기 위한 공감하기(Empathize) 조사

과정을 수행하였다. 이 사례는 제2장 서비스 디자인 씽킹 사례로 이용하였다. 또한 제4장 제품-서비스 시스템 프레임워크 설명에서도 이 사례를 대표적인 예시로 이용하였다. 특히 가치공간에서 구체적으로 E3가치들을 설명하였다. 6가지의 구체적 서비스 컨셉으로 구성된 고객 구매 의사결정 지원 서비스를 (그림 6-7)의 져니맵에 보는 바와 같이 디자인하였다. 그림에 표시된 바와 같이, 일반적 신발 구매 고객 여정 중 몇 개의 터치포인트에서의 물리적 경험에 디지털 경험이 연계되었다.

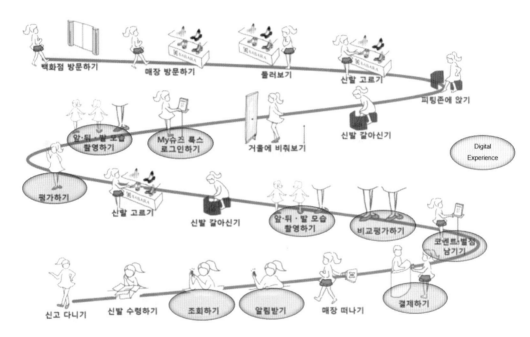

그림 6-7 슈즈 구매 경험 서비스 여정 맵

슈즈 구매 경험 서비스 컨셉: 물리적 경험에 연계된 디지털 경험

슈즈 구매 경험 서비스의 서비스 컨셉은 (그림 6-8)에 보여진다. 슈즈 구매 고객의 여정 중 핵심이 되는 터치포인트는 신어볼 만큼 관심이 가는 슈즈를 찾는 것, 그리고 어떤 슈즈를 살지 또는 아예 아무것도 사지 않을지에 대한 의사결정 하는 순간이다. 이를 지원하기 위해 <u>마이슈즈 룩스</u> 서비스 컨셉이 디자인되었다. 고객은 슈즈를 신은 자신의 전신 모습을 앞에서, 뒤에서 보고, 그리고 클로즈업 된 슈즈를 자연스럽게 보고자 한다. 뒷모습을 보기 위해 고개를 돌린 자세에서가 아니라, 슈즈를 자세히 보기 위해 몸을 굽히거나 발을 들지 않고서. 앞, 뒤, 클로즈업 위치 등에 놓인 3개의 카메라로 사진을 찍어 이들을 거울 옆에 비치된 스크린을 통해 보여줌으로써 이 핵심 터치포인트에서의 고객 경험이 개선될 수 있다. 신어본 사진을 저장하고, 전에 신어본 모습을 가져와 여러 개 슈즈 착용을 비교할 수 있다. 지금 신고 있는 파란 슈즈 모습과 아까 신어본 빨간 슈즈 모습을 나란히 놓고 비교할 수 있고, 빨간 슈즈 신은 모습과 까만 슈즈 신은 모습을 나란히 비교하여 볼 수 있다. 여러 슈즈에 대한 고객의 평가를 기록해 놓을 수도 있다. 지금 수행하고 있는 구매 의사 결정 능력을 증진시키는 이 서비스 컨셉은 구체 슈즈 제품에 대한 연계성이 있는 서비스 컨셉으로서 서비스 공간에서 *SSPC*로 평가된다.

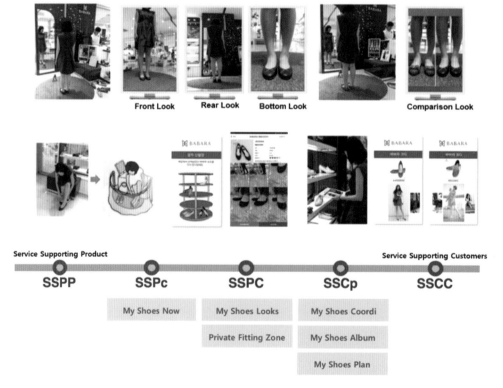

그림 6-8 슈즈 구매 경험 서비스 컨셉

마이슈즈 룩스 서비스에서 만들어진 사진 데이터를 통해, 다른 서비스 컨셉들도 가능해졌다. 마이슈즈 룩스 서비스는 구매 정보와 연계하여 고객이 특정한 슈즈를 구매하는 과정에서 구매하지는 않았지만, 관심을 보인 슈즈들에 대한 정보도 포함한다. 이는 고객의 선호도를 이해하는 데에 중요한 정보로 이용될 수 있다. 마이슈즈 룩스 등 슈즈 구매 의사결정 지원 서비스는 2018년 특허로 등록되었다(김용세 외, 2018b).

서비스 공간 평가

6가지 서비스 컨셉의 서비스 공간 평가는 (표 6-4)에 종합적으로 보여진다. 마이슈즈 코디 서비스는 코디네이션 정보 서비스로서 고객이 관심을 갖고 시착하는 슈즈에 관련된 패션 코디네이션 정보를 제공하는 서비스이다. 특정한 슈즈 사용 관련 고객의 능력 증진일 뿐만 아니라, 일반적 슈즈 관련 패션 고객능력 증진이다. 제품 관련성이 낮게는 있는 고객역량증진으로서 $SSCp$서비스이다.

마이슈즈 플랜 서비스는 고객이 구매하였거나 관심을 보인 슈즈와 비슷한 새 슈즈의 마케팅 플랜을 고객에게 알려주는 서비스이다. 이 서비스 컨셉은 구매 및 시착 등으로 축적된 상호작용 정보로 드러난 고객의 선호도를 반영하는 맞춤화 서비스로서 $SSCp$에 해당된다. 이 서비스는 여러 차례에 걸친 구매와 시착으로 얻어지는 정보를 반영함으로 특정 슈즈 한 컬레의 제품생애주기를 넘어서는 고객 여정 중에서의 터치포인트들을 반영하는 서비스이다. 따라서 이 서비스는 관계기반의 상호작용이 고객과 생성됨을 의미한다.

마이슈즈 앨범 서비스는 마이슈즈 룩스 서비스의 데이터 중 고객이 선택한 사진 등 고객의 구매 및 시착 관련 기록을 관리하여 제공하는 서비스이다. 이 서비스는 고객과의 관계기반 상호작용을 구축하고 고객의 슈즈 구매 능력 및 슈즈 관련 다양한 능력을 증진시킨다. 또한 구매, 시착 및 기타 고객이 원하는 여유시간에 고객이 자유롭게 접속 이용하는 서비스로서 $SSCp$로 평가된다.

프라이빗 핏팅존 서비스는 고객의 시착을 위한 프라이빗한 공간을 간략하게 제공하는 서비스이다. 고객 중에는 남성 점원 앞에서 맨발을 드러낸 것을 불편해하는 고객 등이 있는데, 이들에게 맞춤화된 물리적 공간을 제공하는 서비스이다. 특정 슈즈에 대한 의존성은 없는 서비스로서, *SSPC*에 해당한다. 마이슈즈 나우는 고객의 주문된 특정 슈즈의 배송 상황을 알려주는 서비스로서 *SSPc*에 해당한다.

제4장 상호작용 공간 설명에서 언급된 바와 같이, 고객 경험 관점에서 보면, 슈즈 제품, 매장, 판매원 등과의 물리적 상호작용에 기반한 경험에서, 새롭게 프라이빗 핏팅존 이라는 물리적 접점 1개와 5개의 디지털 상호작용을 다루는 접점들이 추가되는 전환이 일어난 것이다. 그 전환된 상호작용의 구체 내용은 상호작용 공간에 표현된다.

표 6-4 슈즈 구매 경험 서비스 컨셉 서비스공간 평가

	SSPP	SSPc	SSPC	SSCp	SSCC
제품 의존도	· 제품 기능 개선 · 제품 판매 · 제품 보호 · 제품 컨트롤	· 제품관련 토탈솔루션 · 배송 및 기술지원 · 연결 · 서비스 공간 · 단순 렌탈	· 제품 사용관련 경험개선 · 공유서비스	· 제품관련 프로세스 경험개선	· 제품의존도가 거의 없는 서비스제공 · 고객 프로세스 경험개선
고객역량 증진		· 제품관련성 깊은 고객역량 증진 · 사용법 가이드	· 제품관련성 있는 고객역량 증진 · 추천	· 제품관련성 낮은 고객역량 증진 · 교육 · 코디네이션	· 고객 행태 변화
맞춤화	· 제품 포트폴리오를 통한 맞춤화	· 제품 중심의 서비스 부가를 통한 맞춤화	· 일부 서비스 터치포인트에서의 맞춤화	· 여러 서비스 터치포인트에서의 맞춤화	· 상황반영 맞춤화 · 개인화 수준 맞춤화
고객 서비스 상호작용		· 거래기반 고객서비스 상호작용	· 거래기반 고객서비스 확립 및 관계기반 고객서비스 상호작용 지향	· 관계기반 고객서비스 상호작용 구축 · 상호작용 기반 서비스 제공	· 관계기반 고객서비스 확립 · 고객 주도 서비스
산업간의 융합 다양화	· 제품 개선을 위한 산업간의 융합	· 제품 지향 서비스를 위한 산업간 융합	· 다양한 서비스기업과의 전략적 네트워크 구축	· 고객 지향 서비스 확대를 위한 산업간 융합 구축	· 고객 지향 서비스 확대를 위한 산업간 융합 확립

자전거 세정제 서비스화

산업용 세척제를 생산 판매하는 제조기업과 서비스화 프로젝트를 진행했다. 해당 기업은 자전거 세정제 제품을 새로이 출시하는 과정이었다. 프로젝트 팀은 자전거 세정제 시장 조사를 수행하여, 글로벌 브랜드 세정제를 이용하는 하이엔드 소비자들이 현재 국내 자전거 세정제 시장을 형성하고 있음을 파악하였다. 이들 하이엔드 사용자들은 고가의 자전거를 소유하고 있고 아주 자주 자전거 라이딩을 하는 사용자들이다. 이들 중 일부는 자전거 전용 서비스 제공자들이 제공하는 세척서비스를 이용하기도 한다. 자전거 전용 서비스 제공자들의 서비스는 수리, 유지보수, 보관, 세척 등 SSP c에 해당하는 서비스들을 제공하고 있다.

타겟 고객 선정
반면에 다른 자전거 사용자들은 1주에 한, 두 번 자전거를 타는 저가의 자전거를 갖고 있는 사용자들이다. 그런데 소비자 조사에 따르면 이러한 자전거 사용자 군이 차지하는 소비자 세그먼트는 전체 사용자의 약 50%를 차지할 만큼 많다. 이들 로우엔드 소비자들은 자전거 세척을 거의 하지 않으며, 세척을 한다 해도 일반 마트에서 판매하는 저가의 세정제를 사용한다. 그런데 이런 사용자들 중 자전거 세척이 라이딩 느낌을 향상시킬 수 있음을 알고 있는 사용자들이 있다는 점을 주목할 수 있다. 이들은 세척의 필요성은 인지하고 있지만, 세척할 만한 장소가 없거나, 세척하는 방법에 관한 지식 등이 부족하여 세척을 안 하고 있는 것이다. 따라서 프로젝트 팀은 세척의 장점을 알고는 있으나, 세척 관련 지식이나 도구 등이 없는 자전거 사용자들을 타겟 고객으로 잡았다.

고객 이해를 위한 탐색용 프로토타이핑: 체험 캠프
서비스화 프로젝트 팀은 (그림 6-9)에서 보는 바와 같이 자전거 세척 체험 캠프를 탐색용 프로토타이핑(Probing Prototyping)으로 진행하였다. 반포 대교 근처 자전거 도로의 잘 알려진 휴식처에서 세척 체험 캠프를 차렸다. 자전거 라이더들이 세척 관련 비디오 및 세척 전문가의 라이브 데모를 지켜볼 수 있게 했다. 캠프 참여 라

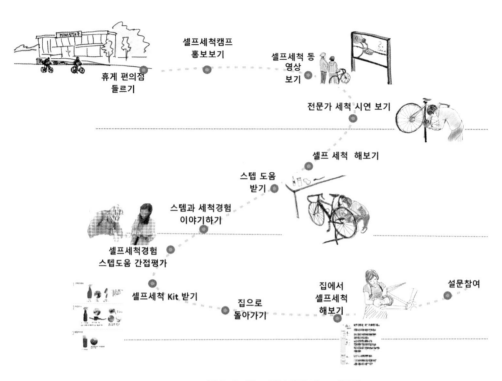

그림 6-9 셀프 세척 체험 캠프 여정맵

이더들은 스탭들의 1:1 도움과 함께 전문가 또는 비디오 데모를 따라 하면서 셀프 세척 체험을 하였다. 체험 캠프의 마무리 단계에서는 세척 도구를 기념품으로 받으며 스탭의 도움을 통한 간접적 경험 평가를 수행하였다. 이 평가는 CESA평가 방법을 이용하되 스탭과의 1:1 상호작용을 통해 진행된 평가이다. 일부 체험 참여 라이더들은 귀가 후 기념품으로 받은 세척도구와 가이드를 이용하여 셀프 세척을 시행하고 온라인 서베이에 참여하기도 했다. 참고로 이전에 수행한 타 기업과의 서비스화 프로젝트에서는 고객의 경험평가 대신, 고객과 면대면 상호작용을 진행한 코디의 경험평가를 통해 고객과 코디의 Pain 포인트를 찾아내는 경험평가 방식을 이용하기도 했다.

습관적 행태로 자리 잡게 하는 고객경험정보 제공 경험관리서비스

고객을 이해하기 위한 목적으로 진행된 프로타이핑을 통해, 사용자들은 혼자 하기

보다는 동료 라이더, 가족, 친구 등과 함께 진행하는 셀프 세척을 선호한다는 점을 알게 되었다. 셀프 세척 경험이 충분한 기간 동안 지속되어 습관적인 행태로 자리 잡게 하려면, 셀프 세척 관련 정보를 지속적으로 제공하고 세척 싸이클을 알려주어 셀프 세척 경험을 쉽게 관리하도록 해주는 것이 바람직하다. 세척 방법 및 세척 도구와 세정제의 장점 등을 소개하도록 셀프 세척 가이드를 개선하는 것도 중요하다. 셀프 세척 체험 캠프를 통해 알게된 점들을 반영하여, 다음의 4가지 서비스 컨셉들로 구성된 자전거 세정제 제품-서비스 시스템이 디자인되었다.

자전거 세정제 제품-서비스 시스템

셀프세척 습관행태를 도모하기 위해 정기적으로 제공되는 체험캠프 서비스가 디자인되었다. 자전거 세척의 각 단계(프레임, 체인, 윤활제)를 구체적으로 나눠 표현하여 전문가의 도움 없이 스스로 자전거 세척을 시도하고 지속하도록 도와주는 서비스로서 셀프세척 가이드 서비스가 만들어졌다. 자전거 사용자들이 셀프세척 및 관련 라이딩 경험을 기록하고, 되돌아보고, 소통하여 셀프세척을 습관화된 행태로 발전시키고, 더 나아가 셀프세척 문화를 선도할 수 있으며, 자전거 사용자들이 궁극적으로 즐거운 바이크 삶을 향유하게 하는 셀프세척 다이어리 서비스를 만들었다. 셀프세척장 서비스는 세척 장소, 세척 도구와 세척제 및 정보, 셀프 세척 도우미 등을 제공하는 서비스이다. 셀프세척장은 라이더들이 세척뿐 아니라 좋은 코스 등 자전거 라이딩 관련 정보와 지식을 공유하는 물리적 공간으로, 온라인 다이어리 서비스와 함께 다양한 사회적 가치를 제공하는 서비스이다. 셀프 세척장 서비스는 세정제 제조사 등과 협력하여 지자체 등이 제공할 수 있고 환경 사회 캠페인등 자전거 관련 다양한 이벤트를 기획하고 실행할 수 있는 시민단체 등이 함께 참여하여 운영될 수 있다.

서비스 공간 평가

서비스 컨셉들은 (그림 6-10)에서 보는 바와 같이 평가된다. 서비스컨셉 평가에 대한 서비스 공간 관점은 (표 6-5)에 보여진다. 프로토타이핑으로 실시된 바 있는 체험 캠프 서비스는 세정제 제품 사용 경험과 능력을 발전시키는 서비스로 *SSPC*로 평가된다. 셀프 세척 가이드 서비스는 교육을 통해 세척 프로세스를 증진시키므로 SSCp로 평가된다. 셀프 세척 다이어리 서비스는 세척 관련 경험과 정보에 대한 소통과 공유를 통해 세정제 제품 사용자들과 다른 여러 관련자들을 연결해준다. 사

그림 6-10 자전거 세정제 제품-서비스 시스템 서비스 컨셉

표 6-5 자전거 세정제 제품-서비스 시스템 서비스 컨셉 서비스공간 평가

	SSPP	SSPc	SSPC	SSCp	SSCC
제품 의존도	• 제품 기능 개선 • 제품 판매 • 제품 보호 • 제품 컨트롤	• 제품관련 토탈솔루션 • 배송 및 기술지원 • 연결 • 서비스 공간 • 단순 렌탈	• 제품 사용관련 경험개선 • 공유서비스	• 제품관련 프로세스 경험개선	• 제품의존도가 거의 없는 서비스제공 • 고객 프로세스 경험개선
고객역량 증진		• 제품관련성 깊은 고객역량 증진 • 사용법 가이드	• 제품관련성 있는 고객역량 증진 • 추천	• 제품관련성 낮은 고객역량 증진 • 교육 • 코디네이션	• 고객 행태 변화
맞춤화	• 제품 포트폴리오를 통한 맞춤화	• 제품 중심의 서비스 부가를 통한 맞춤화	• 일부 서비스 터치포인트에서의 맞춤화	• 여러 서비스 터치포인트에서의 맞춤화	• 상황반영 맞춤화 • 개인화 수준 맞춤화
고객 서비스 상호작용		• 거래기반 고객서비스 상호작용	• 거래기반 고객서비스 확립 및 관계기반 고객서비스 상호작용 지향	• 관계기반 고객서비스 상호작용 구축 • 상호작용 기반 서비스 제공	• 관계기반 고객서비스 확립 • 고객 주도 서비스
산업간의 융합 다양화	• 제품 개선을 위한 산업간의 융합	• 제품 지향 서비스를 위한 산업간 융합	• 다양한 서비스기업과의 전략적 네트워크 구축	• 고객 지향 서비스 확대를 위한 산업간 융합 구축	• 고객 지향 서비스 확대를 위한 산업간 융합 확립

용자 주도적으로 자전거 세척과 라이딩 경험에 대해 되돌아보게 하고 셀프 세척 습관을 기르도록 도모하는 서비스로서 *SSCC*서비스이다. 셀프 세척장 서비스는 여러 행위와 연계되지만, 결국 세척을 위한 장소 제공 서비스로서 *SSPc*서비스이다.

이 서비스화 프로젝트는 해당 기업이 이 사업을 새로 시작하는 단계에서 진행된 사례로서, 해당 기업이 갖고 있는 고객층에 대한 정보가 부족하여, 프로젝트 초반 약간의 시행착오를 겪게 되었다. 이러한 프로젝트 팀의 경험은 제품 및 기술 기반 스타트업의 서비스 융합을 통한 경험경제기반의 비즈니스 창업을 지원하는 방법을 확립하는 기반이 되었다.

인샤워 힐링 서비스

샤워기 제조기업의 서비스화 과제로서, 인샤워 힐링 서비스로 명명된 스마트 서비스 경험이 새로이 디자인되었다. 제5장에서 고객경험 맞춤화 서비스 디자인 방법의 사례로 이용되었다. 샤워 사용자들에 대한 조사를 통해, 힐링, 뷰티, 헬쓰 등의 경험가치를 사용자들이 추구함을 알게 되었다. 또한 샤워 관련 글로벌 트렌드로서 나만의 칵테일 비누, 프랑스의 프로방스 지역 비누회사들이 한가지 바 타잎의 비누를 50여종 이상의 다른 향으로 만드는 등 다양한 맞춤화 경향을 파악하였다. 특히 최근 향 및 테라피 목적의 샤워 캡슐의 등장에 주목하게 되었다. 향후 여러 샤워 캡슐 제조사들이 다양한 향과 테라피 특성의 여러 가지 샤워 캡슐들이 생산하고, 사용자들은 여러 회사의 다양한 종류의 샤워 캡슐을 개인의 라이프 스타일 선호도와 다양한 컨텍스트에 맞추어서 그때 그때 골라서 사용하게 될 것을 예측할 수 있다.

디지털 트랜스포메이션 시대의 프리미엄 고객

보다 좋은 혜택을 위해 스스로 기꺼이 참여하고 관여하고자 하는 특성을 지닌, 디지털 트랜스포메이션 시대의 프리미엄 고객들은 보다 나은 샤워 경험을 위해 여러 종류의 캡슐을 이용한 샤워 경험을 관리하고자 할 것이다. 따라서, 구체 관리를 위해 샤워하면서 실시간으로 캡슐샤워 경험을 평가하고 컨텍스트 데이터와 함께 저장하게 되는 것이다. 인샤워 경험평가 서비스로 명명된 이 서비스를 통해 특정한 캡슐을 이용한 샤워 경험이 상황기반 행위모델링(Kim & Lee, 2011; 김용세, 2018) 체계에 따라 정의된 구체 상황 정보와 함께 주관적으로 평가되어 저장되는 것이다. 컨텍스트 정보는 목적 상황으로서의 샤워 테마, 관련 구조물 상황으로서의 샤워 캡슐의 제조회사 및 향 정보, 날짜, 시간, 위치 및 날씨 등의 물리적 상황 정보 등을 포함한다.

개인 맞춤화 서비스

고객의 힐링, 헬쓰, 뷰티를 증진시키고, 다양한 상황에 딱 맞는 퍼퓸 캡슐을 선택하는 능력을 증진시키기 위한 개인 맞춤화 서비스로서 정보제공 서비스 유닛이 디자인되었다. 서비스 상호작용은 고객과의 밀접한 관계에 기반하고 고객의 주도로 진행되어야 한다. 이런 식으로 고객의 경험은 상황 정보와 함께 경험평가 데이터가 축적되어 앞으로의 경험이 지속적으로 점점 개선되도록 다이나믹하게 발전되어가며 진화하는 것이다. 축적되어온 경험 평가를 기반으로 고객이 캡슐을 선택하고자 한다면, 앞서 제5장에서 설명한 개인 맞춤화 서비스 경험 디자인 방법(Kim & Hong, 2019)에 따르면, 샤워 테마, 시간, 날씨 등을 제약 상황으로 하고 캡슐정보를 선택가능 상황으로 하여 제공되는 개인 맞춤화 결과가 되는 것이다. 제5장의 상세한 설명을 추가적으로 참고할 수 있다.

인샤워 힐링 서비스 고객 여정

사용자가 캡슐 샤워 경험을 되돌아보고 공유함으로써 새로운 행태를 만들어가도록 지원하는 인샤워 다이어리 서비스도 디자인되었다. (그림 6-11)에 보여지는 인샤워 힐링 경험 여정맵은 인샤워 경험평가가 각각 진행된 두가지의 다른 캡슐 샤워가 애프터 샤워 평가와 다이어리 서비스와 함께 진행된 사례이다. 예를 들어, 퇴근 후 힐링을 위해 A캡슐로 힐링 샤워를 시작하고 그 경험을 평가하고, 샴푸와 비누 샤워에 이어, 곧 남자친구를 만나는 일정을 위해 또 다른 B 퍼퓸 캡슐로 마무리하며 또 경험평가를 하고, 애프터 샤워 평가에 이어 다이어리를 이용해 샤워 경험을 되

그림 6-11 인샤워 힐링 서비스 여정맵

돌아보고 친구들에게 경험을 공유하는 여정을 보여준다.

서비스 공간 평가

인샤워 힐링 서비스는 축적된 경험 평가정보를 이용한 개인 맞춤화 서비스 방법론 (Kim & Hong, 2019)을 통해 개발된 대표 사례로서, (그림 6-12)에 보이는 서비스 유 닛들로 구성되었다. 각 서비스 유닛의 서비스 공간 평가는 (표 6-6)에 종합되어 보여 진다. 캡슐 샤워 디바이스는 여러 제조사의 크기가 다른 샤워 캡슐을 샤워기에 연 결하기 위해 디자인되었다. 이 서비스 유닛은 새로운 서비스 경험을 제공하기 위해 샤워기를 다른 관련 제품인 샤워캡슐에 연결하는 역할을 하는 제품요소로서 *SSPc* 로 평가된다. *SSPP*가 아닌 이유는 기존의 제품 기능을 향상시키기 위함이 아니고, 완전히 새로운 경험 서비스를 구현하기 위한 물리적 터치포인트이기 때문이다. 구 체적으로 구현된 캡슐 샤워 디바이스는 디바이스에 삽입된 캡슐을 인식할 수 있 는 기능, 사용할 또는 사용한 캡슐들을 일시적으로 보관하는 기능 등을 함께 제공 한다.

특정한 캡슐을 이용한 샤워를 하면서, 캡슐샤워 디바이스 옆에 설치된 태블릿의 터치 스크린을 통해 실시간으로 캡슐샤워 경험을 평가한다. 샤워 테마에 맞춤화된

227

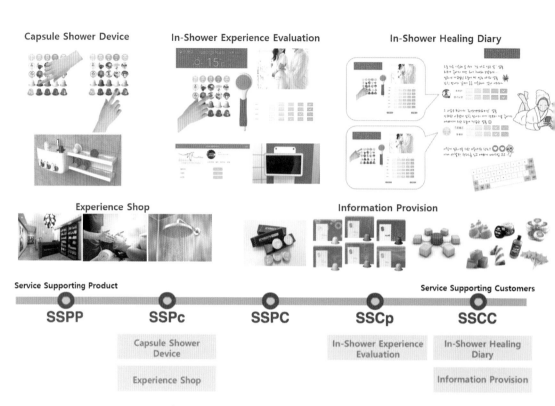

그림 6-12 인샤워 힐링 제품-서비스 시스템(Kim & Hong, 2019)

경험평가 어휘들이 선택적으로 이용된다. 캡슐샤워를 마치고, 캡슐이 활성화되지 않은 상태에서 애프터 샤워 경험 평가를 할 수도 있다. 이렇게 진행되는 인샤워 경험평가 서비스 유닛이 바로 캡슐 샤워를 하는 물리적 경험을 경험평가 데이터로 디지털화하는 전환을 수행하는 것이다. 여기서 주목할 점 중 하나는 이러한 디지털화 전환이 사용자의 주도로 이루어지는 점이다. 또한 경험평가 데이터는 상황반영 경험평가 방법(CESA, Kim et al., 2011)에 기반하여 평가 순간의 상황 정보들과 연계되어 축적된다는 점이다. 인샤워 경험 평가 서비스 유닛은 샤워 테마에 맞춤화된 서비스 상호작용으로 제공되는 경험인데, 샤워기, 연결 디바이스 등 제품 요소의 연계 기여 또한 어느 정도 있으므로 *SSCp*로 평가된다.

인샤워 힐링 다이어리 서비스는 연관 상황정보가 포함된 축적된 경험평가 데이터 등 인샤워 힐링 경험 이력을 제공하여 고객들이 경험을 되돌아보고 공유하는 행

표 6-6 인샤워 힐링 제품-서비스 시스템 서비스공간 평가

	SSPP	SSPc	SSPC	SSCp	SSCC
제품 의존도	·제품 기능 개선 ·제품 판매 ·제품 보호 ·제품 컨트롤	·제품관련 토탈솔루션 ·배송 및 기술지원 ·연결 ·서비스 공간 ·단순 렌탈	·제품 사용관련 경험개선 ·공유서비스	·제품관련 프로세스 경험개선	·제품의존도가 거의 없는 서비스제공 ·고객 프로세스 경험개선
고객역량 증진		·제품관련성 깊은 고객역량 증진 ·사용법 가이드	·제품관련성 있는 고객역량 증진 ·추천	·제품관련성 낮은 고객역량 증진 ·교육 ·코디네이션	·고객 행태 변화
맞춤화	·제품 포트폴리오를 통한 맞춤화	·제품 중심의 서비스 부가를 통한 맞춤화	·일부 서비스 터치포인트에서의 맞춤화	·여러 서비스 터치포인트에서의 맞춤화	·상황반영 맞춤화 ·개인화 수준 맞춤화
고객 서비스 상호작용		·거래기반 고객서비스 상호작용	·거래기반 고객서비스 확립 및 관계기반 고객서비스 상호작용 지향	·관계기반 고객서비스 상호작용 구축 ·상호작용 기반 서비스 제공	·관계기반 고객서비스 확립 ·고객 주도 서비스
산업간의 융합 다양화	·제품 개선을 위한 산업간의 융합	·제품 지향 서비스를 위한 산업간 융합	·다양한 서비스기업과의 전략적 네트워크 구축	·고객 지향 서비스 확대를 위한 산업간 융합 구축	·고객 지향 서비스 확대를 위한 산업간 융합 확립

태를 형성하게 하는 서비스이다. 스마트폰을 통하여 샤워 부스 밖에서, 인샤워 힐링 경험에 대한 느낌과 감회를 만들어 표출하는 경험을 제공한다. 고객이 주도하여 스스로 고객의 행태 변화를 이끌게 하는 서비스로서 *SSCC*로 평가된다.

<u>인샤워 힐링 정보제공</u> 서비스는 샤워경험과 캡슐 구매계획을 증진시키는 개인 맞춤화 서비스이다. 예를 들어, 샤워 테마와 시간 날씨 등 물리적 상황을 지정하면 적절한 캡슐을 추천한다. 또한 다양한 사용자의 샤워 경험 정보와 사용 캡슐 정보를 수집하여, 캡슐 및 샤워 용품 제조기업들에게 제공하는 소위 데이터 비즈니스의 플랫폼 역할을 가능하게 한다. 이는 Reverse Supply Chain이라 불리는 새로운 트렌드 수립에 기여하며, 다양한 기업들을 융합 연계할 수 있다. 이 서비스는 *SSCC*로 평가된다. Reverse Supply Chain은 소비자들의 소비 행태를 IoT 센서 등을 통해 수집하여 소비자들의 여러 특성과 함께 정보로 가공하여 제품, 서비스 기업에 제공하고, 다시 이들 정보에 기반하여 제품 및 서비스가 기획, 설계, 생산, 유통되는 Supply Chain으로 순환되게 하는 트렌드이다(Parry *et al*., 2016).

인샤워 힐링 서비스는 아주 새로운 서비스로서, 비즈니스 모델의 채널 관점의 전략인 Experience Shop 전략을 통해 여러 잠재 고객에게 노출되어야 한다. 스킨 테라피 샵, 호텔, 헬쓰 및 뷰티 서비스 비즈니스들과의 협력을 통해 Experience Shop 개발 확산이 관련자 공간을 확장하여 촉진되어야 한다. Experience Shop 서비스 유닛은 결국 경험 공간 등 서비스 접근성을 증진시키는 서비스로서 *SSPc*로 평가된다. 스마트 제품-서비스 시스템인 인샤워 힐링 서비스 시스템은 2020년 특허로 등록되었다(김용세 외, 2020).

카 아이케어 서비스

자동차 제조사에서 고객에게 새로운 경험을 제공하는 서비스 회사로의 탈바꿈

국내 대표적 자동차회사의 사내 벤처 그룹 중 유아 아동용 카시트 팀과 진행한 서비스화 과제로 새로운 사용자 경험 서비스 디자인 프로젝트를 진행했다. 카시트를 별도의 제품으로 보는 시각보다, 자동차 고객의 특정한 경험 상황을 제기하는 드라이버로 보고 서비스화를 진행하였다. 이러한 고객 경험 중심의 시각은 해당 자동차회사가 최근 목표로 하는 자동차 제조사에서 고객에게 새로운 경험을 제공하는 서비스 회사로 탈바꿈하는 데 핵심이 된다. 카시트 제품은 운전자 엄마 또는 아빠와 아동 또는 영유아가 차로 이동한다는 특정한 시츄에이션을 의미한다. 여기서 이슈는 아이는 뒷좌석 카시트에, 운전자 엄마는 앞 좌석 운전석에 앉아 있는 것이다. 어떤 이유에선지 아이가 편치 않게 되더라도, 운전 중인 엄마는 아이를 케어하지 못하는 것이다. 이러한 시츄에이션은 운전자 엄마와 아이 모두에게 괴롭다.

이동 시간 중 사용자들을 제한하는 공간으로서의 자동차

제품-서비스 시스템 표현 프레임워크(Kim, 2020a)의 행위자 공간(Actor Space)은 카시트 서비스화 사례의 행위자 네트워크에 인싸이트를 제공하는 역할을 하였다. 카시트가 자동차 시트에 부착되는 안전성 등 표준 이슈들 이외에는 자동차 제조사와 카시트 제조사는 직접적 연계성이 없는 것이 현황이다. 그러나 사용자 입장에서는 카시트를 사용한다는 것은 운전자 엄마 또는 아빠와 아이라는 아주 중요한 관계와 상호작용을 의미한다. 이 관계는 아마 인간의 삶에서 가장 중요한 관계이다. 자동차는 이제 이동하는 시간 동안 이런 중요한 관계를 갖는 사용자들이 함께 있는 제한된 공동 공간으로 간주되어야 한다. 자동차 제조사와 카시트 제조사는 운전자 엄마와 아이의 경험을 함께 책임져야 하는 것이다. 따라서 이 두 기업은 고객 경험을 Co-Create하는 협력을 해야 하는 것이다. 따라서 카시트 제품-서비스 시스템을 만들어내기 위해 자동차 회사와 카스트 벤쳐팀은 잘 조화된 노력을 함께 경주해야 하는 것이다.

카시트 사용자들에 대한 조사를 통해 운전자 엄마와 아이만이 이동할 때에 비해 누군가 한 명이 더 있을 때 많은 문제들이 해결되는 점을 파악했다. 특히 할머니가 함께 타고 있을 때, 할머니가 아이를 잘 돌볼 수 있다. 할머니가 함께 타고 있을 때의 As-Is 관련자 공간을 (그림 6-13)에서 볼 수 있다. 카시트 제품-서비스 시스템의 디자인 컨셉은 운전자 엄마와 아이 둘이서만 차로 이동할 때, 할머니가 해주던 역할을 해줄 수 있는 카 아이케어 서비스이다. 카 아이케어 서비스 시스템을 통해 자동차 제조사와 카시트 제조사가 직접적인 관계를 형성한 것을 (그림 6-13)의 To-Be 행위자 공간에서 볼 수 있다.

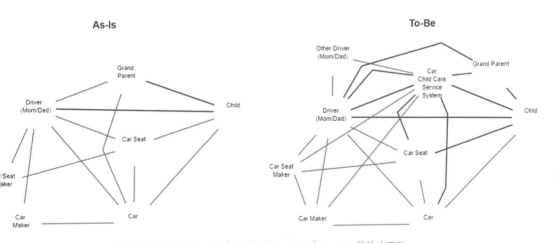

그림 6-13 카시트 제품-서비스 시스템 As-Is 및 To-Be 행위자 공간

카 아이케어 서비스 컨셉

카 아이케어 서비스는 (그림 6-14)에서 보는 5개의 서비스 유닛으로 구성되었다. 카 아이케어 서비스 컨셉들의 서비스공간 평가는 (표 6-7)에 정리되어있다. 아이 모니터링 서비스는 쌍방 뷰를 통해 운전자 엄마와 아이를 시각적으로 연결해주는 서비스이다. 필요하면 할머니 같은 제3자를 연결해서 시각적 화면을 통해 아이를 달래주도록 한다. 운전자 엄마, 아이, 제3자가 다 사용자이다. 이런 식으로 아이 모니터링 서비스는 시스템과 사용자들간의 거래기반 상호작용을 형성한다. 이 서비스는 *SSPC*로 평가된다.

운전자 엄마는 대시보드에 부착된 태블릿 또는 스마트폰 터치스크린을 통해 자신의 이동 경험 그리고 간접적으로 아이의 이동 경험을 평가한다. 태블릿, 스마트폰을 통하여, 날짜, 시간, 위치, 날씨 등 물리적 상황 정보를, 자동차로부터, 또한 카시트로부터, 여러 센서 데이터를 획득한다. 이러한 상황 데이터가, 조명 맞춤화 서비스 및 인샤워 힐링 서비스의 경우처럼 CESA방법을 활용하여, 운전자 엄마의 주관적 경험 평가 데이터와 연계된다. 카 아이케어 서비스의 핵심 역할을 하게 되는 트립 경험평가 서비스 유닛은 *SSCp*로 평가된다. 자동차와 카시트로부터 얻어지는 물리적 상황 정보의 연계를 통해서 이 두 기업은 고객지원 서비스를 위한 융합 협력을 시작하게 되는 것이다.

아이케어 서비스 유닛은 운전자 엄마가 능동적 케어가 필요하다고 판단했을 때 아이를 달래고(Coax Child), 재우고(Sleep Child), 똑바로 앉히는(Sit Child) 능동적 케어를 제공하는 유닛이다. 이 서비스는 카시트 제품에 앉아 있을 때 아이의 경험을 개선해주는 서비스로서 제품 사용 경험을 개선해주는 몇가지 제품 기능을 통한 맞춤화에 해당된다. 따라서 이 서비스 유닛은 *SSPC*로 평가된다. 이 케어링은 운전자 엄마의 선택으로 실시되는 데, 이때의 연계된 상황 데이터를 획득하여 저장할 수 있다. 그리고 아이 모니터링 서비스를 통해 아이케어 실시 전, 후의 아이 상태를 운전자 엄마가 관찰하게 된다. 이러한 능동적 케어링 실시 후 운전자 엄마의 주관적 경험 평가를 통해 이 케어링 효과에 관련한 경험이 연계 상황 정보와 함께 평가

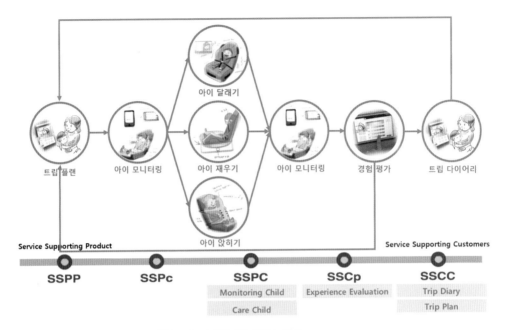

그림 6-14 카 아이케어 서비스 컨셉

되어 저장되게 된다.

트립 다이어리 서비스는 보다 능동적인 카시트 사용 행태를 만들어가도록 운전자 엄마가 주도적으로 참여하여 경험을 되돌아보고, 주변에 공유하도록 지원하는 서비스이다. 발전되어 축적된 트립 경험 기록을 운전자에게 상황기반 행위모델링 체계를 활용하여 제공함으로써 운전자 엄마의 선호 방식과 주도 수준에 맞게 경험 데이터를 관리하도록 지원한다. 여러 IoT로부터 얻어지는 물리적 상황 데이터를 포함하여 풍부한 상황 정보를 제공하는 경험 다이어리 서비스는 조명 맞춤화, 인샤워 힐링 서비스에서도 제공되었다. 트립 다이어리 서비스는 *SSCC* 서비스이다.

많은 운전자들이 내비게이션 서비스를 이용하여 주행 경로를 계획하듯이, 운전자 엄마도 트립 플랜을 세운다. 그러나 운전자 엄마의 트립 플랜은 경험 평가 유닛과 트립 다이어리 유닛을 통해 상황 정보와 함께 축적되어온 경험 평가를 이용하여 아이와 엄마의 좋은 트립 경험을 위해 계획되게 된다. 트립 플랜은 아주 상세하고 구체적으로 가능하다. 예를 들어, 운전자 엄마와 아이가 외갓집을 자주 방문하였었다면, 여정 중 지나가는 특정한 위치를 지날 때 아이가 자다 깨지 않도록 특정한 제한 속도를 지정하여 운전자 엄마에게 특정 지점 근처에 왔을 때 알려주도록 상세한 플랜을 만들 수 있다. 고객 주도의 Co-Creation 경험 관리를 통해 이런 수준의 개인 맞춤화까지도 가능하다. 트립 플랜 서비스는 *SSCC*이다.

표 6-7 카 아이케어 서비스 서비스공간 평가

	SSPP	SSPc	SSPC	SSCp	SSCC
제품 의존도	• 제품 기능 개선 • 제품 판매 • 제품 보호 • 제품 컨트롤	• 제품관련 토탈솔루션 • 배송 및 기술지원 • 연결 • 서비스 공간 • 단순 렌탈	• 제품 사용관련 경험개선 • 공유서비스	• 제품관련 프로세스 경험개선	• 제품의존도가 거의 없는 서비스제공 • 고객 프로세스 경험개선
고객역량 증진		• 제품관련성 깊은 고객역량 증진 • 사용법 가이드	• 제품관련성 있는 고객역량 증진 • 추천	• 제품관련성 낮은 고객역량 증진 • 교육 • 코디네이션	• 고객 행태 변화
맞춤화	• 제품 포트폴리오를 통한 맞춤화	• 제품 중심의 서비스 부가를 통한 맞춤화	• 일부 서비스 터치포인트에서의 맞춤화	• 여러 서비스 터치포인트에서의 맞춤화	• 상황반영 맞춤화 • 개인화 수준 맞춤화
고객 서비스 상호작용		• 거래기반 고객서비스 상호작용	• 거래기반 고객서비스 확립 및 관계기반 고객서비스 상호작용 지향	• 관계기반 고객서비스 상호작용 구축 • 상호작용 기반 서비스 제공	• 관계기반 고객서비스 확립 • 고객 주도 서비스
산업간의 융합 다양화	• 제품 개선을 위한 산업간의 융합	• 제품 지향 서비스를 위한 산업간 융합	• 다양한 서비스기업과의 전략적 네트워크 구축	• 고객 지향 서비스 확대를 위한 산업간 융합 구축	• 고객 지향 서비스 확대를 위한 산업간 융합 확립

5. 고객경험 서비스화 전략의 시사점

6개 서비스화 사례의 서비스공간 평가 비교

본 저자가 연구책임자로 수행한 산업통상자원부 제조업의 서비스화 지원 프레임워크 과제(MSSF 과제)는 서비스화 전략을 통해 비즈니스 이노베이션을 도모하기 위해 다양한 제품-서비스 시스템 사례를 표현하고, 평가하는 프레임워크를 개발하고, 제조기업들과 서비스화 과제를 3년간 수행하였다. 행복맞춤목공소 프로젝트가 첫 번째 사례로서, 1차년 하반기에 수행되었다. 조명 맞춤화 사례는 2차년 상반기에 LED 기술기반의 중견기업과 수행하였다. 슈즈 구매 경험 서비스는 3차년 상반기에 수행하였다. 3차년 하반기에 자전거 세정제 과제, 인샤워 힐링 서비스 과제 및 카 아이케어 서비스 프로젝트가 수행되었다. 카 아이케어 프로젝트는 자동차 제조 대기업의 벤처사업팀과 수행한 사례이고, 나머지 기타 과제들은 중소기업과의 협력 과제들이었다. 제품-서비스 시스템 디자인 프로젝트 기간은 대략 3개월간이었고, 일부 과제들은 프로토타이핑과 후속 개발 과정이 추가적으로 진행되었다.

비교 분석이 가능하도록 (표 6-8)은 6 개 사례의 서비스 공간 평가를 함께 보이고 있다. 먼저 수행된 행복맞춤목공소 사례와 조명 맞춤화 사례는 *SSPP* 서비스를 포함하고 있다. 조명 맞춤화 사례에 LED조명의 상황 데이터에 연계한 경험 평가를 이용하는 *SSCp* 맞춤화 서비스가 포함되어 있지만, 이 두 사례의 *SSCp* 및 *SSCC* 서비스의 대부분은 커뮤니티 서비스 내용들이다. 이 이후의 서비스화 사례들에서, 보다 많은 *SSCp* 및 *SSCC* 서비스 컨셉들이 만들어졌다. 또한 후반부의 사례들에서 맞춤화와 상호작용 관점이 더 증진된 *SSCp* 및 *SSCC* 서비스 컨셉들이 나타난다. 이들 6개의 사례들은 서비스화가 수행된 해당 제품의 특성들을 반영하는 서비스 컨셉들이 디자인된 것인데, 수행 시기상 후반부로 가면서 점점 더 고객 지원 서비스를 다룬 일반적 경향을 볼 수 있다. 또 다른 경향은 후반부로 갈수록 서비스 공간 평가테이블상 아래쪽으로 진행하였음을 볼 수 있다. 자전거 세정제 사례를 빼면, 3 차년 후반부에 수행된 과제 들에서 관계기반의 상호작용이 심화되고 융합 성격이 두드러진 *SSCp* 및 *SSCC* 서비스들을 볼 수 있다. 이런 전반적 경향들은 앞 의 제3절에서 설명한 서비스 컨셉 디자인 가이드 내용과 일맥상통함을 알 수 있다.

표 6-8 6개 서비스화 사례의 서비스 공간 평가 비교

행복맞춤목공소

조명 맞춤화 서비스

슈즈구매지원 서비스

자전거 세정제 서비스

인샤워 힐링 서비스

카 아이케어 서비스

디지털 서비스화 관점

디지털 기술 관점에서 6개 서비스화 사례를 살펴보자. 첫번째 행복맞춤목공소 사례에는, 가구 선택 서비스 유닛이 온라인 판매 기능을 포함하고 있고, 커뮤니티 서비스는 전형적인 SNS서비스이다. 프로토타이핑 단계에서 CESA를 이용하여 고객 경험 평가가 디지털 형태로 수행되기는 하였지만, 이는 서비스 유닛의 일부는 아니었다. 두번째 조명 맞춤화 서비스의 5개의 모든 서비스 유닛은 디지털 서비스이다. MySpot 맞춤화 서비스 유닛은 LED조명 시스템, 스마트폰 또는 태블릿 같은 스마트 디바이스 등으로부터 획득되는 상황데이터에 연계된 경험평가 데이터를 이용한다. 이 사례의 LED 조명 제조기업은 디지털 기술력이 매우 우수한 회사인 점을 고려해야 한다.

세번째 슈즈 제조기업 사례의 경우, 고객들은 디지털 경험에 익숙하지만 해당 기업과 산업은 전반적으로 디지털 기술이 발전하지 않았음을 고려해야 한다. 마이슈즈 룩스 서비스 유닛의 핵심 동기는 구매 터치포인트에서 사진 비교를 통해 구매의사 결정을 지원하는 서비스이지만, 마이슈즈 룩스를 통해 생성된 디지털 데이터가 마이슈즈 앨범, 마이슈즈 플랜, 마이슈즈 코디 등 다른 디지털 서비스들이 여러 터치포인트에서의 제공되는 것을 가능하게 하여 슈즈 한 컬레를 사용하는 기간을 훨씬 넘는 여러 개의 제품 생애 주기들을 포함하는 오랜 기간을 통해 고객과 해당사와의 고객 관계를 구축하는 것을 가능하게 한다. 이 사례는 기술 수준이 낮은 제조기업들이 어떻게 디지털 서비스 트랜스포메이션을 할 것인가에 대한 전략을 제시해주는 좋은 사례라고 할 수 있다.

디지털 테크놀로지 관점에서, 네번째 자전거 세정제 서비스 사례는 다이어리 서비스를 제외하면 디지털 서비스 요소가 가장 없는 사례이다. 이 사례는 해당 기업이 시장에 처음 진입하는 단계라는 점, 그리고 제품의 성격이나 고객 사용 행위에 있어서 디지털 기술과의 연계성이 없다라는 점 등 상당히 다른 성격의 프로젝트였다. 반면 다이어리 서비스와 세척 가이드 서비스가 셀프 세척 행태의 변화를 만들어내는데 크게 기여한다는 점에서 고객지원 서비스의 좋은 예시가 될 수 있다. 세척 가이드 및 세척장 서비스에 디지털 경험을 연계하여 디자인하면 디지털 서비스 경험을 증진시킬 여지가 있다는 점을 주목할 수 있다. 그러나 프로젝트가 수행되던 시점에서는 해당 기업에 이러한 점들이 의미가 없는 상황이었다.

다섯째 인샤워 힐링 서비스는 물리적인 샤워경험을 디지털 경험관리로 디지털 전환 발전시킨 좋은 예시이다. 고객의 의도와 소비 행태를 소비자 주도의 개인화 서비스와 연계하는 디지털 경험 트랜스포메이션에 디지털 능력이 이용되었다. 인샤워 경험 평가를 위한 태블릿 및 캡슐 디바이스를 통해, 샤워캡슐 정보 및 날씨 등 풍부한 상황 정보가 획득되어 소비자의 주관적 경험 평가와 융합되어 샤워 경험 데이터를 생성한다. 그리고 또 이 샤워 경험 데이터가 다이어리 서비스의 주요 역할을 담당한다. 이들 모든 디지털 경험 데이터가 정보제공 개인화 맞춤화 서비스를 가능하게 하고, 산업간 융합을 견인하는 플랫폼 비즈니스의 기회를 펼칠 수 있게 한다.

여섯번째 사례에서도, 인샤워 힐링 서비스에서와 같이, 경험평가 서비스 유닛이 카아이케어 서비스의 디지털 테크놀로지 관점에서 핵심이 된다. 여기서, 자동차 제조업체 및 카시트 제조업체의 디지털 기술 상태에 따라, 스마트폰이나 태블릿으로부터 얻을 수 있는 위치 및 교통 정보 이상의, 아주 많은 제품연계 상황데이터가 경험평가 데이터에 연계될 수 있다. 현재의 능동적 아이케어 서비스의 맞춤화 수준은 운전자 엄마의 직접 컨트롤에 의존하는 수준이지만, $SSCp$ 또는 $SSCC$ 수준까지도 맞춤화 서비스가 발전할 수 있다. 예를 들면, 인샤워 힐링 서비스에서 이용된 것처럼 운전자 엄마의 축적된 경험 평가에 기반하여 특정 물리적 상황 정보를 컨트롤하는 상황 기반의 개인 맞춤화 서비스가 제공될 수 있다. 모빌리티 산업계가 자율주행차를 고대하는 현시점에서 이런 맞춤화 수준은 미래에는 자율적 수준까지도 발전할 수 있다. 이런 테크놀리지의 혁신적 약진이 실현된다면, 엄청난 양의 상황 정보들을 고객의 주관적 경험 평가와 연계하는 것이 더욱 더 중요해질 것이다.

고객 지원 서비스를 이용한 디지털 트랜스포메이션 전략

제조기업의 디지털 트랜스포메이션은 일반적으로 당해 회사 제품의 고도화된 디지털 기술을 필요로 한다. 그러나 어떤 경우에는 고도의 제품 디지털 기술 없이도, 고객 지원 서비스가 디지털 트랜스포메이션을 효과적인 방법으로 견인할 수 있다. 조명 맞춤화 사례와 인샤워 힐링 사례를 비교해보자. 이 두 사례는 모두 축적된 경험 평가에 기반한 맞춤화 서비스이다. 조명 맞춤화 서비스는 당해 기업이 필요한 디지털 기술을 보유하고 있어 당해 기업의 핵심 제품인 LED조명을 디지털 트랜스포메이션 견인 서비스에서 직접 다루었다.

반면 인샤워 힐링 서비스는 당해 제조기업의 핵심 제품인 샤워기의 디지털 기술이 아니라, 서비스화를 통해 만들어진 새로운 제품 요소를 통해 디지털 트랜스포메이션이 수행된 사례이다. 당해 회사의 디지털 기술 보유 수준을 충분히 고려하여, 당해 회사가 보유하고 있는 상대적인 제품 기술의 강점을 반영하여 전략적으로 설계된 서비스화 사례인 것이다. 미국이나 유럽의 가장 선도적인 샤워기 기업들은 물의 온도와 압력 등을 제어하는 소위 스마트 샤워를 가능하게 하는 디지털 샤워기 기술을 보유하고 있다. 본 서비스화 프로젝트 기업은 고도의 기술을 보유하지 않고 있으며 이 시점에서 이런 기술을 개발하는 것도 전략적으로 의미 있지 않았다. 그러나 인샤워 힐링 서비스는 새롭고 창의적인 방식으로 디지털 트랜스포메이션의 문을 열었다. 샤워기 사용자들이 추구하는 핵심가치와 니즈에 깊이 연계된 샤워 캡슐과 캡슐 샤워 디바이스라는 새로운 제품 요소와 경험데이터 및 고객 선호 정보를 통한 디지털화라는 창의적인 전략을 창출한 것이다. 기술력 수준을 포함하는 당해 기업의 비즈니스 컨텍스트에 집중하여 서비스화 디자인이 수행된 것이다. 이 사례를 통해, 제조기업의 주력 제품의 직접적인 디지털 트랜스포메이션 추진이 무언가 장애에 의해 적절하지 않은 경우에도, 다른 관련 제품 요소를 발굴 연계하여 디지털 서비스화를 새로이 시작할 수 있게 하는 서비스화 전략 가이드가 제시된 것이다.

슈즈 구매 지원 서비스 사례도 슈즈 산업에 디지털 트랜스포메이션을 새로이 시도한 사례라 할 수 있다. 마이슈즈 룩스 서비스는 구매의사결정을 지원하기 위해 디자인되었지만, 마이슈즈 앨범이나 마이슈즈 플랜 같은 디지털 경험 서비스를 가능하게 하고 한 컬레 이상의 여러 슈즈 생애들을 아우르는 기간 동안 지속되는 디지털 서비스 접점을 만들어낸 서비스화인 것이다.

현재 많은 기업들은 제품 중심 이슈와 서비스 제공자 중심 시각에서의 IoT관련 서비스들을 얘기하고 있으나, 조명 맞춤화, 인샤워 힐링, 카 아이케어 서비스 등에서 이용된 바와 같이, 고객 경험의 고객 주관적 평가와 여러 IoT 센서들로 얻을 수 있는 물리적 상황 데이터를 연계하는 CESA 방법을 이용하는 고객 중심 서비스 시각에서 IoT서비스를 접근하는 전략을 제시한다.

서비스 컨셉 저장소

6개의 서비스화 사례에서 디자인된 모든 서비스 컨셉들을 *SSPP, SSPc, SSPC, SSCp* 및 *SSCC* 등 고객 지원 서비스 고도화 수준과 제품의존도, 고객역량증진, 맞춤화, 상호작용 및 융합수준 등의 관점으로 평가하여 (표 6-9)의 해당 평가 셀에 위치시켰다. 서비스 컨셉들은 종적으로 한 개 이상의 셀에 표시될 수 있다. 이 표는 서비스 컨셉 저장소의 시각적 표현이라 볼 수 있다. 이 저장소를 한눈에 보면, 6개 사례의 서비스 컨셉들의 전반적 특징을 볼 수 있다. 고객역량증진, 맞춤화, 관계기반 상호작용 등 성격의 *SSCp* 및 *SSCC* 서비스 컨셉이 많이 디자인되었음을 볼 수 있다. 많지는 않지만, 융합 특성을 갖는 *SSCp* 및 *SSCC* 서비스 컨셉도 있다.

각 서비스 컨셉의 서비스 공간상에서의 평가를 보여주는 것 이외에, 서비스 컨셉 저장소는 다른 서비스화 프로젝트의 서비스 컨셉 디자인을 지원한다. (표 6-9)에 보여지는 저장소는 6개 사례로부터 만들어진 것에 불과하다. 실제 저장소는 엄청나게 많은 서비스 컨셉들을 보유하게 된다. 이들 서비스 컨셉들이 새로운 서비스 컨셉을 디자인하는 힌트로 이용될 수 있는 것이다. 예를 들어, 제2장에서 설명한 체계적 서비스 상상하기 관점에서 유사추론 등을 위한 Knowledge가 되는 것이다.

표 6-9 6개 서비스화 사례들의 서비스 컨셉 저장소

	SSPP	SSPc	SSPC	SSCp	SSCC
제품 의존도	• DIY가구 선택 • 조명 컨트롤	• 배송 서비스 • 예약서비스 • 마이슈즈 나우 • 셀프세척장 • 캡슐 샤워 디바이스 • Experience Shop	• 마이슈즈 룩스 • 아이케어	• MySpot 맞춤화 • 마이슈즈 코디 • 셀프세척 가이드	• 커뮤니티 서비스 • MySpot 커뮤니티
고객역량 증진			• 셀프세척 체험캠프	• DIY 교육 • My Shoes Coordi • 마이슈즈 앨범 • 셀프세척 가이드	• 셀프세척 다이어리 • 인샤워힐링 다이어리 • 트립 다이어리 • 트립 플랜
맞춤화	• DIY가구 선택		• 프라이빗 핏팅존 • 아이케어	• DIY 맞춤화 • MySpot 맞춤화 • 마이슈즈 코디 • 마이슈즈 앨범 • My Shoes Plan • 인샤워 경험평가	• 전문가 조언 • MySpot 커뮤니티 • 인샤워힐링 다이어리 • 인샤워힐링 정보제공
고객 서비스 상호작용			• 아이 모니터링	• MySpot 공유 • 마이슈즈 코디 • 마이슈즈 앨범 • 마이슈즈 플랜 • 인샤워 경험평가 • 경험평가	• 커뮤니티 서비스 • 전문가 조언 • MySpot 커뮤니티 • 셀프세척 다이어리 • 인샤워힐링 다이어리 • 트립 다이어리 • 트립 플랜
산업간의 융합 다양화				• 경험평가	• 인샤워힐링 정보제공

그리고, 서비스 컨셉의 서비스 공간 평가 체계가 Schema 역할을 한다. 현재 해당 기업이 제공하는 서비스 컨셉을 기반으로 하여, 고객지원 서비스 수준을 향상시키기 위해 차기의 서비스 컨셉은 어떻게 만들어야 할지에 대한 가이드를 제시하는 것이다.

예를 들면, 슈즈 구매 지원 서비스는 현재 *SSCp* 서비스를 포함하고 있다. 일반적 가이드에 의하면 다음에는 *SSCC* 수준의 서비스 컨셉을 디자인하여야 한다. 저장 소에서 행복맞춤목공소, 자전거 세정제, 인샤워 힐링, 카 아이케어 서비스 사례들 의 커뮤니티 서비스 또는 다이어리 서비스 등의 *SSCC* 서비스 컨셉을 찾을 수 있 다. 다 *SSCC* 서비스들이지만, 구체적인 디테일이나 제품-서비스 시스템의 표현 프 레임워크 상의 특성 등은 다르다. 제4장에서 설명한 제품-서비스 시스템 표현 프레 임워크 상의 몇 가지 공간들을 이용한 유사성 평가(Kim, 2020a)를 통해 현재 해결 해야 할 슈즈 구매 지원 서비스와 유사한 특성을 갖는 사례를 찾아서, 그 사례에

서 적용된 서비스 컨셉들을 힌트로 하여 슈즈 구매 서비스의 차기 서비스 컨셉을 디자인할 수 있는 것이다.

경험평가와 고객주도 경험관리: 고객이 주도하는 사용 중 경험 관리

슈즈 구매 서비스 이외의 5개 사례는 모두 *SSCC*서비스를 포함하고 있고, 이들 대부분 커뮤니티 서비스와 다이어리 서비스가 포함되어 있다. 이 두 서비스 컨셉은 모두 고객 참여와 되돌아보기를 지원한다. 커뮤니티 서비스는 주로 다른 관련자들과의 연대와 교류 성격의 참여에 집중하는 반면, 다이어리 서비스는 자신 스스로의 되돌아보는 숙고에 집중한다. 고객경험 마케팅 분야 대가인 Verhoef 교수 등 (2019)이 소개하는 디지털 혁명이 불러온 소비자 행태의 대표적인 변화로 지목되는 등 커뮤니티 서비스는 보다 쉽게 볼 수 있는 서비스이다. 커뮤니티 서비스는 제품 및 서비스의 사용 전, 또는 사용 후에 소비자들끼리의 상호작용을 주로 하는 고객 참여인 것이다.

보다 더 연결되고, 많은 정보를 제공받고, 영향력이 증대되어 적극적으로 바뀌는 소비자의 참여는 이제 사용 전, 후에서 사용 중의 소비자 행태 변화로 확장 전환되게 된다. 다이어리 서비스는 인샤워 경험평가 데이터 및 자동차트립 경험평가 데이터 등과 같은 경험 데이터와 연계된다. 소비자의 경험 중에, 그들의 경험이 상황정보와 함께 디지털 형태로 저장되고, 소비자들이 그들의 경험을 실시간으로 평가하는 것이다. 이를 통해, 사용 과정 이후 이런저런 참여를 위해 경험을 기록정리하는 것일 뿐 아니라, 경험 평가를 축적하여서 점점 더 경험이 바람직하게 진화해가는 것을 가능하도록 하는 것이다. 현 사용 단계에서의 적극적인 참여를 통해 향후 경험을 더욱 증진시키는 것이다. 사용 전, 후의 참여에서, 사용 중의 참여로 까지 포함하여 고객 참여 및 주도를 확장, 강화하는 전략인 것이다. 이런식으로 다이어리 서비스와 경험평가 서비스가 상호지원하여 고객 주도의 경험 관리가 이루어진다. 제2장에서 설명한 경험 Co-Creation 단계에서의 Experience–Evaluate–Engage 순환의 Experience Thinking인 것이다.

6. 디지털 트랜스포메이션 시대의 서비스화 전략

이번 장에서 소개한 고객경험 서비스화 전략 내용을 요약 정리해본다. 제품-서비스 시스템을 통한 서비스화로 제조기업의 비즈니스 이노베이션 전략을 수립할 수 있다. 서비스화 프로세스의 결과로 만들어지는 제품-서비스 시스템은 해당 기업의 비즈니스 컨텍스트와 고객 니즈에 따라 다 다르다. 제품, 고객, 가치, 관련자, 서비스, 비즈니스 모델, 상호작용 그리고 시간 공간 등으로 구성된 제품-서비스 시스템 표현 프레임워크를 통해 여러 제품-서비스 시스템을 평가하고 비교할 수 있다.

제품의존도, 고객역량증진, 맞춤화, 상호작용 및 산업간융합수준 등의 관점으로 제품지원 서비스에서 고객지원 서비스까지 *SSPP, SSPc, SSPC, SSCp* 및 *SSCC* 등 5단계로 구성된 서비스 공간상에서의 서비스컨셉 평가를 이용한 서비스컨셉 디자인 가이드를 제시하였다. 6개의 서비스화 사례에 대해, 고객경험과 디지털 트랜스포메이션 시각에서 특정 서비스 컨셉들이 어떻게 디자인되었고 평가되는지를 설명하였다.

현재의 서비스 상태를 평가하여, 후속 서비스화 컨셉과 향후 추진 방향을 가이드할 수 있다. *SSCC* 서비스를 지향하여 고객 경험을 개선하는 서비스 컨셉 기본 가이드가 제시되었다. 서비스화 수준을 고도화하기 위해 어떤 종류의 서비스 컨셉을 착안해야 하는지를 서비스 공간이 구체적으로 가이드할 수 있다. 서비스 공간에 표현 제시된 맞춤화와 상호작용 수준에 기반하여 새로운 서비스의 지향점을 제시할 수 있다.

고객경험 서비스를 통해 디지털 트랜스포메이션을 견인하는 전략을 제시하였다. 많은 제조기업들의 현재의 핵심 가치창출은 고객과 제품의 물리적 상호작용을 통해서 이루어진다. 따라서 디지털 트랜스포메이션의 핵심 과제는 제품 기반의 가치창출과 디지털 서비스를 연계하는 것이다. 제품 기반의 고객 상호작용을 고객지원 서비스와 함께 Co-Create되는 경험 가치로 발전시켜야 하는 것이다. 몇몇 서비스화 사례에서 보았듯이, 제조기업의 당해 제품을 직접 이용하는 디지털 트랜스포메이션을 추진하기 어려운 경우, 고객경험의 관점으로부터 적절한 관련 제품요소를 새로이 발굴하고 이와의 연계를 이용하는 고객경험 디지털평가를 통해 창의적인 디지털 서비스화가 가능함을 보여주었다.

많은 터치포인트와 채널을 통한 고객 참여를 늘리고, 상호작용과 고객주도를 증진시키는 것이 디지털 트랜스포메이션 시대 서비스화의 좋은 전략이다. 보다 더 연결되고, 많은 정보를 제공받고, 영향력이 증대되어 적극적으로 바뀌는 디지털 트랜스포메이션 시대의 고객들은 더 많은 혜택을 위해 기꺼이 참여하고 연루하고자 한다. 사용 전, 후 단계에서의 적극적 고객 연계와 참여 뿐아니라 사용 중에서의 적극적 행태로 고객참여를 확장 전환 시킬 수 있다. 사례를 통해 보인 것처럼 저자가 개발한 상황기반 행위모델링과 상황반영 경험평가 방법 등을 통해, 고객경험 중의 실시간 경험평가를 통해 고객경험을 상황정보와 함께 디지털 정보로 획득할 수 있다. 이를 통해 행태 변화를 이끄는 경험 Reflection이 가능해지고, 경험데이터의 축적을 통해 서비스의 맞춤화와 고객이 Co-Create하는 경험관리를 가능케하여 경험이 지속적으로 발전, 진화하게 하는 것이다. 제품과 서비스의 융합, 피지컬과 디지털의 융합, 기업과 고객의 고객경험 Co-Creation 융합이 디지털 트랜스포메이션 시대를 위한 제조기업의 비즈니스 이노베이션을 이끌어내는 핵심 전략인 것이다.

07

Systematic Imagining of Customer Experiences
and Experience Thinking

체계적 고객경험 상상하기
그리고 Experience Thinking

디지털 트랜스포메이션 시대의 비즈니스 이노베이션

본 저서는 서비스 디자인 씽킹을 통해 디지털 트랜스포메이션 시대의 비즈니스 이노베이션을 위해 고객경험을 설계하고, 평가하고, 관리하는 가이드를 제시하였다. 제1장에서 디지털 트랜스포메이션 시대의 비즈니스 이노베이션 전략으로 제품-서비스 융합에 기반한 제조업 서비스화 전략을 제시하였다. 제품에서 서비스 융합을 포함하는 고객경험 가치로의 전환과 고객과의 지속적 Co-Creation과 에코시스템 파트너들과의 협력에 기반한 새로운 비즈니스 모델과 이를 실현하는 제품-서비스 시스템 디자인의 중요성을 설명했다.

제품-서비스 시스템은 제품 요소, 서비스 요소, 관련자들의 관계, 인프라 및 데이터 등이 융합되어, 고객과 제품/서비스 제공자들이 함께 가치를 Co-Create하는 시스템이다. 특히, 본 저서는 제품-서비스 시스템을 통해, 고객의 물리적 제품 경험을 서비스에 기반한 디지털 경험으로 연계하여 지속적으로 고객 경험을 관리하고 진화시키는 저자의 고객경험 디자인 전략과 구체 방법을 직접 수행한 기업 사례들과 함께 설명하였다.

제2장에서 비즈니스 이노베이션과 사회 여러 영역에서 새로운 문제해결 철학과 방법론으로 자리매김한 Design Thinking을 소개하고, Design Thinking의 영혼적 기반인 Visual Thinking의 Seeing–Imagining–Drawing 순환과정으로 설명하였다. 디자인 씽킹을 서비스 지배 논리와 경험경제 시각을 바탕으로 하여 새로운 서비스와 고객경험을 창출하는 전략으로 구체화된 서비스디자인씽킹 방법을 설명하였다.

공감하기, 문제정의하기, 해결책 만들기, 프로토타이핑 등 서비스 디자인 씽킹 과정의 사례로 제2장에서 소개한 슈즈 구매 지원 서비스 사례는 디지털화가 아직 진행되지 않은 제조기업의 서비스화 사례이다. 매장 구매 터치포인트에서 고객의 구매의사 결정과정을 지원하는 서비스를 제공하면서 고객의 물리적 제품 경험을 디지털 경험으로 연계하였다. 이 디지털 경험 데이터가 제품의 사용 및 다음 제품, 다음 제품 구매에 이르는 여러 제품 생애 주기를 포함하여 계속적으로 고객과의 연계를 디지털 환경으로 지속시키는 디지털 트랜스포메이션의 전략을 제시하였다.

제3장은 MSSF과제에서 수행한 7개 사례의 상대적 비교를 통해, 과연 어떻게 다양한 관련자들이 참여하는 서비스화 프로세스를 분석 평가하고 서비스화 과정을 관리해야 할지를 가이드하는 방법을 제시하였다. 서비스화 과정의 구체 사례로 이용한 조명 맞춤화 서비스 사례는 디지털화가 앞선 기업의 사례이다. 고객 관련자의 공감하기 과정 및 프로토타이핑 과정에서의 역할, CEO를 포함하여 제조기업 관련자들의 서비스화 과정 전반에서 적절하게 역할 분담을 하며 서비스화 전문가들과 협력하는 과정 등을 보여준 좋은 사례이다.

제4장에서는 다양한 제품-서비스 시스템들을 비교 분석하고 분류하는 프레임워크를 소개하였다. 제품, 고객, 가치, 관련자, 서비스, 상호작용, 비즈니스 모델, 및 시간 공간으로 구성되는 이 프레임워크는 다양한 제품-서비스 시스템들을 표현하는 체계로서, 서비스화 전략 수립의 틀을 제공하는 동시에, 서비스화 과정에서 핵심적으로 다루어야 할 이슈를 가이드하는 역할을 한다.

제5장에서는 디지털화 시대의 고객의 핵심 특성과 고객경험의 본질적 특성을 기반으로, 고객의 주관적 경험평가를 다양한 IoT 센서 및 디지털 디바이스로부터 획득되는 상황데이터와 연계하는 저자의 상황반영 경험평가 방법을 통해 지속적으로 축적되는 경험평가 데이터를 통해 맞춤화 서비스를 제공하는 스마트 제품-서비스 시스템 디자인 방법을 제시하였다. 고객이 주도하여 지속적으로 진행되는 Experience–Evaluate–Engage과정의 Co-Creation을 통한 가치 창출 방법이다.

제6장에서 다룬 바와 같이, 제품-서비스 시스템 프레임워크의 서비스 공간은 제품 의존도, 고객역량 증진, 맞춤화, 상호작용 및 산업 융합 등의 관점에서 서비스 컨셉들의 서비스 고도화 수준을 평가 분석하는 체계를 제공하여 서비스화 전략을 가이드한다. MSSF과제에서 본 저자가 수행한 6개의 서비스화 사례에 대한 서비스

공간 구체 분석을 통해 수립된 가이드로서, 기업의 현재 서비스 상태를 평가하여, 후속 서비스화 컨셉과 향후 추진방향을 제시한다. 특히, 기업의 디지털 기술수준을 반영한 창의적인 디지털 트랜스포메이션 전략이 견인하는 디지털 서비스화, 고객 주도 맞춤화 등의 단계적 발전 전략이 제시되었다.

체계적 고객경험 상상하기

제6장에서 다룬 사례들은 제2장에서 소개된 핵심 서비스 컨셉을 디자인하는 체계적 고객경험 상상하기 방법들이 적용된 사례들이다. 2장에서 소개한 바와 같이, 저자의 비쥬얼 씽킹에 기반한 디자인 추론 모델은 Seeing 과정의 지각, 분석, 해석, Imagining의 생성, 전환, 유지, Drawing의 내적 및 외적 표상, 그리고 이들 디자인 추론 행위를 지원하는 Knowledge와 Schema 등으로 구성된다. 체계적 고객경험 상상하기 방법들이 이들 구체 디자인 추론 요소들을 어떻게 연계하여 이용하는지를 짚어보자.

서비스 행위의 구체 행위요소 및 상황요소를 체계적으로 전환하는 서비스 상상하기는 상황기반 행위모델링을 Schema로 이용하여 구조화된 전환(Transformation)을 수행하는 방법이다. 제6장에서 다룬 행복맞춤목공소 사례의 경우, 2년전 출간된 저자의 비즈니스 이노베이션 서비스 디자인 저서에서 자세히 설명한 바와 같이, 서비스화 과정 초반에, 의류 및 가구 관련 다양한 선행 서비스들을 조사하여 핵심 서비스 컨셉을 만든 경우이다. 고객방문이라는 핵심전략을 역으로 이용한 고객의 가구공장 방문 컨셉을 기반으로 구체적인 서비스 컨셉이 디자인된 사례이다. 이 경우, 다양한 사례에 대한 Knowledge를 역으로 전환시키는 체계적 고객경험 상상하기 방법이 이용된 경우이다. 계층적 가치 매핑(Hierarchical Value Map, HVM)방법은 긍정적 및 부정적 속성을 매개로 가치주제와 구체행위를 연계하는 HVM이라는 Schema를 이용하여 가치주제를 제공했던 선행사례들의 Knowledge를 연계하여 기존의 행위를 체계적으로 전환하는 방법이다.

제5장에서 집중적으로 다룬 고객경험 평가 축적을 기반으로 제약상황과 선택가능 상황을 체계적으로 다루어 맞춤화 서비스를 디자인하는 방법은 디자인 추론 요소들을 복합적으로 이용한 체계적 고객 경험 상상하기 경우이다. 축적된 고객경험 평가는 Drawing과 Seeing을 연계하여 이루어지는 지식의 축적이다. 구조화된 고객경험 Knowledge를 축적하는 것이다. 제약상황과 선택가능상황 이용 방법은 상황기반 행위모델링 Schema를 기반으로 또다른 구체 Schema를 만들어낸 것이다. 제5장에서 구체 설명한 인샤워힐링 서비스 사례뿐 아니라, 제3장에서 구체 설명한 조명 맞춤화, 제6장에서 마지막사례로 제시한 카 아이케어 서비스 사례 등이 모두이 체계적 고객경험 상상하기 방법으로 개인화 수준의 맞춤화 서비스라는 핵심 서비스 컨셉을 디자인한 경우들이다. 디지털 트렌스포메이션 시대의 스마트 고객경험을 창출하는 구체 방법을 제시한것이다.

제6장의 서비스 공간 평가를 이용하는 서비스화 전략 가이드 방법은 서비스 공간 평가 체계라는 Schema를 기반으로, 현재의 서비스 컨셉들을 분석하고, 서비스화 추진 방향을 찾아, 서비스 컨셉 저장소의 사례 Knowledge를 이용하여 새로운 서비스 컨셉으로 전환시켜 디자인하는 체계적 고객경험 상상하기 가이드인 것이다.

Experience Thinking

제2장에서 설명한 바와 같이, 디자인씽킹 마인드셋과 프로세스는 비쥬얼 씽킹에 기반하고 있다. 비쥬얼 씽킹의 인지적 행위 모델인 저자의 디자인 추론 모델이 프레임워크 역할을 하여 앞으로 많은 체계적 고객경험 상상하기 방법들이 지속적으로 개발될 것을 기대해본다. 본 저서는 Seeing-Imagining-Drawing이 근간을 이룬 Design Thinking을 고객이 주도하여 진행하는 Experience-Evaluate-Engage를 통한 고객경험 Co-Creation과 연계하는 디지털 트랜스포메이션 시대의 Experience Thinking을 제시하였다. 디자인 추론 모델을 디자인씽킹의 프레임워크로 이용하여, 구조화되고 체계적인 서비스디자인씽킹 방법과 지원도구를 지

속적으로 개발하고, Design Thinking Competency를 증진시키는 체계적 가이드를 개발하고 있다. 어떤 상황에서 어떤 디자인 씽커들이, 어떤 작업과 행위를, 어떤 형식의 협력 상호작용으로 수행해야하는 지를, 또 고객이 주도하는 Experience-Evaluate-Engage과정에서 어떤 관련자들이 어떤 형태의 상호협력으로 가치를 Co-Create하는지를 연출하고 관리하는 비즈니스 이노베이션 디자인 추진 전략과 방법을 개발하고 있다. 고객경험 설계, 평가, 관리 방법론의 지속적인 연구, 개발과 컨설팅 등 산업계 확산을 통해 Experience Thinking으로의 심화 발전을 도모하고 있다.

참고문헌

(김영세, 2005) 김영세, *이노베이터*, 랜덤하우스중앙, 2005.

(김영세, 2019) 김영세, *빅디자인*, 능률협회컨설팅, 2019.

(김용세, 2009) 김용세, *창의적 설계 입문*, 생능출판, 2009.

(김용세, 2018) 김용세, *비즈니스 이노베이션 서비스 디자인*, 박영사, 2018.

(김용세 외, 2014) 김용세, 조숙현, 이지원, *제조업의 서비스화 이해* (MSSF보고서 2014-1), 성균관대학교, ISBN 979-11-952793-0-2, 2014.

(김용세, 안은경 외, 2016) 김용세, 안은경, 최유진, 이희주, 스즈키쿠미코, *스마트 조명 기반 커피숍 고객의 경험가치 증진을 위한 서비스디자인* (MSSF보고서 2016-3), 2016년 2월, 성균관대학교, ISBN 979-11-952793-3-3, 2016.

(김용세, 조승미, 2016) 김용세, 조승미, *홈 서비스 로봇을 이용한 맞벌이 가정의 육아 서비스디자인* (MSSF보고서 2016-4), 성균관대학교, ISBN 979-11-952793-5-7, 2016.

(김용세, 임명준 외, 2016) 김용세, 임명준, 노은래, 문주시, 임광우, 배진, *자세보조기구 제품-서비스 시스템 디자인* (MSSF보고서 2016-7), 성균관대학교, ISBN 979-11-960525-0-8, 2016.

(김용세, 이철진 외, 2016) 김용세, 이철진, 임명준, 김영균, 홍유석, 권민규, *건강/체력 관리 제품-서비스 시스템 디자인* (MSSF보고서 2016-8), 성균관대학교, ISBN 979-11-960525-1-5, 2016.

(김용세, 조우현, 이준서 외, 2016) 김용세, 조우현, 이준서, 김성은 오희라, 정수연, *안경 매장 경험 서비스 디자인* (MSSF보고서 2016-10), 성균관대학교, ISBN 979-11-960525-3-9, 2016.

(김용세, 조우현, 윤세환 외, 2016) 김용세, 조우현, 윤세환, 윤순천, 문주시, *여성슈즈 매장 경험 서비스 디자인* (MSSF보고서 2016-11), 성균관대학교, ISBN 979-11-960525-4-6, 2016.

(김용세, 조우현, 이준서 외, 2016) 김용세, 조우현, 이준서, 이진원, 김연주, *공연응원봉/캐릭터 제품-서비스 시스템 디자인* (MSSF보고서 2016-14), 2016년 11월, 성균관대학교, ISBN 979-11-960525-7-7, 2016.

(김용세, 윤세환, 최은미 외, 2016) 김용세, 윤세환, 최은미, 김규식, 김수겸, *자전거 세정제 제품-서비스 시스템 디자인* (MSSF보고서 2016-15), 성균관대학교, ISBN 979-11-960525-8-4, 2016.

(김용세, 윤세환, 이준서 외, 2016) 김용세, 윤세환, 이준서, 김영균, 김지희, *카시트 제품-서비스 시스템 디자인* (MSSF보고서 2016-16), 성균관대학교, ISBN 979-11-960525-9-1, 2016.

(김용세, 조우현, 최은미 외, 2016) 김용세, 조우현, 최은미, 최정은, 이슬이, 최윤화, 홍유석, 오상현, *샤워기 제품-서비스 시스템 디자인* (MSSF보고서 2016-17), 2016년 11월, 성균관대학교, ISBN 979-11-960606-0-2, 2016.

(김용세 외, 2018a) 김용세, 이희주, 스즈키쿠미코, 안은경, 최유진, 이성혜, *스마트 조명 맞춤화 서비스 시스템 및 방법*, 특허등록번호 10-1852109, 2018.

(김용세 외, 2018b) 김용세, 문주시, 윤순천, *신발 구매 결정 지원 시스템*, 특허등록번호 10-1927504, 2018.

(김용세 외, 2020) 김용세, 최은미, 최정은, 최윤화, *인샤워힐링 다이어리 서비스 시스템 및 방법*, 특허등록번호 10-2080619, 2020.

(이성혜, 민지홍 외, 2016) 이성혜, 민지홍, 김연수, 김용세, *난방텐트 제품-서비스 시스템 디자인* (MSSF보고서 2016-12), 성균관대학교, ISBN 979-11-960525-5-3, 2016.

(이성혜, 최유리 외, 2016) 이성혜, 최유리, 김연수, 김용세, *유치원앨범 제품-서비스 시스템 디자인* (MSSF보고서 2016-13), 성균관대학교, ISBN 979-11-960525-6-0, 2016.

(조선일보, 2008) 조선일보, *Special Report* -'디자인 리더' 美 *IDEO*社 방문기, 2008

(홍유석 외, 2016) 홍유석, 권민규, 이성혜, *노블클라쎄 커스터마이제이션 서비스* (MSSF보고서 2016-9), 성균관대학교, ISBN 979-11-960525-2-2, 2016.

(Ahn *et al.*, 2020) Ahn, S.E., Lee, J.-H., Kim, Y.S., Kim, S.-J., Lee, J.-Y., Similarity Assessment Methods for Product-Service Systems, *AI for Engineering Design, Analysis and Manufacturing*, Submitted, 2020.

(Archer, 1984) Archer, L.B., 'Systematic Method for Designers', N. Cross (Ed.) Developments in Design Methodology, Joh Wiley & Sons, LTD, Chichester, 1984.

(Ardolino *et al.*, 2018) Ardolino, M., Rapaccini, M., Saccani, N., Gaiardelli, P., Crespi, G., and Ruggeri, C., The role of digital technologies for the service transformation of industrial companies, *International Journal of Production Research*, 56:6, pp. 2116-2132, 2018.

(Arnold, 1959/2016) Arnold, J.E., Creative engineering. In W.J. Clancey (Ed.), *Creative engineering: Promoting innovation by thinking differently* (pp. 59-150). Stanford Digital Repository. http://purl.stanford.edu/jb100vs5745 (Original manuscript 1959), 1959/2016.

(Baines & Lightfoot, 2013) Baines, T. and Lightfoot, H., *Made to Serve: How Manufacturers Can Compete through Servitization and Product Service Systems*, Wiley, UK, 2013

(Bolton et al., 2014) Bolton, R.N., Gustafsson, A., McColl-Kennedy, J., Sirianni, N., and Tse, D., 'Small Details That Make Big Differences', *Journal of Service Management*, 25 (2), 253-274, 2014.

(Bunke, 1997) Bunke, H., On a Relation between Graph Edit Distance and Maximum Common Subgraph. Pattern Recognition Letters 18.8: 689-694, 1997.

(Cao et al., 2013) Cao, B., Ying L., & Yin, J., Measuring Similarity between Graphs Based on the Levenshtein Distance, Appl. Math 7.1L: 169-175, 2013.

(Capgemini, 2014) Capgemini, *Capgemini's Point of View on Industry 4.0*, https://www.iotone.com/files/pdf/vendor/Capgemini_PoV_on_Industry_4.0_Siemens_2014.pdf, 2014.

(Chen & Mizoguchi, 1999) Chen, W. and Mizoguchi, R., 'Communication content ontology for learner model agent in multi-agent architecture', *Proceedings of AIED99 Workshop on Ontologies for Intelligent Educational Systems*, 1999.

(Cho et al., 2010) Cho, C.K., Kim, Y.S. and Lee, W.J., 'Economical, Ecological and Experience Values for Product-Service Systems', *Proceedings of the 7th Design & Emotion Conference*, Chicago, 2010.

(Coelho & Henseler, 2009) Coelho, P. and Henseler, J., 'Creating Customer Loyalty through Service Customization', *European Journal of Marketing*, Vol.46, No.3/4, pp.331-356, 2009.

(Costa et al., 2018) Costa, N., Patricio, L., Morelli, N., and Magee, C.L., 'Bringing Service Design to manufacturing companies: Integrating PSS and Service Design approaches', *Design Studies*, Vol.55, pp.112-145, 2018.

(Cross, 2000) Cross, N., *Engineering Design Methods-Strategies for Product Design*, John Wiley and Sons, Ltd. Chichester, 2000.

(Csikszentmihalyi et al., 1977) Csikszentmihalyi, M., Larson, R., and Prescott, S.,

'The ecology of adolescent activity and experience', *Journal of Youth and Adolescence 6*, pp.281-294, 1977.

(Design Council, 2005) Design Council, Eleven lessons. "A study of the design process." www.designcouncil.org.uk, 2005.

(Dewit, 2014) Dewit, I., 'Towards a Propensity Framework for Product-Service Transitions', *Proceedings of the 10th International Conference on Tools and Methods of Competitive Engineering (TMCE 2014)*, Budapest, 2014.

(Dewit, 2019) Dewit, I., *Product-Service System Design,* a Synthesis Approach, University of Antwerp, Antwerp, Belgium, 2019.

(Donaldson *et al.*, 2006) Donaldson, K., Ishii, K. and Sheppard, S., 'Customer Value Chain Analysis', *Research in Engineering Design*, 16: pp.174-183, 2006.

(Dorst, 2011) Dorst, K., The core of 'design thinking'and its application, *Design studies 32* (6): 521-532, 2011.

(Dorst, 2018) Dorst, K., "Mixing Practices to Create Transdisciplinary Innovation: A Design-Based Approach", *Technology Innovation Management Review 8* (8), 2018.

(Dorst & Cross, 2001) Dorst, K. and Cross, N., Creativity in the Design Process: Co-evolution of Problem-Solution, *Design Studies*, 22 (5), pp.425-437, 2001.

(D School, 2018) D School, *Design Thinking Bootleg*, Stanford University, 2018.

(Edvardsson *et al.*, 2005) Edvardsson, B., Enquist, B. and Johnston, R., 'Cocreating customer value through hyperreality in the prepurchase service experience', *Journal of Service Research*, Vol. 8 No. 2, pp.149-161, 2005.

(Edvardsson *et al.*, 2018) Edvardsson, B., Frow, P., Jaakkola, E., Keiningham, T., Koskela-Huotari, K., Mele, C., and Tombs, A., 'Examining how context change foster service innovation', *Journal of Service Management*, Vol. 29 Issue: 5, pp.932-955, 2018.

(Fels *et al.*, 2017) Fels, A., Falk, B. and Schmitt, R., 'User-driven Customization and Customer Loyalty: a Survey', *Procedia CIRP (Proceedings of the 27th CIRP Conference on Design)*, 60, pp.410-415, 2017.

(Fernandes *et al.*, 2019) Fernandes, S. D. C., Martins, L., and Rosenfeld, H., Who are the Stakeholders Mentioned in Cases of Product-Service System Design?, *International Conference on Engineering Design* (ICED19), Delft, 2019.

(Fischer *et al.*, 2012) Fischer, T., Gebauer, H. and Fleisch, E., *Service Business Development: Strategies for Value Creation in Manufacturing Firms*,

Cambridge University Press, New York, 2012.

(Gaiardelli *et al.*, 2014) Gaiardelli, P., Resta, B., Martinez, V., Pinto, R. and Albores, P., A Classification Model for Product-Service Offerings, *Journal of Cleaner Production*, Vol. 66, pp. 507-519, 2014.

(Gemser *et al.*, 2012) Gemser, G., Kuijken, B., Wijnberg, N.M. and van Erp, J., 'The Experience of Product-Service Systems', *Proceedings of The 8th Design & Emotion Conference*, London, 2012.

(Gentile *et al.*, 2007) Gentile, C., Spiller, N., and Noci, G., 'How to sustain the customer experience: An overview of experience components that co-create value with the customer', *European Management Journal*, 25(5), 395-410, 2007.

(Gero, 1990) Gero, J.S., Design Prototypes: a Knowledge Representation Schema for Design, *AI Magazine*, 11(4), pp.26-36, 1990.

(Goedkoop *et al.*, 1999) Goedkoop, M.J., van Halen, C.J,G., te Riele, H.R.M. and Rommens, P.J.M., Product Service Systems, Ecological and Economic Basics, the Dutch ministries of Environment (VROM) and Economic Affairs (EZ), 1999.

(Goldschmidt, 2017) Goldschmidt, G., Design Thinking: A Method or a Gateway into Design Cognition?, *She Ji: The Journal of Design, Economics, and Innovation*, Volume 3, Issue 2, pp. 107-112, 2017.

(Haber & Fargnoli, 2017) Haber, N., and Fargnoli, M., 'Design for Product-Service Systems: a Procedure to Enhance Functional Integration of Product-Service Offerings', *Int. J. Product Development*, Vol. 22, No. 2. pp.135-164, 2017.

(Hektner *et al.*, 2007) Hektner, J.M., Schimidt, J.A. and Csikszenimihalyi, M., *Experience Sampling Method: Measuring the Quality of Everyday Life*, SAGE Publications, 2007.

(Holbrook, 1999) Holbrook, M. B., Introduction to Consumer Value, In: Holbrook, M. B. (Ed.) *Consumer Value. A Framework for Analysis and Research* (pp. 1-28). London: Routledge, 1999.

(ISO, 2006) ISO, *Ease of Operation of Everyday Products - Part 1: Design Requirements for Context of Use and User Characteristics*, ISO 20282-1, 2006.

(Kim, 2015) Kim, Y.S., A Methodology of Design for Affordances using Affordance

Feature Repositories, *AI in Engineering Design, Analysis and Manufacturing*, Vol. 29, pp.307-323, 2015.

(Kim, 2016) Kim, Y.S., A Representation Framework of Product-Service Systems for Classification & Design, *The 5th Service Design and Innovation Conference* (ServDes), Copenhagen, 24-26 May, No. 125, pp. 522-529, 2016.

(Kim, 2020a) Kim, Y.S., Representation Framework of Product-Service Systems, *Design Sciences*, Vol. 6, 2020.

(Kim, 2020b) Kim, Y.S., Service Concept Design Guide for Product Servitization Using Service Space Classifications, *Design Science*, Submitted, 2020.

(Kim & Choe, 2017) Kim, Y.S. and Choe, Y., '15 Industry Cases for Product-Service Systems for Manufacturing Companies and Their Comparison Framework', *The 21st International Conference on Engineering Design (ICED17)*, Vancouver, 2017.

(Kim & Hong, 2011) Kim, Y.S. and Hong, Y.K., 'A Framework for Exploration Phase of Experience Design and a Case Study in Lighting Design', *International Association of Societies of Design Research (IASDR)*, Delft, 2011.

(Kim & Hong, 2012) Kim, Y.S. and Hong, Y.K., 'Interaction Model for Products and Services Using Affordances', *ASME Computers and Information in Engineering Conference*, Chicago, 2012.

(Kim & Hong, 2019) Kim, Y.S., and Hong, Y.K., 'A Systematic Method to Design Product-Service Systems Using Personalization Services based on Experience Evaluations', *International Journal of Product Development*, Vol. 23, No. 4, pp.353-386, 2019.

(Kim & Lee, 2011) Kim, Y.S. and Lee, S.W., 'Service Design for Product-Service Systems using Context-Based Activity Modeling', *International Association of Societies of Design Research (IASDR)*, Delft, 2011.

(Kim & Lee, 2020) Kim, Y.S. and Lee, H., 'Process Characteristics of Product-Service Systems Development: Comparison of Seven Manufacturing Company Cases', *Journal of Cleaner Production*, Submitted, 2020.

(Kim & Park, 2020) Kim, Y.S. and Park, J.A., 'Service Design Thinking in the Framework of Visual Thinking', *The Design Journal*, Submitted, 2020.

(Kim & Suzuki, 2015) Kim, Y.S. and Suzuki, K., 'Social context representation in product-service systems with internet of things', *Open Journal of Social Sciences*, 3, 187-193, 2015.

(Kim *et al.*, 2007) Kim, M.H, Kim, Y.S., Lee, H.S., and Park, J.A., "An Underlying Cognitive Aspect of Design Creativity: Limited Commitment Mode Control Strategy", *Design Studies*, Vol.28, No.6, 2007.

(Kim *et al.*, 2011a) Kim, Y.S., Cho, C.K., Ko, Y.D., Jee, H., 'E3 Value Concept for a New Design Paradigm', *The 18th International Conference on Engineering Design (ICED11)*, Copenhagen, 2011.

(Kim *et al.*, 2011b) Kim, Y.S., Hong, Y.K., Kim, J.H. and Kim, Y.M., 'Context-Specific Experience Sampling for Experience Design Research', *The 18th International Conference on Engineering Design (ICED11)*, Copenhagen, 2011.

(Kim *et al.*, 2015a) Kim, Y.S., Kim, S., and Roh, E., 'Product-Service Systems Representation and Repository for a Design Support Tool', *The 20th International Conference on Engineering Design (ICED15)*, Milano, 2015.

(Kim *et al.*, 2015b) Kim, Y.S., Lee, H.J., & Kim, J.H., A Servitization Process for Small and Medium-sized Manufacturers. *Open Journal of Social Sciences*, 3, pp.180-186, 2015.

(Kim *et al.*, 2015c) Kim, Y.S., Lee, J., Lee, H. and Hong, Y.S., 'Product-Service Business Concept Design: Real-world Case of a Small Furniture Manufacturing Firm', *Procedia CIRP (Proceedings of the 7th CIRP Conference on Industrial Product Service Systems)*, 30, pp.257-262, 2015.

(Kim *et al.*, 2013) Kim, Y.S., Lee, S.W., Jeong, H., Kim, S.R., Kim, J.H., Noh, J.H., and Won, J.H., 'A Systematic Design Framework for Product-Service Systems and Its Implementation', *International Conference on Service Science and Innovation*, Kaohsiung, 2013.

(Kim *et al.*, 2012) Kim, Y.S., Lee, S.W., Kim, S.R., Jeong, J., and Kim, J.H., 'Product-Service Systems Design Method with Integration of Product Elements and Service Elements Using Affordances', *Proc. Service Design and Innovation Conf.* (ServDes), Helsinki, 2012.

(Kim *et al.*, 2011c) Kim, Y. S., Lee, S. W. & Koh, D. C., Representing Product-Service Systems with Product and Service Elements, *The 18th International Conference on Engineering Design* (ICED11), Copenhagen, 2011.

(Kim *et al.*, 2010) Kim, Y.S., Maeng, J.W. and Lee, S.W., Product-Service Systems Design with Functions and Activities, *Proceedings of The 7th Design & Emotion Conference*, Chicago, 2010.

(Kim et al., 2020) Kim, Y.S., Suzuki, K., and Hong, S. J., Product Redesign for Service Considerations Using Affordances for Service Activities, *Sustainability*, 12(1), 255, 2020.

(Kim et al., 2018) Kim, Y.S., Yoo, S., Nukaew, W., and Zhou, K., Structured Service Design Method for Business Innovation and Digital Transformation of Service Design, *International Service Innovation Design Conference*, Jeonjoo, 2018.

(Klaus, 2014) Klaus, P., 'Getting It Done: Delivering Superior Firm Performance Through Holistic Customer Experience (CX) Strategies', in *Customer experience management: enhancing experience and value through service management*, Kandampully, J., ed., Kendall-Hunt, 2014.

(Klaus & Maklan, 2013) Klaus, P., and Maklan, S., 'Towards a Better Measure of Customer Experience', *International Journal of Market Research*, Vol.55, Issue 2, pp.227-246, 2013.

(Kohtamaki et al., 2019) Kohtamaki, M., Parida, V., Oghazi, P., Patel, P.C., Gebauer, H., and Baines, T.S., 'Digital servitization business models in ecosystems: A theory of the firm', *Journal of Business Research*. 104, pp. 380-392, 2019.

(Kolodner, 1992) Kolodner, J. L., An Introduction to Case-Based Reasoning, *Artificial Intelligence Review*, Vol.6, 1992.

(Kotler & Armstrong, 1999) Kotler, P., and Armstrong, G., *Principles of Marketing* (8th ed.), Upper Saddle River, N. J. London, Prentice Hall International, 1999.

(Kuijken, 2013) Kuijken, B., 'PSS···What?'!, CRISP Magazine #1, April, 2013.

(Kwon et al., 2019) Kwon, M., Lee J.H., and Hong, Y.S., 'Product-Service System Business Modelling Methodology Using Morphological Analysis', *Sustainability*, Vol. 11, 2019.

(Lee et al., 2011) Lee, J.H., Shin, D.I., Hong, Y.S. and Kim, Y.S., 'Business Model Design Methodology for Innovative Product-Service Systems: A Strategic and Structured Approach', *The 18th International Conference on Engineering Design (ICED11)*, Copenhagen, 2011.

(Lemon & Verhoef, 2016) Lemon, K.N. and Verhoef, P.C., 'Understanding customer experience throughout the customer journey', *Journal of Marketing*, Vol. 80 No. 6, pp.69-96, 2016.

(Liedtka & Ogilvie, 2011) Liedtka, J. and Ogilvie, T., *Designing for Growth: A*

Design Thinking Tool Kit for Managers, Columbia University Press, New York, 2011.

(Lovelock, 1983) Lovelock, C.H., Classifying Service to Gain Strategic Marketing Insights, *Journal of Marketing*, Vol. 47, No. 3, pp. 9-20, 1983.

(Martin, 2009) Martin, R., *The Design of Business: Why Design Thinking Is the Next Competitive Advantage*, Harvard Business Press, Cambridge, MA, 2009.

(Mathieu, 2001) Mathieu, V., 'Product Services: From a Service Supporting the Product to a Service Supporting the Client', *Journal of Business & Industrial Marketing*, 16(1), pp.39-58, 2001.

(Matzen, 2009) Matzen, D., *A Systematic Approach to Service Oriented Product Development*, DTU Management Engineering, Department of Management Engineering, Technical University of Denmark, 2009.

(Maussang *et al*., 2007) Maussang, N., Brissaud, D. and Zwolinski, P., 'Which Representation for Sets of Product and Associated Services during the Design Process?', *Advances in Integrated Design and Manufacturing in Mechanical Engineering II*. Springer, Dordrecht, 2007.

(McKim, 1972) McKim, R. H., *Experiences in visual thinking*. Belmont, CA: Wadsworth Publishing, 1972.

(Meier *et al*., 2011) Meier, H., Voelker, O. and Funke, B., 'Industrial Product-Service Systems', *International J. of Advanced Manufacturing Technology*, 52, pp.1175-1191, 2011.

(Morelli, 2003) Morelli, N., 'Product-Service Systems, a Perspective Shift for Designers: a Case Study: the Design of a Telecentre', *Design Studies*, Vol. 24(1), pp.73-99, 2003.

(Morelli, 2006) Morelli, N., 'Developing New Product Service Systems (PSS): Methodologies and Operational Tools', *Journal of Cleaner Production*, 14, pp.1495-1501, 2006.

(Osterwalder & Pigneur, 2010) Osterwalder, A., and Pigneur, Y., *Business Model Generation-A Handbook for Visionaries, Game Changers and Challengers*, John Wiley & Sons, New Jersey, 2010.

(Park & Kim, 2007) Park, J. A. and Kim, Y. S., Visual Reasoning and Design Processes, *International Conference on Engineering Design (ICED07)*, Paris, 2007.

(Parry *et al.*, 2016) Parry, G. C., Brax, S. A., Maull, R. S. and Ng, I. C.L., 'Operationalising IoT for reverse supply: the development of use-visibility measures', *Supply Chain Management: An International Journal*, Vol. 21, Issue 2, pp.228-244, 2016.

(Patricio *et al.*, 2011) Patricio, L., Fisk, R.P., Cunha, J.F. and Constantine, 'Multilevel service design: from customer value constellation to service experience blueprinting', *Journal of Service Research*, Vol. 14, pp.180-200, 2011.

(Pedersen *et al.*, 2004) Pedersen, T., Patwardhan, S., Michelizzi J. & Banerjee S., WordNet Similarity, *Annual Conference of the North American Chapter of the Association for Computational Linguistics Demonstration Papers*, Pages 38-41, Boston, 2004.

(Pine & Gilmore, 1998) Pine, J. B. II, and Gilmore, J. H., *Welcome to the Experience Economy*, Harvard Business Review, pp.97-105, 1998.

(Rabetino *et al.*, 2015) Rabetino, R., Kohtamäki, M., Lehtonen, H., and Kostama, H., Developing the concept of life-cycle service offering, *Industrial Marketing Management*. 49, pp. 53-66, 2015.

(Rexfelt & Ornäs, 2009) Rexfelt, O. & Ornäs, V.H., 'Consumer Acceptance of Product-Service Systems - Designing for Relative Advantages and Uncertainty Reductions', *Journal of Manufacturing Technology Management*, 20(5), pp.674-699, 2009.

(Rodgers, 2002) Rodgers, C., Defining reflection: Another look at John Dewey and reflective thinking, *Teachers College Record*, 104 (4), pp. 842-866, 2002.

(Ryan & Deci, 2000) Ryan, R.M., and Deci, E.L., 'Self-determination Theory and the Facilitation of Intrinsic Motivation, Social Development, and Well-being'. *American Psychologist*, 55, pp.68-78, 2000.

(Scherer, 2004) Scherer, K.R., 'Which Emotions Can be Induced by Music? What Are the Underlying Mechanisms? And How Can We Measure Them?', *Journal of New Music Research*, Vol.33, No.3, pp.239-251, 2004.

(Scherer, 2005) Scherer, K.R., 'What Are Emotions? And How Can They be Measured?', *Social Science Information*, Vol. 44, No. 4, pp.695-729, 2005.

(Schon, 1983) Schon, D.A., *The Reflective Practitioner: How Professionals Think in Action*, Basic Books, New York, 1983.

(Schon & Wiggins, 1992) Schon, D. and Wiggins, G., Kinds of Seeing and Their Functions in Designing, *Design Studies*, Vol 13, No 2, pp 135-153, 1992.

(Schmitt, 1999) Schmitt, B., *Experiential Marketing*, New York, NY, Free Press, 1999.

(Schmitt, 2011) Schmitt, B., 'Experience Marketing: Concepts, Framework and Consumer Insights', *Foundations and Trends in Marketing*, Vol 5, No. 2, 2011.

(Schwab, 2016) Schwab, K., *The Fourth Industrial Revolution*, World Economic Forum, 2016.

(Sklyar *et al.*, 2019) Sklyar, A., Kowalkowski, C., Tronvoll, B., and Sörhammar, D., 'Organizing for digital servitization: A service ecosystem perspective', *Journal of Business Research*, 104, pp. 450-460, 2019.

(Scollon *et al.*, 2003) Scollon, C. N., Kim-Prieto, C. and Diener, E., 'Experience Sampling: Promises and Pitfalls, Strengths and Weaknesses', *Journal of Happiness Studies*, Vol.4, pp.5-34, 2003.

(Song & Sakao, 2017) Song, W. and Sakao, T., 'A Customization-Oriented Framework for Design of Sustainable Product/Service System', *Journal of Cleaner Production*, 140, pp.1672-1685, 2017.

(Stacey & Tether, 2015) Stacey, P.K., and Tether, B.S., 'Designing Emotion-Centred Product Service Systems: The Case of a Cancer Care Facility', *Design Studies*, Vol.40, pp.85-118, 2015.

(Statistics Korea, 2009) Statistics Korea, *Time Spent on Activities: Report on Time Use Survey 2009*, 2009.

(Tan & McAloone, 2006) Tan, A.R. and McAloone, T.C., 'Characteristics of Strategies in Product/Service-System Development', *The 9th International Design Conference*, Dubrovnik, pp.1435-1442, 2006.

(Teixeira *et al.*, 2012) Teixeira, J., Patricio, L., Nunes, N., Nobrega, L., Fisk, R., and Constantine, L., 'Customer experience modeling: from customer experience to service design', *Journal of Service Management*, Vol. 23 Issue: 3, pp.362-376, 2012.

(Torres *et al.*, 2018) Torres, E.N., Lugosi, P., Orlowski, M., and Ronzoni, G., 'Customer-led Experience Customization: A Socio-Spatial Approach', *Journal of Service Management*, 29 (2), pp.206-229, 2018.

(Tukker, 2004) Tukker, A., 'Eight Types of Product-Service Systems: Eight Ways to Sustainability? Experiences from SusProNet', *Business Strategy and the Environment*, Vol. 13, pp.246-260, 2004.

(Udall, 1996) Udall, N., Creative Transformation: A Design Perspective, *Journal of*

Creative Behavior, Vol.30, No.1, pp.3951, 1996.

(Ulaga & Reinartz, 2011) Ulaga, W. & Reinartz, W., Hybrid Offerings: How Manufacturing Firms Combine Goods and Services Successfully, *Journal of Marketing*, Vol. 75 (November 2011), 5-23, 2011.

(Umeda *et al.*, 1990) Umeda, Y., Takeda, H., Tomiyama, T. and Yoshikawa, H., 'Function, Behaviour, and Structure', *Applications of Artificial Intelligence in Engineering*, Vol. 1, pp.177-194, 1990.

(UN Development Program, 1988) UN Development Programme, *United Nations Standard Products and Services Code* (UNSPSC), Available at: https://www.unspsc.org, 1988.

(USA Bureau of Labor Statistics, 2014) USA Bureau of Labor Statistics, *American Time Use Survey Activity Lexicon*, Bureau of Labor Statistics, USA, 2014.

(Valencia *et al.*, 2015) Valencia, A., Mugge, R., Schoormans, J.P.L., & Schifferstein, H.N.J., 'The design of smart product-service systems (PSSs): An exploration of design characteristics', *International Journal of Design*, 9(1), pp.13-28, 2015.

(Vandermerwe & Rada, 1988) Vandermerwe, S., and Rada, J., 'Servitization of business: Adding value by adding services', *European Management Journal*, 6(4), 314-324, 1988.

(Vargo & Lusch, 2004) Vargo, S. L., and Lusch, R. F., Evolving to a New Dominant Logic for Marketing, *Journal of Marketing*, Vol. 68, No. 1, 2004.

(Verganti *et al.*, 2019) Verganti, R., Dell'Era, C., and Swan, K.S., Call for Papers - Design Thinking and Innovation Management, *Journal of Product Innovation Management*. May, 2019.

(Verhoef & Lemon, 2015) Verhoef, P.C., and Lemon, K.N., 'Advances in Customer Value Management', *in Handbook of Research in Relationship Marketing*, R.M. Morgan, J.T. Parish and G. Deitz, eds. Northampton, UK: Edward Elgar, pp.75-103, 2015.

(Verhoef *et al.*, 2009) Verhoef, P.C., Lemon, K.N., Parasuraman, A., Roggeveen, A., Tsiros, M. and Schlesinger, L.A., 'Customer experience creation: determinants, dynamics and management strategies', *Journal of Retailing*, Vol. 85, pp.31-41, 2009.

(Verhoef *et al.*, 2019) Verhoef, P.C., Broekhuizen, T.L.J., Bart, Y., Bhattarcharya, A., Dong, J.Q., Fabian, N.E., and Haenlein, M., 'Digital transformation: a multidisciplinary reflection and research agenda', *Journal of Business Research*, (in press), 2019.

(Visnjic & Neely, 2011) Visnjic, I., and Neely, A., *From Process to Promise: How complex service providers use business model innovation to deliver sustainable growth*, Cambridge Service Alliance, 2011.

(Visnjic *et al.*, 2019) Visnjic, I., Ringov, D., and Arts, S., 'Which service? How industry conditions shape firms' service type choices', *Journal of Product Innovation Management*, 6(3), pp. 381-407, 2019.

(Visser *et al.*, 2005) Visser, S.F., Stappers, P.J., van der Lugt, R. and Sanders, E., 'Contextmapping: Experiences from Practice', *CoDesign*, Vol 1, No 2, pp.119-149, 2005.

(Vygotsky, 1978) Vygotsky, L.S., *Mind in Society: The Development of Higher Psychological Processes*, Cambridge, Harvard University Press, 1978.

(Wagner, 1999) Wagner, J., Aesthetic Value: Beauty in Art and Fashion, In: Holbrook, M. B. (Ed.) *Consumer Value. A Framework for Analysis and Research* (pp. 126-146). London: Routledge, 1999.

(Zine *et al.*, 2014) Zine, P.U., Kulkarni, M.S., Chawla, R. and Ray, A.K., 'A Framework for Value Co-creation through Customization and Personalization in the Context of Machine Tool PSS', *Procedia CIRP (Proceedings of the 6th CIRP Conference on Industrial Product-Service Systems)*, 16, pp. 32-37, 2014.

(Zomerdijk & Voss, 2010) Zomerdijk, L.G. and Voss, C.A., 'Service design for experience-centric services', *Journal of Service Research*, Vol. 13 No. 1, pp.67-82, 2010.

찾아보기

267